21 世纪高职高专规划教材 ◆ 金融保险系列

银行授信业务

YINHANG SHOUXIN YEWU

主　编　石月华
副主编　康丽华

中国人民大学出版社
·北京·

前　言

本教材的编写以习近平新时代中国特色社会主义思想为指导，以满足课程思政教学的需要为出发点。本教材对应金融管理专业的核心课程“银行授信业务”，以服务于金融管理专业高等职业教育培养目标为立足点，搭建在真实环境下真学、真做、掌握真本领的课程资源体系。本教材是优质院校优质专业建设的成果之一，主要有以下特点。

1. 编写理念具有时代性

本教材以习近平新时代中国特色社会主义思想为指导，以为党和国家培养高技能型人才为中心，以高职学生学习能力和对应职业岗位需求为出发点设计框架。

2. “双元”编写，校企合作开发

本教材是高等职业教育改革与金融实践活动有机结合的产物。编者亲历职业教育改革全过程，课程建设和教学经验丰富，定期到实训基地参与实践，使本教材更贴近银行授信业务的实际工作。本教材编写借助深圳智盛信息技术股份有限公司开发的银行授信业务与风险管理教学软件平台，能更好地培养学生银行授信业务岗位需要的职业素养和技能。

3. 内容设计体现职业性、实践性、开放性

本教材围绕职业岗位需求，按工作过程系统化分模块组织内容。高职金融管理专业“银行授信业务”课程的定位是为培养授信客户经理、风险管理客户经理、资产保全客户经理服务，其中，授信客户经理岗位是高职层次最重要的对应岗位。本教材栏目设置体现教学规律，循序渐进、环环相扣。“学习目标”分为知识目标和技能目标，为学生指明学习方向；“案例导入”用案例创设教学情境，以思考题形式引入模块的学习内容，激发学生的学习兴趣；“任务分析”呈现简洁的教学目标，供教师参考；“课堂讨论”“做一做”帮助学生拓展思维，消化知识，转化能力；“模块测评”是对教学内容的深化，可检验教学效果。此外，以二维码形式展示教学素材，把学生引入授信业务情境，供学有余力的学生掌握更多知识和技能。

4. 学练考核同步

本教材运用现代信息技术，插入二维码、链接银行授信业务与风险管理教学软件平台，以教材为引领，结合教学软件平台资料，课内外相配合，培养学生自主学习和终生学习的能力，满足学生用现代化信息手段处理银行业务的需要，激发学生的学习热情，检验学习效果。

本教材由石月华任主编，康丽华任副主编。石月华负责拟定编写提纲并统稿。编写分工如下：康丽华，模块一、模块八、模块九；石月华，模块二至模块七。本教材编写过程中，参阅了许多专家、学者的文献资料，在此深表感谢！本教材的编写得到了多家银行工作人员和朋友提供的宝贵资料和建议，得到了深圳智盛信息技术股份有限公司的大力支持，在此表示诚挚的谢意！

选购本教材的教师可以获得深圳智盛信息技术股份有限公司提供的智盛云平台试用账号，可进行教材中相关的模拟实训操作及相关教学活动，请登录中国人民大学出版社官网获取相关资源。

编　者

2021 年 3 月

目　录

模块一

银行授信基础

学习目标

● 知识目标

1. 了解银行授信的概念、种类及主要产品；
2. 了解银行授信部门的岗位设置及其职责；
3. 掌握银行授信的基本原则和操作流程。

● 技能目标

1. 能够解读授信产品；
2. 能够识别授信业务各部门岗位的职责；
3. 能够解读授信业务的基本原则。

案例导入

个人家居消费贷款，“贷”来幸福生活

初秋季节，清风徐徐，正是晨练的好时候。这天，在某银行担任客户经理的小龚起了个大早去晨练，刚下楼就遇见了晓智。晓智是小龚的大学同学，毕业后去了国外留学。几年不见，两人寒暄起来。原来晓智现已学成回国工作，并准备结婚。小龚连忙恭喜他。

晓智却不住摇头叹气：“我和老婆两个人刚回国，虽说工资收入还可以，不过事业才起步，积蓄不多，买了房子后口袋里就所剩无几了，装修和购置大件都还没着落，不知道等房子搞好和结婚要拖到什么时候呢！”

小龚道：“你们怎么不考虑一下贷款呢？”

“装修、买家具也能贷款吗？”

“当然可以。我们银行新推出了个人家居消费贷款，只要是有装修装饰住房、购买住房装修材料、耐用消费品和其他大额消费品需求的客户都可以申请。”

“贷款需要提供担保吗？可以申请多大金额？”晓智急切地问。

"个人家居消费贷款在担保方面比较灵活，可以用信用贷款的方式发放，也可以选择抵押、质押、保证担保等方式的一种或者几种组合作为担保，目前贷款额度最高可到200万元。另外，还款方式也很多样，比如按周还款、按月付息一次还本等，你可以根据自己的实际情况选择还款方式和还款日。有时间你可以到我办公室来，我给你详细介绍一下资料要求和办理流程。"

听完小龚的介绍，晓智如释重负："太好了！待会儿我就去。"

三个月后，"叮咚、叮咚"的门铃声响起，小龚站起开门。门外站着笑容满面的晓智，他喜滋滋地递来一张请柬："小龚，我房子装修好了，下个月结婚摆酒，一定要来喝喜酒噢！"

思考：什么是贷款？贷款怎么申请？贷款与授信是什么关系？

任务一 银行授信的概念、种类及银行授信产品

【任务分析】教师讲解授信业务的基本概念和要素，利用案例启发学生联系、回忆已学专业知识。授信业务的开展离不开授信产品，授信产品是授信服务的载体。教师指导学生上网查找银行网站上的授信产品，比较不同的授信产品，归纳总结授信产品的共同特点，并对授信产品进行分类。

一、银行授信的基本概念

（一）资金授信与非资金授信

很多银行把"授信"称为"信贷"，这个意义上的"信贷"是指广义的信贷。授信包括资金授信和非资金授信两大类。

资金授信，即信用或借贷。它是指以还本付息为条件的借贷行为。其基本特征是还本付息。银行的资金授信，是指以银行等金融机构为中介，以社会公众为服务对象，以还本付息为条件，出借货币资金使用权的经营活动。银行借贷的标的是货币，仅限于货币借贷，不包括实物借贷。银行资金授信业务包括各类贷款业务和票据贴现业务等。有一些银行把"资金授信"称为"信贷"，这个意义上的"信贷"是指狭义的信贷。

银行的非资金授信，又称非贷款授信，是指银行等金融机构以自身信誉代客户承担债务，并以客户支付费用和最终承担债务为条件的经营活动。包括票据承兑、担保、信贷承诺业务、票据发行承诺等。非资金授信业务在发生时不占用银行资金，但授信期满时也可能形成银行的资金占用，即银行履行承诺垫付了资金，因此它是银行的或有资产业务。

（二）授信额度、综合授信额度、单项授信额度

授信与授信额度紧密相连。开展授信业务必然是一定金额下的授信业务，没有只授信不涉及金额的授信。

授信额度是指银行在对拟授信客户的风险进行综合评价的基础上确定的、在一定时间内授予客户的最高可使用的信用额度。

银行的授信额度可以是针对单一客户多种授信产品合计的最高限额，称为综合授信额度；也可以是针对单一客户某一种授信产品的最高限额，称为单项授信额度。

课堂讨论

某银行助推中国核电技术首次商业出口

某银行获得甲国经济部委托，为中国与甲国核电项目合作安排等额 51 亿美元融资，其中人民币贷款近 300 亿元，贷款由中国出口信用保险公司承保。

某银行积极服务于我国新发展格局的需要，促进开放的国内国际循环的新格局的形成，在服务于国内经济发展的同时，积极推动我国核电、高铁、通信设备等高端装备制造业“走出去”。截至 2020 年底，某银行支持装备和产能“走出去”的融资已超过 2 000 亿美元，融资余额约 1 100 亿美元。

思考：案例中提到了哪些与授信相关的概念？

参考答案：资金授信、授信额度、贷款。

二、银行授信业务的主要种类

银行授信业务可以从多角度来观察，形成多种不同的授信业务（见表 1－1）。

表 1－1　银行授信业务种类

分类依据	名称	含义
授信层次	基本授信	银行根据国家经济和社会发展政策以及辖区内地区、客户的基本情况所给予的授信。
	特别授信	银行根据国家政策、市场情况变化及客户生产经营的临时需要，对特别项目和超过基本授信额度的项目所给予的授信。特别授信的额度是一次性的，不可循环使用。
授信业务品种	单项授信	银行对某客户的某个授信品种给予的授信。
	综合授信	在一定金额及期限内，银行向借款人核定可循环使用的授信额度。
授信对象	单一客户授信	银行对于某一特定借款人的授信。
	集团客户授信	由银行总行牵头组织多家相关分支行共同参与，专门为集团客户核定集团综合授信额度。
	行业授信	银行按照银保监会授信政策指引，依据银行的具体情况，结合各种行业的风险水平制定授信政策，根据本行的授信政策分行业确定授信限额。
授信管理方式	内部授信	银行在对单一法人客户或者集团客户的风险和财务状况进行综合评价的基础上，核定综合授信额度。它由银行内部掌握，对客户不予公开。
	公开授信	也称客户授信，是指银行在客户内部授信额度内，对符合规定条件的客户可以将部分授信额度向客户做出公开承诺，即给予公开授信额度。在公开授信额度内客户用信可以简化授信手续，提高用信效率。
会计核算对象	表内授信	银行资产负债表中反映的授信，即资金授信，包括贷款、项目融资、贸易融资、贴现、透支、保理、拆借等。
	表外授信	不在银行资产负债表中反映的授信，即非资金授信，包括贷款承诺、票据发行便利、保证、信用证、票据承兑等。

续表

分类依据	名称	含义
授信期限	短期授信	银行的授信期限在1年以内（含1年）的授信。
	中长期授信	银行的授信期限在1年以上的授信。一般期限在1年以上、5年以内（含5年）的为中期授信，期限超过5年的为长期授信。
授信渠道	线上授信	银行借助互联网设施和银行操作系统所做的授信。
	线下授信	银行在其物理营业场所进行的授信，是传统的授信方式。

三、银行授信的基本要素

银行资金授信主要由授信对象、授信金额、授信期限、授信利率或费率、授信用途、授信担保、清偿计划7项基本要素构成。银行非资金授信一般包括上述除清偿计划外的6项内容，但关于利率更多的是费率的约定。

（一）授信对象

授信对象即借款人或承兑申请人、保函申请人、承诺申请人等。按照《贷款通则》的规定，借款人应当是经国家市场监督管理机关（或主管机关）核准登记的企（事）业法人、其他经济组织、个体工商户或具有中华人民共和国国籍的具有完全民事行为能力的自然人，同时需符合以下基本条件：

（1）从事的经营活动合规合法，符合国家产业、环保政策和社会发展规划要求；

（2）企业法人应持有合法有效的法人营业执照；

（3）无不良信用记录；

（4）实行公司制的企业法人必须符合法律法规和公司章程的规定；

（5）具有生产经营场所和一定比例自有资金，有稳定的经济收入，具备偿还本息的能力；

（6）在本行开立基本存款账户或一般存款账户，自愿接受银行信贷监督和结算监督（银团贷款可根据银团贷款协议在代理行统一开户，接受代理行统一信贷监督和结算监督）；

（7）申请授信用途合法合规；

（8）未批准可采用信用方式用信的，应提供符合规定条件的担保。

（二）授信金额

授信金额是指银行承诺向受信人提供的以货币计量的授信产品数额。

（三）授信期限

授信期限是指银行每一笔授信业务的具体起止期限，即从授信合同生效日至授信合同终止日的时间。

对于资金授信业务，授信期限一般是指从银行贷款发放日开始到贷款本息全部收回日为止的时间。与资金授信期限有关的期限包括提款期、宽限期、偿还期。

提款期是指从借款合同生效之日开始至贷款金额全部提完之日为止的时间段。借款人可以一次提取所贷款项，也可以分多次提完所贷款项。

宽限期是指从贷款金额全部提完之日开始到贷款本息或本金开始偿还之日为止的时间段。

偿还期是指从贷款本息或本金偿还日开始到贷款本息全部偿还完为止的时间段。

（四）授信利率或费率

1. 授信利率

授信利率是银行办理的各类资金授信业务使用的利率。它是在中国人民银行规定的贷款基准利率或其总行规定的利率及允许浮动范围内，根据有关规定和业务具体情况确定的。

确定授信利率时一般考虑的因素有：

（1）国家金融政策。

（2）贷款的风险。

（3）同业竞争。

（4）与客户的关系。考虑到与客户的长远合作和银行的综合效益，在利率的确定上可在政策允许范围内表现出适当弹性，以追求银行长远和综合效益的最大化。

（5）银行向客户所能提供的贷款品种和服务质量（服务网络、资金划拨速度等）。

（6）银行的资金筹集成本。

2. 费率

费率主要是银行非资金授信业务的构成要素。费率是在一定时期内收取费用金额与同期所提供的担保、承诺或服务金额的比率。收取费用的类型有承诺费、承兑费、银团安排费、开证费等。

（五）清偿计划

贷款本金的清偿包括一次还款和分次还款。分次还款包括定额还款和不定额还款。定额还款包括等额还款和约定还款。等额还款包括等额本金还款和等额本息还款。

课堂讨论

××科技股份有限公司申请流动资金贷款200万元人民币

××科技股份有限公司以购买原材料为由向××银行某支行申请流动资金贷款200万元人民币，签订借款合同，合同约定借款期限为2年，即自2020年12月4日至2022年12月3日，借款利率为年利率5.25%，还款方式为分期等额还款，还款时间为贷款期内每月的20日。山西××股份有限公司向××银行某支行承诺为其提供担保，签订保证合同。

思考：案例中提到的银行授信的基本要素有哪些？

参考答案：授信对象、授信金额、授信期限、授信利率或费率、授信用途、授信担保和清偿计划。

四、银行授信产品

银行授信业务的开展离不开授信产品，授信产品是授信服务的媒介。授信产品分为资金类授信产品和非资金类授信产品。资金类授信产品分类如表1-2所示。非资金类授信产品详见模块八。

表 1-2　资金类授信产品分类

<table>
<tr><th>分类依据</th><th>名称</th><th colspan="2">含义</th></tr>
<tr><td rowspan="3">期限</td><td>短期贷款</td><td colspan="2">贷款期限在 1 年以下（含 1 年）的贷款。</td></tr>
<tr><td>中期贷款</td><td colspan="2">贷款期限在 1～5 年（含 5 年）的贷款。</td></tr>
<tr><td>长期贷款</td><td colspan="2">贷款期限在 5 年以上的贷款。</td></tr>
<tr><td rowspan="4">担保方式</td><td>信用贷款</td><td colspan="2">以借款人信用发放的贷款，借款人不需要提供任何担保。</td></tr>
<tr><td>保证贷款</td><td colspan="2">担保人以其自有的资金和合法资产保证借款人按期归还贷款本息的一种贷款。如借款人到期不能偿还债务即由担保人履行保证义务。</td></tr>
<tr><td>抵押贷款</td><td colspan="2">借款人提供一定的抵押品作为贷款的担保，以保证贷款的到期偿还。</td></tr>
<tr><td>质押贷款</td><td colspan="2">银行按《民法典》规定的质押方式以借款人或第三人的动产或权利为质押物发放的贷款。</td></tr>
<tr><td rowspan="11">贷款资金用途</td><td rowspan="5">生产经营性贷款：银行向企业、单位或个人发放的用于生产经营性支出所需资金的贷款。</td><td>固定资产贷款</td><td>银行为企业提供的主要用于固定资产项目的建设、购置、改造及其相应配套设施建设的中长期本外币贷款。包括基本建设贷款和技术改造贷款。基本建设贷款是指用于基本建设项目的中长期贷款；技术改造贷款是指用于技术改造项目的中长期贷款。它能够满足企业对固定资产项目的固定资产投资和垫付流动资金需求。期限一般不超过 8 年，实际贷款期限根据项目评估结果确定。</td></tr>
<tr><td>流动资金贷款</td><td>银行发放的满足企业用于正常生产经营周转或临时性资金需要的本外币贷款。期限灵活，能够满足借款人临时性、短期和中期流动资金需求。临时性和短期的流动资金贷款期限一般不超过 1 年，中期最长为 3 年。</td></tr>
<tr><td>房地产贷款</td><td>银行向借款人发放的与房地产开发、经营、销售活动有关的贷款。包括房地产开发贷款和土地储备贷款等。</td></tr>
<tr><td>并购贷款</td><td>银行向并购方或其子公司发放的用于支付并购交易价款的贷款。贷款期限一般不超过 5 年。是支持股本权益性融资的信贷产品。</td></tr>
<tr><td>贸易融资</td><td>银行对企业在国际国内贸易业务中，以贸易单据等为凭证向企业发放的与货款金额相关联的贷款。主要有进出口押汇、议付、打包放款等。</td></tr>
<tr><td rowspan="6">消费贷款：银行向自然人发放的用于置业、改善生活和工作条件、求医、就学等消费性支出所需资金的贷款。</td><td>住房贷款</td><td>银行向借款人发放的用于购买自用普通住宅或者城镇居民修房、自建住房的人民币专项贷款。从贷款的资金来源看有自营贷款、委托贷款（公积金贷款）和混合贷款。</td></tr>
<tr><td>家用车贷款</td><td>银行向在经销商处购买汽车的借款人发放的用于购买汽车的人民币专项贷款。</td></tr>
<tr><td>国家助学贷款</td><td>银行向全日制高等学校的经济困难的本、专科在校学生发放的用于支付学费和生活费，并由教育部门设立“助学贷款专户资金”给予贴息的人民币专项贷款。分为一般助学贷款和特困生贷款。</td></tr>
<tr><td>旅游贷款</td><td>银行向借款人发放的用于支付旅游费用的人民币贷款。</td></tr>
<tr><td>短期信用贷款</td><td>银行为在本行办理代发工资业务的借款人解决临时性资金需要而发放的人民币贷款。</td></tr>
<tr><td>信用卡透支</td><td>持卡人在发卡银行给予的信用卡额度内先消费、后还款的信用。</td></tr>
</table>

近几年银行的贸易融资业务十分活跃，围绕供应链金融①做了一系列的产品创新，主要有：

（1）金银仓融资，是指经销商持银行认可的购销合同和订单，基于优质生产厂商信用，以银行认可的仓储公司出具的仓单作为质押，向银行申请的短期融资业务。

（2）保兑仓融资，是指生产厂家（卖方）、经销商（买方）和银行三方合作，以银行信用为载体，由银行控制提货权，生产厂家受托保管货物并承担回购担保责任的融资服务，是解决经销商面临资金短缺问题的贷款。

（3）仓单融资，是指企业持银行认可的以其自有货物存放专业仓储公司而得到的仓单进行质押，向银行申请的资金融通业务。

（4）订单融资，是指企业持银行认可的购销合同和买方发出的真实有效的购货订单向银行申请的资金融通业务。

（5）动产融资，是指企业以其自有动产如钢材、有色金属、贵金属（黄金、白银）以及化工原料等进行抵押申请银行贷款融资。动产抵押期间因为不转移占有权因而不影响销售。企业销售时，可采取多种形式提取货物。

（6）电子商务融资，是指专门为网络交易电子商务客户量身定制的系列产品。

（7）保单融资，是指企业持银行认可的境内外保险公司开具的国内贸易信用保险保单，并将保单项下赔款权益转让给银行，银行按保单项下的应收账款金额的一定比例给予资金融通的业务。

（8）法人账户透支，是指商业银行同意客户在约定的账户、约定的额度内进行透支以满足临时性支付融资便利的信贷业务。

（9）应收账款融资，是指企业以赊销产生的应收账款进行质押向银行申请贷款或申请银行有追索权或无追索权买进应收账款的融资业务。

助推农业经济发展的“三农”小额贷款产品

任务二　银行授信部门与岗位设置

【任务分析】 教师指导学生上网查找几家银行的部门与岗位设置资料，对比讲解银行授信部门与岗位设置情况。

授信业务是银行的重要利润来源，是银行的“利润中心”，授信业务管理组织架构是银行组织架构的重要组成部分。股份制是银行的主要组织形式，实行股份制的银行其授信业务经营与管理的组织架构由董事会及其专门委员会、监事会、高级管理层和授信相关部门构成（见图 1-1）。

---

① 供应链金融，是银行向客户提供融资和其他结算、理财服务，同时向这些客户的供应商提供贷款便利，或向其分销商提供预付款及存货融资服务。也就是银行将核心企业和上下游企业联系在一起提供灵活运用的金融产品和服务的一种融资模式。

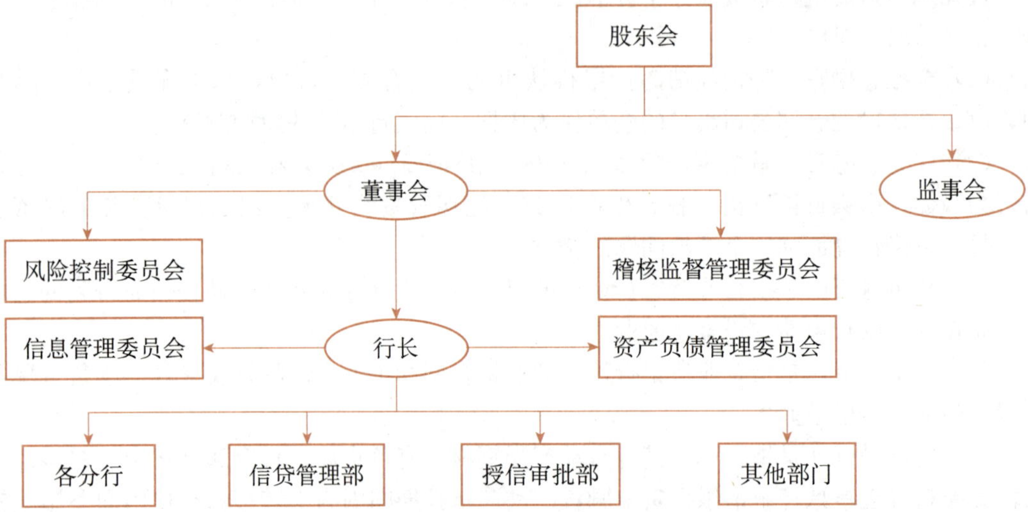

图 1-1 股份制银行授信业务经营与管理的组织框架

一、董事会及其专门委员会

董事会要向股东会负责，它是银行授信业务的决策部门和最高管理层，承担银行风险管理的最终责任，负责审批授信业务风险管理的战略决策，确保授信业务在银行可以承受的总体风险水平之内。董事会由若干名执行董事、非执行董事和独立董事组成。通常设董事长一名，为银行的法人代表；副董事长若干名。

董事会为控制和管理授信风险通常下设风险控制委员会、稽核监督管理委员会，审定风险管理战略，审定重大风险活动，对管理层和授信职能部门履行风险管理和内部控制职责的情况进行监督管理。

二、监事会

监事会是银行对董事会进行监督的部门，对股东会负责。对银行进行内部尽职监督、财务监督、控制监督等工作。监事会通过加强与董事会及内部审计、风险管理等相关委员会和有关职能部门的工作联系，全面掌握银行风险管理状况。监事会通常设监事长和若干名监事，通常有股东代表监事、外部监事、职工监事。

三、高级管理层

高级管理层的主要职责是执行风险管理政策，制定风险管理的程序和操作规程，及时了解风险水平及管理状况，确保银行具备足够的人力和物力、恰当的组织结构、管理信息系统和技术水平，有效识别、计量、监督和控制各项业务所带来的风险。高级管理层通常设行长、副行长、董事会秘书、首席风险管理官等。

四、银行授信部门与岗位

银行授信部门按其职责可以简要划分为前台部门、中台部门和后台部门。按照《固定资产贷款管理办法》《流动资金贷款管理暂行办法》《个人贷款管理暂行办法》的要求，银行应确保其授信的前台、中台和后台部门（岗位）的独立性。

前台部门（岗位），是指银行授信业务部门（岗位），主要负责客户的营销和维护。各家银行设置不尽相同，主要包括企业业务部门（岗位）、机构业务部门（岗位）和个人业务部门（岗位）。

中台部门（岗位），是指银行授信管理部门（岗位），主要负责授信风险的管理和控制。各家银行设置不尽相同，主要包括授信审批部门（岗位）、风险管理部门（岗位）、合规部门（岗位）、授信执行部门（岗位）等。

后台部门（岗位），主要负责授信业务的配套支持和保障，如财务会计部门（岗位）、稽核部门（岗位）、网络技术部门（岗位）等。

课堂讨论

李先生申请临时周转贷款 50 万元

私营企业主李先生的生意出了点问题，公司急需 50 万元周转资金，可是，他此前已将大部分流动资金用于投资其他项目，手上没有大额现金。焦急中，李先生想到自己还有一笔存期 5 年、每月存 1 万元、已存了 4 年多的零存整取定期存款，于是他急忙与某银行客户经理联系，准备好申请贷款材料。7 天后，李先生的 50 万元贷款申请被批准。李先生有惊无险地渡过了难关。

思考：李先生这笔贷款需要经过银行哪些部门？

参考答案：前台授信业务部门受理申请尽职调查；中台授信管理部门的审查审批部门负责审批；前台授信业务部门签订合同，与后台会计部门共同发放贷款；前台授信业务部门和中台授信管理部门负责授信后管理。

任务三 银行授信的原则和操作流程

【任务分析】教师以案例为切入点，借助对引入案例的讲解分析，引导学生模拟授信客户经理角色，掌握银行授信的原则和操作流程。

一、银行授信的原则

贷款授信是银行最重要的授信业务，与非资金授信相比，贷款授信过程更为复杂，期限更长，潜在风险更大。贷款授信的原则也适用于银行非资金授信业务。银监会于 2009 年、2010 年先后发布了四个贷款规定，即《个人贷款管理暂行办法》《流动资金贷款管理暂行办法》《固定资产贷款管理暂行办法》《项目融资业务指引》，通常称为“三办法一指引”。根据“三办法一指引”的规定，银行在授信工作中要坚持如下 6 项原则。

（一）全流程管理原则

全流程管理原则是指要将有效的授信风险管理行为贯穿到授信的每一个环节。例如在贷款业务中，打破过去贷前、贷中、贷后的粗略分法，把贷款过程细化为 9 个环节：贷款申请、受理与调查、风险评价、贷款审批、合同签订、贷款发放、贷款支付、贷后管理、贷款回收与处置。在这 9 个环节中都要注意把控贷款风险。

（二）诚信原则

诚信原则是指在授信业务中，授信对象要坚持诚信原则。诚信原则主要有两方面含义：一是授信对象按银行要求的具体方式和内容提供授信申请材料，并且承诺其真实、完整、有效；二是授信对象应证明其信用记录良好、资金用途合法和还款来源合法。

（三）协议承诺原则

协议承诺原则是指在授信业务中把承诺协议化，杜绝口头协议。它强调合同的完备性、承诺的法制性。例如在贷款时，借贷双方要签订完备的贷款合同和协议。通过合同类的法律文件规定贷款人自己的权利与义务，同时也要求客户承诺一系列事项，并规定违反承诺的法律责任，以约束其行为，保护贷款人的权益。

（四）授信审查与授信审批发放相分离原则

授信审查与授信审批发放相分离原则，简称审贷分离原则，是指银行将授信审查与授信审批和发放作为独立环节，分别管理和控制，以达到降低银行授信业务操作风险的目的。审放分控一是可以加强银行的内控防范风险，二是可以推行银行全流程管控的理念，提高专业化操作水平。银行设立审查、审批和独立的授信发放部门或岗位，由各部门或岗位分别负责审查授信资料的合法性、合规性，判断风险的可控性和可接受性，以及审核各项放款前提条件是否落实，确认资金用途是否符合合同约定。

（五）实贷实付原则

实贷实付原则是指银行根据借款人的有效贷款需求，主要通过贷款人受托支付的方式，将贷款资金支付给符合合同约定的借款人交易对象的方式。

实贷实付原则的优点在于能减少贷款挪用，有利于贷款资金进入实体经济，有利于银行加强对贷款资金的管理和跟踪防范信用风险。

（六）授信后管理原则

授信后管理原则是指银行在授信后继续开展授信风险管理工作。授信后管理主要包括：贷款资金的按用途使用，对借款人账户监控，借款合同对授信后管理的指导和约束，银行依据监管要求对借款人贷款使用进行监督。违反贷款合同规定的借款人应承担相应的法律责任。

政策性银行在授信过程中除坚持上述 6 项原则外，还要在选择授信客户时，突出在国民经济和社会发展中资金投向指导性、经营目标非营利性、利率和费率优惠性的特色，以完成和实现政策性银行的经营目标。

课堂讨论

B 公司申请流动资金贷款 1 350 万元

B 公司是一家主要经营小家电及配件制造的电器公司，2016 年 12 月 5 日，向某银行提出 1 350 万元流动资金的贷款申请。

银行授信业务部门的客户经理调查情况如下：B 公司成立于 2001 年 12 月 20 日，注册资金 520 万元，为合营公司，甲方 Z 家用电器有限公司认缴出资额 390 万元，占注册资本的75%；乙方香港籍人士陈某某认缴出资额130万元，占注册资本的25%。经调查，B公司经营状况正常，非财务指标也符合贷款要求，担保方式为公司法人个人房产做抵押。另外，B公司有他行125万元打包贷款，为第三方企业担保。银行授信业务部门把贷款申请资料提交授信审批部门，授信审批部门按照贷款审批程序批准同意放贷1 350万元，期限4年，按月计息，到期一次还本。授信业务部门与B公司签订了贷款合同，与抵押人签订了抵押担保合同，并做了房产和土地使用权的抵押登记。银行授信合规部门在落实了贷款审批条件、签注同意放款意见后，银行授信业务部门为B公司办理了放款手续。2017年3月3日，银行放款950万元，按B公司的要求转账到其材料供应商W公司的账户上。

2018年5月10日，B公司未经银行同意，为H公司向他行贷款350万元提供了担保。

H公司贷款逾期后，2019年3月4日，B公司被扣划银行存款350万元，导致B公司资金紧张，其银行贷款发生欠息。

2020年10月，B公司停止生产，贷款银行向法院申请冻结抵押物。

思考：在该案例中体现了哪些银行授信的基本原则？

参考答案：全流程管理原则、诚信原则、协议承诺原则、审贷分离原则、实贷实付原则、授信后管理原则，但授信后管理原则落实不到位。

二、银行授信的操作流程

银行授信的操作流程可以具体分为六个步骤（见图1-2）。

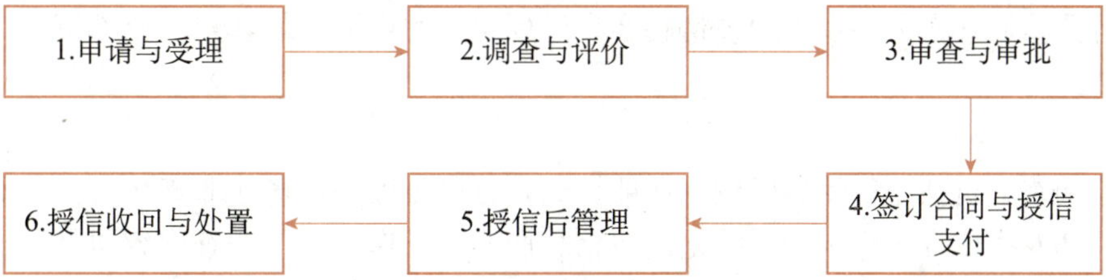

图1-2　银行授信的操作流程

（一）申请与受理

银行授信业务部门负责授信申请受理，此步骤包括如下工作内容。

1. 客户申请

客户到银行授信业务部门提交授信申请书。在这个环节可以是客户主动联系客户经理提出授信要求，也可以是在银行客户经理主动拓展客户的基础上，建议客户提出授信申请。

2. 与客户面谈

银行与申请授信客户面谈是银行甄别客户的第一步。通过面谈可以确定是否需要开展后续授信调查。对于客户申请授信条件明显不符合银行授信政策的，客户经理无须进行面谈，可以直接拒绝客户。

3. 资格审查

银行通过资格审查确定客户是否符合银行规定的基本条件、限制性条件及授信所需要满足的条件。

4. 内部意见反馈

银行与客户面谈后，应及时向上一级全面、准确地汇报了解到的信息，并形成书面的访客报告。通过中国人民银行征信咨询系统对客户的资信情况进行初步查询，也不排除采用其他途径、渠道对客户资信情况进行了解和调查。

5. 准备申请材料

对符合资格要求、通过初步审核的客户，受理业务的客户经理根据授信类型向客户发送相应的银行授信申请书和申请银行授信材料清单，客户按申请材料清单准备相应的申请资料。

6. 银行初步审查

银行收到客户提交的申请授信的材料后，对照申请材料清单清点客户所提交材料是否齐全，并对材料的完整性、合法性、规范性、真实性和有效性进行初步审查。

7. 资料移交

银行审核材料后，经过初步判断符合授信申请条件的，在当日将贷款申请资料移交授信业务部门的调查人员进行调查。对于不符合授信条件的客户资料退还授信申请客户，并说明情况。

（二）调查与评价

银行授信业务部门负责授信调查，调查人员在此阶段需要完成以下 5 项工作内容。

1. 资料接收

银行授信调查人员接收受理授信的客户经理移交的申请授信客户的全部资料，并办理交接手续。

2. 授信业务调查

授信调查人员独立行使尽职调查职能，调查方式可以是现场或非现场方式，必要时可以委托外部专家或专业机构开展特定的授信尽职调查工作。授信调查内容包括：法律文书的规范和严谨性调查、偿债能力调查、偿债意愿调查、授信项目效益性调查，以及授信对象资本状况、组织结构和银企关系等多方面的调查。

3. 撰写授信调查报告

授信调查人员通过查阅授信客户的财务报告等相关资料、与客户管理人员面谈、实地调查、参考新闻媒体信息和向相关人员了解核查相关信息等方式，对客户进行全面分析，按规定的格式和内容撰写授信调查与评价报告，为审批人员决策提供可靠依据。

4. 资料移交

授信调查人员将通过调查的客户资料整理后报送授信审批部门，同时在授信管理系统中录入客户授信申请资料信息、调查意见和授信方案。未通过调查的客户资料退回客户。

5. 资料接收与分析

授信审批部门接收授信业务部门移交来的申请授信资料，按移交清单逐一核对并当场登记签收，按照授信审批部门内部分工将申请授信资料分发给授信审查人员。

（三）审查与审批

授信审查人员在此阶段要完成如下工作内容。

1. 合规性审查

授信审批部门负责对接收的申请授信材料进行合规性审查，审查的内容包括：材料是否齐全；材料信息是否充分；材料内容是否一致；材料格式是否规范。

2. 审批

授信审批由授信评审委员会集体评审和有权审批人审批来完成。

3. 反馈审批结论，资料移交

审批工作结束后，授信审批部门负责整理归纳审批结论及全体审批人意见，并将结论及审批意见及时通知授信申请经办部门。结论为同意的，经办部门可直接进入下一授信环节；未通过的授信申请，经办部门可以申请复议。一笔授信业务只能复议一次。

（四）签订合同与授信支付

银行授信业务部门办理与客户签订授信合同和贷款支付的业务，具体工作内容如下。

1. 签订合同

授信业务部门与批准授信的客户签订授信合同。如果有担保的还要签订保证合同或质押合同，或抵押合同。

2. 落实用款条件

用款条件主要包括在贷款行开立基本结算户或一般账户，或授信专用账户。此外，在贷款审批时附加条件同意的，落实附加条件。

3. 授信支付

授信支付有两种，即贷款人受托支付和借款人自主支付。在授信合同中要约定采用何种支付方式。为了防止挪用贷款的风险发生，原则上采用贷款人受托支付。但不管采用哪种支付方式，贷款银行都要对贷款资金的支用进行管理与控制。

4. 授信登记

授信业务部门进入中国人民银行信贷登记咨询系统和本行信贷管理系统，登记授信业务的相关信息。

（五）授信后管理

银行授信业务部门和银行授信管理部门负责授信后管理工作。工作内容是进行各种类型的授信检查并完成授信检查报告。

1. 授信检查的类型

（1）授信检查按照地点划分，有现场检查和非现场检查。

（2）授信检查按照时间节点划分，有首次检查和月度或季度检查。首次检查是规定短期贷款发放后 7 日内、中长期贷款发放后 15 日内，客户经理要进行首次检查，检查的内容主要是贷款用途是否符合合同规定。月度检查或季度检查是指每月或每季对授信客户进行检查。

（3）授信检查按照内容划分，有全面检查和重点检查。一般月度检查或季度检查是全面检查，检查内容包括：客户的基本情况，如行业情况、经营情况、内部管理情况、财务状况、融资能力和还款能力等方面的变化情况，授信业务风险变化情况和授信担保的变化情况。重点检查是指授信后一旦发现客户出现新的情况或出现影响履行授信合同的重大风险事件，银行从发现之日起 2 日内进行检查。

2. 授信检查后的处置方式

（1）风险预警。根据多视角的授信检查，判断授信总体风险状况，撰写授信检查报告，上报风险预警。

（2）资产分类。根据所搜集的授信客户资料和授信后检查情况，相关岗位责任人根据本行制定的授信风险分类标准、方法、程序，对授信资产按风险程度的大小分为不同档次。

（3）问题处置。相关岗位责任人根据风险预警情况，制定相应的风险防范措施并加以实施。

（六）授信收回与处置

1. 授信收回

（1）正常收回。短期授信到期前一周，中长期授信到期前一个月，授信人员发送到期贷款通知书。到期贷款收回后，进行会计处理，返还质押物和抵押物的权利凭证，登记授信台账。

（2）提前归还。可以是授信客户申请提前归还，也可以是授信银行因为授信客户不履行合约要求其提前归还。

2. 授信展期

授信到期前，客户可根据具体情况申请授信展期。一般授信在符合条件下可以展期一次。允许展期的条件是：

（1）由于国家调整价格、税率、贷款利率等，使授信客户的经济效益受到影响，造成客户现金流入减少，还款能力下降。

（2）因发生不可抗力。

（3）受国家宏观经济影响，银行授信没有按时发放，影响到授信客户正常生产经营。

（4）授信客户生产经营正常，但原授信期限过短。

3. 授信逾期和问题授信管理

对于到期未能收回的授信，一是按规定加紧催收；二是按规定追究保证人的代偿责任；三是按规定处置抵押物和质押物。

4. 档案管理

授信业务档案管理也是银行授信业务管理的重要环节。授信业务档案主要包括：客户营业执照复印件、贷款调查报告、贷款申请书及贷款审批书、借款合同、结算户和专用基金户存款余额登记簿、贷款发放回收余额登记簿、主要财务指标、财务活动登记簿、自有资金增减变化表等。

课堂讨论

A 机械设备有限公司申请贷款 910 万元

2020 年 3 月，A 机械设备有限公司流动资金紧张，向银行申请 910 万元流动资金贷款。

经调查：A 公司成立于 2007 年，主要生产机床、钻床、砂轮等机械设备。2013 年开始，A 公司与银行建立合作关系，截至 2020 年 3 月末，A 公司在银行贷款余额 470 万元，担保方式为土地厂房抵押。客户经理还对 A 公司进行了财务与非财务等多方面调查。

2020年4月，银行按照审批程序批准了A公司910万元流动资金贷款。

2020年7月以来，受宏观经济环境影响，A公司订单不断减少。机械制造行业竞争激烈，A公司主营产品同质性较高，缺乏核心竞争力，导致A公司议价能力逐步下降，市场份额逐渐萎缩。同时，A公司因应收账款回笼周期延长，进一步加剧了资金链的紧张，致使在银行的300万元流动资金贷款发生逾期。A公司为快速回笼资金，缓解资金紧张状况，将原计划用于扩大生产的厂房及办公楼对外出租，使得生产能力进一步降低。

2020年9月，经与A公司协商达成一致，银行对授信方案进行调整，压缩授信敞口额度，从910万元减少至470万元，原抵押物不变，追加A公司相关人员的两处房产抵押，总体抵押率控制在40%左右，同时追加A公司股东无限连带责任保证。

思考：案例体现了银行授信的哪些基本原则？案例中表现出的银行贷款授信过程是怎样的？

参考答案：(1) 全流程管理原则、诚信原则、审贷分离原则、授信后管理原则。(2) 贷款授信过程：贷前、贷中、贷后六个步骤。

模块小结

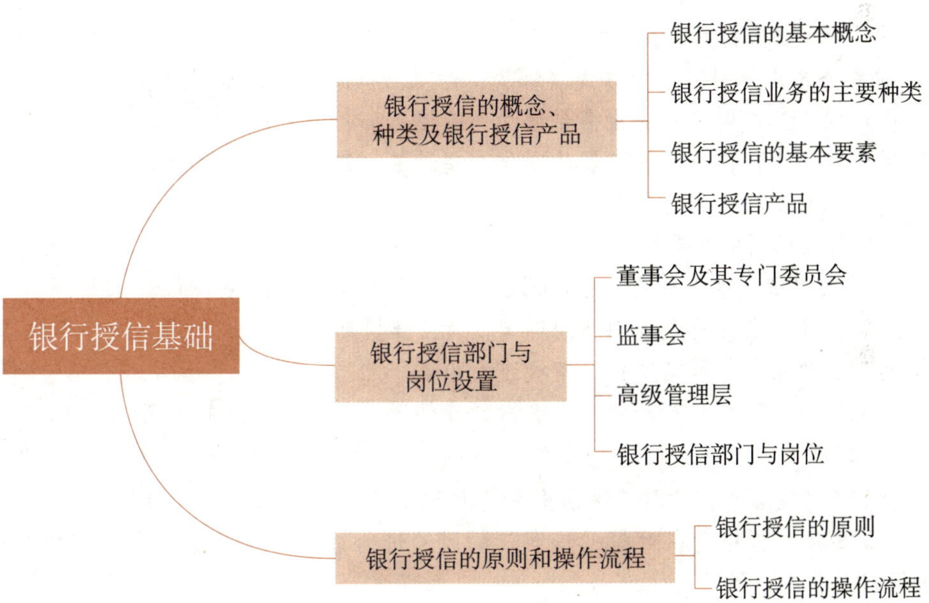

模块测评

一、单项选择题

1. 授信按照会计核算的归属不同，可以划分为（　　）。

A. 表内授信和表外授信　　B. 资金授信和非资金授信

C. 中长期授信和短期授信　　D. 贷款与非资金授信

2. 按照商业银行（　　），可以将授信产品分为资金授信和非资金授信。

A. 是否给客户提供信用　　B. 是否给客户提供资金支持
C. 是否贷款给企业　　D. 是否给客户提供担保

3. 下列哪些产品属于非资金授信产品？（　　）
A. 贷款业务　　B. 项目融资
C. 担保性业务　　D. 银行承兑汇票贴现

4. 商业银行的后台部门不包括（　　）。
A. 财务会计部门　　B. 稽核部门　　C. 网络技术部门　　D. 授信管理部门

5. （　　）部门是银行的“利润中心”。
A. 前台部门　　B. 中台部门　　C. 后台部门　　D. 前台与中台部门

6. 对客户进行授信前调查是银行（　　）部门的职责。
A. 授信管理部门　　B. 授信业务部门　　C. 合规部门　　D. 稽核部门

7. 银行客户经理的工作内容不包括（　　）。
A. 开发客户，营销产品　　B. 授信审批
C. 内部协调　　D. 监测客户

二、多项选择题

1. 表内授信包括（　　）。
A. 贷款　　B. 项目融资　　C. 贸易融资　　D. 贴现

2. 下列哪些属于特别授信？（　　）
A. 对单个客户分别以不同方式（贷款、贴现、担保、承兑等）授信
B. 因地区、客户情况的变化需要增加的授信
C. 因国家货币信贷政策和市场的变化，超过基本授信所追加的授信
D. 特别项目融资的临时授信

3. 授信管理部门的主要职责包括（　　）。
A. 对有权审批人审批后的授信，同客户签订授信合同和担保合同
B. 对客户部提供信贷政策制度的咨询以及法律援助
C. 对信贷政策和管理制度执行情况进行检查
D. 负责信贷资产质量检测考核、金融债券的管理和风险资产的出资

三、判断题

1. 授信业务中台部门主要负责授信业务风险的管理和控制。（　　）

2. 授信额度是指银行在对拟授信客户的风险进行综合评价的基础上确定的授予客户使用融资担保的最高限额。（　　）

3. 银行资金授信业务主要指银行贷款业务、贴现业务、项目融资业务、贸易融资业务等对客户提供资金的业务。（　　）

4. 如果客户需求明显不符合银行的信贷政策，授信工作人员则无须进行面谈，可以直接拒绝客户。（　　）

5. 授信尽职调查人员独立行使尽职调查职能，调查可采取现场或非现场的方式进行。（　　）

四、实战演练

实训目标：培养搜集资料的能力；解读保兑仓融资的相关资料，总结概括其优点和存

在的问题；描述保兑仓融资过程。

实训资料：关于银行保兑仓融资的网络资料。

实训方式：三人一组，学习讨论，拍摄讨论过程录像，一人作为代表上台交流展示。

实训成绩评定：围绕实训目标，小组之间相互打分，以均分记录小组成绩。

评分标准：(1) 内容准确无误，条理清晰（40分）；(2) 态度认真，准备充分（30分）；(3) 表达清楚、流利，仪表仪容得体（30分）。

模块二

银行拓展授信客户及受理授信申请

学习目标

● 知识目标

1. 了解银行营销的概念；
2. 了解银行市场定位分析的内容和银行主要营销策略；
3. 掌握银行授信主要营销渠道，银行介入公司客户及个人客户的时机；
4. 掌握选择和拜访目标授信客户的方法；
5. 掌握维护客户关系的方法；
6. 掌握客户申请授信和银行受理授信业务的流程。

● 技能目标

1. 会根据要求选择目标授信客户；
2. 会制订目标授信客户的拜访计划；
3. 会与目标授信客户面谈；
4. 会维护客户关系；
5. 会审查申请授信客户的资料；
6. 会撰写申请授信客户的访客报告。

案例导入

为客户雪中送炭

小王是××银行授信客户经理，他有一个客户是集烟草、机械、军品、物流生产和销售于一体的大型集团公司。集团的某子公司主营施工业务，规模较小，主要为集团配套建设厂房。该子公司多次向其他银行申请融资人民币200万元，都被拒绝。

小王了解到集团公司将迁到昆明，并进行大规模厂房扩建的消息后，认为该子公司的前景十分看好。小王果断受理了客户的贷款申请，很快发放贷款人民币200万元。这本是笔小业务，但对该客户来说却是雪中送炭。在接下来的几年里，随着集团公司大规模改扩建，这个子公司规模也快速扩张，效益成倍增长，而且存款、支付结算、所有授信业务都在××银行，成为××银行的忠实客户。

思考：客户经理开发客户有哪些技巧？客户经理该怎样维护客户关系？客户经理如何受理客户贷款申请？

任务一　银行授信营销

【任务分析】该任务侧重于知识学习。教师指导学生了解和掌握银行授信营销的概念和策略、授信市场分析方法、授信市场定位方法和授信营销渠道，为开发和维护客户提供理论基础。

一、银行授信营销的概念

银行营销，是指银行在以市场为导向、以客户为中心的思想指导下，把可盈利的银行产品或服务引向经过选定的客户的一种管理活动。

银行授信营销，是银行营销在授信业务中的应用。具体是指银行在既定的经营理念指导下，把可盈利的银行授信产品引向经过选定客户的管理活动。

准确理解银行营销的概念应注意以下五点。

（一）银行营销不等于推销

推销是以产品为出发点，突出推销业务员个体行为的、狭隘的、短期的盈利行为。银行营销是一个管理过程，是以客户需求为出发点，经过市场调研、目标客户选择、产品或服务开发、确定价格、分销与促销、延展相关服务等一系列活动，来满足客户多方面需求，从而实现银行盈利的过程。

（二）客户是银行营销的中心

客户需求是银行开展营销活动的出发点。银行的客户可以分为公司客户、机构客户和个人客户，不同客户对银行服务有不同要求。银行必须对客户的现实需求和潜在需求进行深入研究和分析，在市场中找准自己的目标客户，制定与市场相符的营销战略和产品、价格、分销、促销组合策略，最终实现银行营销的目标。

（三）银行营销目标是实现银行与客户双赢

利润是一切营利性组织的经营目标，但如果一味以追求利润最大化为经营目标，忽视客户的需求与利益，银行的客户就会流失，银行利润目标以及长远发展战略也难以实现。现代银行必须注重客户价值，提升客户关系价值，在客户与银行之间的利益与风险管理中，实现银行与客户双赢的目标。

（四）银行营销的内容具有综合性

银行营销是一个系统工程，从市场调研、市场预测与市场细分，到产品开发、价格制定、分销渠道拓展、广告与人员推销等活动，构成一个有机体，相互依存、相互制约。银行营销活动除上述内容外还包括客户跟踪服务、二次开发、营销活动组织与管理等工作，银行营销是一项综合性的管理活动。

（五）银行营销是一个连续的管理过程

银行营销活动贯穿管理活动的四个阶段。营销活动过程分为分析、计划、执行、评价反馈四个阶段。对营销活动进行有效评估、检查反馈，也就是及时发现问题并采取有效措施解决问题，同时也是新一轮营销管理活动的起点。由此可见，银行营销是一个周而复始的管理过程。

二、银行授信营销策略

（一）授信产品营销策略

授信产品是银行授信营销活动的主要对象，授信产品在为银行创造利润的同时也给银行带来风险。授信产品的销售是银行生存、立命之本。银行作为金融服务业销售授信产品，与制造业销售商品有着很大差异。银行经营、销售的授信产品具有下列典型特征。

1. 授信产品是一项组合服务

授信产品作为一项组合服务有两层含义：一是指一笔授信业务的完成不是由一个人或一个岗位完成的，它是多个人、多个岗位分工协作完成的。例如一项贷款授信从业务受理、调查、审查、审批，到放款、办理抵押等多个环节，分别由不同岗位人员完成，银行把多岗位的服务"打包"在一起提供给客户。二是指银行基于客户对授信产品的需要，可以拓展为提供"一揽子"银行产品，满足客户融资、理财、支付结算等一系列金融服务需求。

2. 授信产品是规范产品

授信产品的规范性体现在银行对每种授信产品规定了统一的操作规程。例如规定了风险管理原则、定价原则、岗位职责、审批程序等，每一环节的操作都有规定的标准，保证了授信产品的规范性。

3. 授信产品是可调整的产品

每一种授信产品都有其特点，也有不同的适用对象。授信产品可以根据客户的需求"量体裁衣"，进行拆分、组合和符合监管要求的创新。随着金融市场竞争越来越激烈和客户需求的多样化发展，对授信产品拆分、组合、创新的需要日益增长。

4. 授信产品对客户的要约是明确的

银行授信产品明确规定了银行、客户双方的权责，银行销售授信产品公开透明。客户能够满足并接受银行对授信产品所规定的条件，银行就会按照既定程序和条件为客户提供金融服务，也表达了"我们已经为客户准备好了一切"的专业自信。

（二）授信品牌营销策略

品牌营销策略是指企业利用消费者的品牌需求，创造品牌价值，最终形成品牌效益的营销策略和过程。简而言之，品牌营销就是把企业的品牌深刻地印入消费者的心中。

银行品牌，是指银行在长期的市场营销活动中，在银行产品的开发、管理、销售过程中，逐渐形成与其他同类产品在标志上有显著区别，为客户熟悉、接受和认同的某一银行产品，以及使客户对其所属银行形成偏好、信任和依赖。

授信业务是银行的重要业务之一，授信业务的营销必须符合银行的品牌营销策略。授信品牌营销成功的关键点有三个。

1. 服从银行品牌定位，培养客户品牌忠诚

银行运用品牌营销策略先要品牌定位明确。定位的目的在于帮助客户了解本银行与竞争对手的不同，便于客户清晰辨认能为他们提供最佳服务的银行，实现银行与客户的双赢。银行通过定位在客户中留下别具一格的形象，打造某一细分市场中最佳的银行，提供符合目标定位的金融产品。

对银行品牌的忠诚体现在客户对银行产品服务的高度信任和排他心理。例如定位高端的大银行，让客户感到只有使用这一银行的金融产品和服务才具有自豪感、愉悦感。定位为普通大众服务的银行的产品要使客户放心、舒心、省心。这样才会树立起银行核心产品的形象，赢得竞争优势。

企业创设和发展离不开银行业的支持，金融产品的消费也成为普通百姓生活的重要组成部分。各类金融机构不断涌现，树立银行品牌，培养客户忠诚度具有重要的现实意义。

授信产品是众多银行产品的一类，授信产品的开发和营销无疑必须服从银行品牌定位。

2. 增强品牌经营意识，建立高效品牌管理体系

品牌经营与管理是系统工程，银行必须围绕品牌定位，挖掘、整合、创新银行产品，延伸银行产品链，利用银行品牌拓展创新品牌产品。以银行品牌拓展银行业务，以新的银行业务强化银行品牌，使品牌效应不断增强。

3. 整合营销传播

整合营销传播指一切营销传播行为必须将各种传播工具和方式进行整合，并采取一个声音、一个形象的整体表现，使信息传播都围绕着银行品牌的核心价值来展开，强化银行在客户心理上的整体品牌形象。整合营销传播具备两个特性：一是战略上的高度一致性；二是战术上的层次性和连续性。

（三）授信服务营销策略

1. 授信服务营销的概念

银行服务营销是指银行以满足客户需求为导向，以服务为手段将银行产品销售给目标客户的经营活动。

银行授信服务营销则是指根据客户的需求，把一种授信产品或多种授信产品的组合，以及以授信产品为核心的一系列银行产品销售给目标客户的经营活动。

2. 授信服务营销途径

（1）创设优良的服务设施和环境。服务营销先要营造良好氛围，银行根据品牌定位布置营业环境，配套相应的服务设施和营业办公场所。通过环境改造，为客户带来满足感、方便感和尊重感，培养客户忠诚度。

（2）提高银行职员的服务意识和业务素质。银行职员是授信产品的销售者，其业务素质、服务技能关系着授信业务拓展成功与否。银行应持续不断地进行员工培训，使员工树立金融企业现代营销意识，提高专业素质和营销技能，提升服务效率，使客户满意。

课堂讨论

××银行推出的“旅游套餐”是包括个人旅游贷款、个人旅行支票、××信用卡、×

×灵通卡、××中旅卡、通存通兑等“一揽子”金融业务，服务于个人旅游消费全过程。客户可以根据不同需求选用“旅游套餐”组合，如缺少旅游资金者可选择“个人旅游贷款＋通存通兑＋××信用卡＋异地结算”服务。

思考：该案例运用了什么营销策略？

参考答案：授信产品营销策略。理由：授信产品是组合服务、是规范产品、是可调整的产品、是要约明确的产品。

三、银行授信目标市场分析

（一）授信市场环境分析

授信市场环境是影响银行授信营销活动的内外部因素和条件的总合。银行在进行授信营销决策之前，要对客户需求、竞争对手实力和金融市场变化趋势等内外部市场环境进行充分调查和分析。

1. 授信市场环境分析的主要内容

授信市场环境分析的主要内容见表 2－1。

表 2－1　授信市场环境分析的主要内容

市场环境		内容
外部环境分析	宏观环境	经济与技术环境，包括：国际和国内的经济形势，如经济增长速度、循环周期、市场前景、物价水平、投资意向、消费潮流、进出口贸易、外汇汇率、资本移动和企业组织等；政府各项经济政策，如财政、税收、产业、收入和外汇等政策；技术变革和应用状况，如通信、电子计算机产业以及国际互联网的发展和应用
		政治法律环境，包括：政治稳定程度、政治对经济的影响程度等；政府的施政纲领、各级政府机构的运行程序、政府官员的办事作风；社会集团或群体利益矛盾的协调方式；法治建设，具体法律规范及其司法程序等
		社会人口与人文环境，包括：信贷客户分布与构成，购买金融产品的模式与习惯，人口构成结构的变动，劳动力的结构与素质，社会思潮和社会习惯主流理论和价值等
	微观环境	信贷资金的供求状况
		客户的授信需求和动机
		银行同业竞争对手的实力与策略，如明确授信市场的潜在进入者；现有竞争对手的营销策略，如产品策略、价格策略、渠道策略运用及变化
内部环境分析	银行内部资源	人力资源
		资讯资源
		市场营销部门的能力
		经营绩效
		研究开发能力
	银行实力	银行业务能力
		银行市场地位
		银行声誉
		银行财务实力
		政府对银行的特殊政策
		银行领导者的能力

2. 授信市场环境分析的基本方法

SWOT 分析法是战略大师迈克尔·波特首先提出来的，可用于对银行面临的内外环境进行综合分析。S（strength）：优势；W（weakness）：劣势；O（opportunities）：机会；T（threats）：威胁。其分析方法的运用如表 2-2、表 2-3 所示。

表 2-2 中小型商业银行 SWOT 矩阵

	优势	劣势
内部条件	1. 资产总额的上升趋势 2. 财务状况的上升趋势 3. 定位明确，经营灵活，富于创新精神 4. 较注重科技发展，有合理的组织架构	1. 资金实力和市场份额不足 2. 规模相对不大 3. 客户基础较差
	机会	威胁
外部条件	1. 个人零售业务市场的崛起 2. 金融服务需求的多样化 3. 业务经验的累积 4. 宏观政策的支持	1. 竞争的加剧 2. 不公平竞争的形成 3. 监管政策的不平衡

表 2-3 大型银行的 SWOT 分析

优势	硬件：网点多，先进的计算机系统和网银系统
	软件：存贷款规模庞大，资产质量好，内部风险控制能力强，经营管理制度健全，品牌知名度高，服务水平优良，服务理念先进，工作效率高
弱势	机构设置以行政区域划分，跨区域协调存在问题，条线管理比较多，部分业务流程较长，对新的产品推广力度较慢，定价机制相对比较刚性
机会	全球性大银行，所有业务都比较强，个人业务、公司业务、投行业务、现金管理、清算平台同业领先
威胁	客户层面关心的产品、工作效率、服务、成本四个方面存在问题，局部的产品领域受中小型商业银行冲击

（二）授信市场选择

1. 授信市场选择的概念

授信市场选择是指银行通过对现有授信市场或潜在授信市场进行细分，根据它的经营目标和策略确定为哪些市场提供更好的金融服务的行为。目标市场的选择决定了银行授信业务的经营状态。

2. 影响授信市场选择的因素

银行在做授信市场选择时，必须从自身的特点出发，综合考虑以下几个因素：

（1）符合银行的目标和能力。一是某些细分市场虽然有较大的吸引力，但会分散银行的精力，无助于实现银行的发展目标，这样的市场应该放弃。二是银行拥有的资源不能达到细分市场要求，也应该放弃。如有的银行根据自身发展目标和资源条件，选择商圈或产业链上的点为目标市场，经营效果就非常好。

（2）有一定的规模和发展潜力。银行选择的市场要有深度或广度，并尽可能与其金融产品的开发和创新方向相吻合。如果市场规模狭小，或趋于萎缩，或与开发和创新的金融产品不一致，就应放弃。

（3）细分市场结构的吸引力。从当前盈利观点出发，市场的吸引力不大，但从同行业竞争、潜在的新竞争者、替代产品、客户选择能力和中央银行政策等角度看，具有长期的内在吸引力的市场，是可选择的。

（三）授信市场定位

1. 授信市场定位的概念

银行授信市场定位是指银行依据自身资源和优势，考虑当前客户的需求特点，设计表达银行特定形象的服务和产品，展示银行个性特点，在目标市场上确定恰当位置。授信市场定位是银行授信营销过程中的重要决策。金融服务容易被模仿，领先的优势持续时间非常短暂。但也没有一家银行能满足所有客户或单一客户所需要的全部金融服务，因此银行有必要也必须选择吸引特定客户或满足客户的特定需求，使自己发展壮大。

2. 授信市场定位的步骤

银行授信市场定位包括识别重要性、制作定位图、定位选择和执行定位四个步骤。

（1）识别重要性。银行授信市场定位，首先是识别影响目标市场客户做出申请授信决策的重要因素。如对个人贷款产品市场定位，需了解目标市场应该或者必须具备的属性以及目标市场客户具有的重要的共同特征。在众多影响因素中识别出哪些是最重要的因素，这是客户使用金融服务最在意、最重要的感受。银行以识别出的重要特征和特殊利益作为表征，利用这些表征制作定位图。在我国，银行客户选择金融服务的主要标准，并不仅仅是追求银行产品本身的核心功能，银行实力信誉和服务态度等也是影响客户选择的重要因素。这是我国银行客户行为的突出表征。对于银行来说，哪种表征最重要，还需要用一定的技术手段去分析。

（2）制作定位图。银行在识别重要表征之后可绘制定位图，并在定位图上标出本银行和竞争者所处的位置。对其他银行定位的认识，是为了明确在特定市场中竞争对手及其所处的地位，为银行自身市场定位提供选择的空间。通过对银行自身业务的分析，找出自己的优势和劣势，为制定竞争战略提供依据。具体的定位图制作过程涉及统计程序，即在认定重要表征之后，将这些表征集合到几何维度的统计程序，由程序得出所需要的定位图。变量可以是客观属性，也可以是主观属性，但必须都是“重要属性”。图 2－1 是对三个银行的简单定位图，其两个维度分别是客观维度“最优贷款利率”和主观维度“友好和礼貌的服务”。

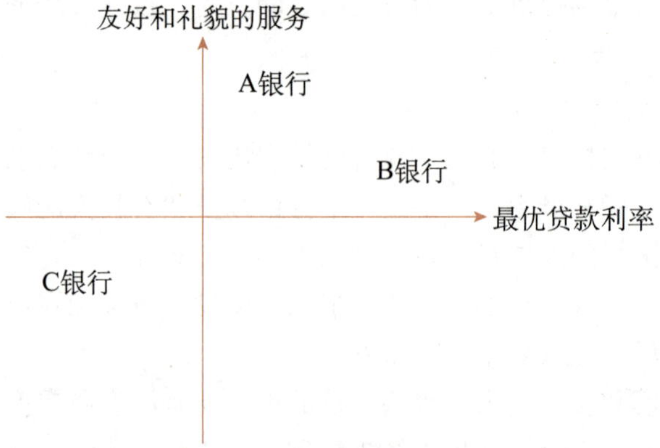

图 2－1　银行定位图

由于银行授信产品的同构性越来越强，即使银行能够通过金融创新发明一种产品来满足客户的某种需求，银行产品的易模仿性也会使其难以长久保持这种产品的功能优势。银行要保持产品的竞争优势，只能通过增加该产品的附加值来维持。银行在制作市场定位图时，可选择的维度可以是银行的实力、服务质量和信誉等因素。

（3）定位选择。按照市场规模、产品类型和技术手段等因素的不同，银行对于授信业务可以有三种市场定位方式，见表2-4。

表2-4　市场定位方式及适用条件

市场定位方式	适用条件
主导式定位	市场份额大，居于行业领导地位，资产规模大，创新能力强，反应速度快，网点密集
追随式定位	建立机构初期或初入细分市场，资产规模中等，分支机构少
补缺式定位	资产规模很小，信贷产品较少

（4）执行定位。它是指市场定位最终需要通过各种沟通手段，如营销人员的着装、行为举止以及服务的态度、质量等传递出去，并为客户所认同。银行的市场定位需要彻底贯彻到所有与客户的内在和外在联系中，这就要求银行的所有元素——员工、政策与形象都能够反映一个相似的并能共同传播希望占据的市场位置的形象。

3. 授信市场定位的策略

银行授信市场定位策略涉及银行经营的多个方面，但它们之间并不矛盾，可以同时并存。

（1）授信客户定位策略。这是使用较多的定位策略，根据客户的资产规模、业务需求和个性偏好定位，可以快速与客户达成一致。如，信用卡的客户一般定位在有较稳定和较高收入的群体；校园卡在设计上则体现出活泼的风格，以迎合年轻客户群体。这种定位要求银行必须有较多的产品品种可以提供，或者适用于开发创新成本低的某类产品，否则将增加产品开发成本，减少利润空间。

（2）授信产品定位策略。虽然银行产品具有同质性，但由于服务水平、人员素质、银行规模、开发和创新能力等因素的差异，银行产品表现出的价值是不同的，同时在产品开发和创新中，由于各银行的开发能力和客户需求不同，开发出的产品功能也就必然存在差异。因此，抓住产品属性的特点、产品优势进行定位可以节省成本，提高收益。

（3）授信形象定位策略。这是银行的一种整体定位，即银行根据自身的特点，区别于其他金融机构而设计自身形象，力图通过这种形象来获取大众的注意力。

（4）授信利益定位策略。这种定位要兼顾两个方面：一方面银行强调产品可以给客户带来较大的收益，以吸引客户使用该行的产品；另一方面应考虑到银行的当期收入和长远利益。这是一种真正双赢的定位。对于这种定位，银行可以基于综合效益的考虑适当降低定价，通过量的突破来实现自身利益的增加。比如要综合考虑客户的终身价值、客户家庭价值、异类产品交叉销售和同类产品联动销售等。

（5）授信竞争定位策略。这是指银行面对竞争对手，在对比中找出差异，并确定自己的定位。如与弱者进行竞争时，可定位在价格策略上，用降低产品价格的方法使对方放弃市场；如与规模大、实力强的银行竞争，可以定位在业务处理的快捷、方便、友好、礼貌等服务水平方面，用优质服务来赢得客户。

（6）联盟定位策略。共赢的联盟伙伴能够共享客户资源，实现优势互补，为目标客户提供增值服务，扩展银行对客户服务的功能，满足客户多种金融或其他需求，从而赢得客户。

四、银行授信营销渠道

（一）银行授信营销渠道的概念

银行授信营销渠道是指银行提供授信服务和方便客户使用授信服务的各种手段，即银行授信产品和服务从银行流转到客户手中所经过的流通途径。

（二）银行授信营销渠道的种类

1. 按照营销渠道与银行的隶属关系分类

将授信营销渠道分为内部营销、外部营销和交叉营销。从目前情况看，银行最常见的授信营销渠道是利用网点机构的内部营销和通过合作机构的外部营销。

（1）利用网点机构的内部营销。网点机构是银行业务人员面向客户销售产品的场所，是银行展示品牌形象的载体，也是银行主要的营销渠道。很多银行利用网点机构，推出了全新的个人贷款营销模式——直客式个人贷款业务。它是以银行网点和理财中心作为销售和服务的主渠道，银行客户经理按照“了解你的客户，做熟悉客户”的原则，直接面向客户营销，受理客户的贷款需求。

（2）通过合作机构的外部营销。合作机构营销仍然是银行最重要的授信营销渠道。根据授信产品的不同，合作机构也不同。如个人住房贷款的合作机构一般是房地产开发商、房地产经纪公司；消费贷款的合作机构往往是经销商。银行与合作机构签订合作协议，银行获得授信客户，开发商、经纪人、经销商提高销量和拓展业务，客户的需求得到满足，实现多赢。

2. 按照客户集中程度分类

将授信营销渠道分为定向营销、现场营销、高位营销和媒体营销。

（1）定向营销，又可以分为电话、短信、直邮、网银、自助银行、网点机构等营销途径。

（2）现场营销，指银行营销人员到产品推介会、房展会、车展会、售楼经销商、汽车经销商、CBD 商圈和大市场商圈等现场展开营销的方式。

（3）高位营销，指把授信对象的上级机构作为营销重点，然后利用目标客户的上下级关系发展授信客户。如通过对公司总部、总经销商等的营销，与其下属机构建立授信关系。

（4）媒体营销，指银行借助户外广告、平面媒体、电视、电台、网络等媒介开展营销的方式。

任务二　银行开发和维护授信客户

【任务分析】知识学习方面，教师引导学生掌握银行开发和维护客户的方法技巧，以及受理客户授信申请的方法；技能提升方面，教师指导学生模拟授信客户经理角色开发和维护客户。教师结合教学内容，注意引导学生养成良好的职业道德。

一、银行授信客户的开发

有价值的客户是银行最重要的资源，授信客户的开发对银行十分重要。开发客户首先要确定目标客户，其次选择最佳介入时机，最后采用恰当方式与客户建立关系。

（一）银行目标授信客户的选择

1. 银行目标授信客户选择的依据

银行目标授信客户选择的依据有三个：一是本行制定的授信政策；二是本行的品牌定位，即本行经营战略或银行特色业务所适合客户；三是客户的价值。银行授信政策是开发客户的线索，品牌定位是开发客户的关键，客户价值是银行选择客户的核心标准。如中国建设银行的品牌定位是“始终走在中国经济现代化的最前列，成为世界一流银行”，使命是“中国建设银行建设现代生活”；中国农业银行的品牌定位是“建设城乡一体化的全能型国际金融企业”，使命是“面向‘三农’，服务城乡，回报股东，成就员工”。建行和农行二者定位不同，目标市场则不同。小型股份制银行的资金实力、网点资源、服务技术手段等无法与大型银行相比，但它们也有自身优势，如监管部门对其监管相对宽松、服务手段灵活、服务更贴心。中小型银行可在大型银行的业务缝隙中找寻立锥之地，避免正面竞争。客户经理在目标市场里选择客户，做到使客户满意，培育出忠诚的客户。一个成功的银行客户经理，应该是“沉稳的分析师＋优秀的营销员”。国外商业银行研究显示，商业银行 10％的利润由一般客户带来，30％的利润由满意客户带来，60％的利润由忠诚客户带来。大型银行建立了一套客户价值分析方法和评价指标体系，客户价值分析评价结果是银行选择客户的直接依据。

2. 银行授信目标客户的确定

（1）公司授信的目标客户。在目标市场范围内选择优质客户。例如中国建设银行资金实力雄厚，在项目贷款方面有自己的优势，因此把目标客户确定为：1）优势行业和基础设施项目中的优质客户，如能源、通信、电力等垄断行业的客户。2）金融需求多样化、授信风险较小的文化、教育、医疗、环保等领域的优良客户。3）以信息技术为基础的新兴产业和高科技产业中的优良客户。4）国际知名公司在国内的总公司、子公司和授权的分公司。5）优良的金融同业客户。6）符合本银行授信政策，或者根据本行所特有的授信产品找到的适合本行的目标群体。

（2）个人授信的目标客户。在目标市场范围内选择风险小的人群，或是收入稳定的人群，或是高净值的人群。例如：国家公务人员；有稳定收入来源的企、事业单位员工；经营良好的私营业主；能提供符合银行要求担保的自然人等。

（二）银行寻找目标授信客户的方法

银行寻找目标授信客户的方法见表 2－5。

表 2－5　银行寻找目标授信客户的方法

方法	内容
客户自我推介法	1. 客户急需授信，主动上门。 2. 客户经理态度：(1) 对客户热情、周到，做好自我介绍；(2) 倾听客户需求，初步判断能否满足其需求；(3) 对风险可控的，及时沟通，并向客户反馈意见；(4) 切忌盲目应允客户。
资料查阅法	1. 找客户的途径是查阅资料。 2. 可查阅的资料：工商企业名录、企业法人名录、政府及其他部门可供查阅的资料、电话黄页、统计年鉴、商会或专业团体的名册、广告（媒体广告、路牌、灯箱、车身广告等）、大众传播媒体公布的信息、互联网相关信息等。 3. 注意筛选，重点是资料的可靠性和时效性。
逐户确定法	1. 采用“陌生拜访法”“扫街”“扫楼”，寻找有合作价值的客户。 2. 方法要点：(1) 客户经理制订计划，确定走访区域；(2) 初次拜访时间不宜过长；(3) 采用“老带新”的方式，2～3 人一组逐户拜访；(4) 重视面见客户时的第一句话和第一个动作；(5) 着工装、戴工牌，第一时间递名片；(6) 基本的商务礼仪和营销技巧要牢记。 3. 评价：(1) 能使银行客户经理了解市场，锻炼和提高沟通交往能力和心理素质；(2) 费时费力，带有盲目性；(3) 适用于大型银行信用卡授信和小型金融机构的小额贷款授信。
连锁寻找法	1. 精髓为“顺藤摸瓜”。 2. 两个途径：一是深度发掘，如把公司客户内的高管或财务人员发展为个人客户，或把个人客户所在的公司发展为公司客户；二是广度发掘，如沿着公司客户的上下游寻找新机会，或将个人客户的关联人发展成客户。
中间人介绍法	1. 通过中间人介绍，找客户。 2. 优点：(1) 通过中间人能提升客户的信任度；(2) 减少盲目性，省时省力。 3. 中间人的类型：(1) 政府部门；(2) 社会团体；(3) 现有客户；(4) 现有客户及客户经理的家庭成员、亲属、同事、朋友、邻居等；(5) 所购商品的供应商或其他商务联系人。 4. 注意事项：(1) 客户经理人品好、讲诚信，是使用此方法的法宝；(2) 扩圈子，交朋友，拉关系人清单，人脉资源一目了然；(3) 怀感恩之心，致谢介绍人，方式要恰当适度；(4) 对新客户积极跟进。

（三）银行收集目标授信客户信息

银行客户经理不论通过哪种方式找到目标授信客户，都要尽可能多地收集目标客户的相关信息，抓住拓展客户的机会。

1. 公司客户信息

公司客户信息既包括目标客户的特点、行业特征、资金运动规律、经营现状、主要目标、目前遇到的突出问题、人事结构及变动情况、与银行的合作情况等，也包括客户的关键人物如法人代表、分管领导、财务负责人的个性特征、家庭情况、个人爱好等。

2. 个人客户信息

个人客户信息主要包括年龄、个人资产、职业、主要家庭成员及社会关系、主要投资及合作银行、兴趣爱好等。

银行客户经理及时学习掌握与客户所在行业领域相关的专业知识是十分必要的。他需要对搜集的客户信息进行深入分析研判，预估授信风险。例如，与电信行业的客户商谈，就需要了解电信方面的相关知识；与医药行业的客户商谈，就需要了解医药方面的知识；还有与电力、公路、铁路等行业的客户商谈，客户经理也需要知晓相应方面的专业知识。占有客户信息资料越详尽，对授信产品越熟悉，越有利于在拓展客户时居于优势地位，并能在与客户商谈中预见性地提出建议和意见，与客户进行具有专业水准的沟通，更能成功拓展客户。

（四）银行介入客户的方式和时机

选定目标授信客户后，把握与客户商谈的最佳时机关系到拓展授信客户的成败。银行介入客户的方式和时机见表 2-6。

表 2-6 银行介入客户的方式和时机

<table>
<tr><th colspan="2">客户类型</th><th>介入方式和时机</th></tr>
<tr><td rowspan="3">公司客户</td><td>大型集团企业</td><td>1. 优质客户，多家银行“利益均沾”。
2. 介入方式：(1) 补充型介入，是指利用存在的授信政策差异实现介入。(2) 替代型介入。这种介入往往导致激烈的同业竞争。(3) 综合型介入，是指提供综合性的服务方案或通过“全能型”客户经理，向客户提供“一揽子”服务，如集各种授信、国内国际结算、票据业务于一体，与客户建立密切关系，成为企业财务顾问。(4) 创造型介入，是指在上述三种方式介入不奏效时，客户经理根据客户经营特点寻找或创造客户新的授信需求，为客户量身定制新产品。
3. 介入时机：(1) 重大体制变革时，如合并或分离、重组，以及行政管理体制发生变革；(2) 经营管理方式发生变革时，如对所属企业销售资金由“分到集”管理，或由统收统支到收支两条线管理等；(3) 重大人事变动时，如主要负责人、分管财务的负责人、财务或资金管理部门负责人发生变动；(4) 筹建新的项目时，如企业上新的生产线、进行技术改造等；(5) 客户授信需求不能满足时，推出有针对性的金融服务以赢得客户。</td></tr>
<tr><td>中小型企业</td><td>1. 原生态型企业（从未使用授信的），对银行而言具有业务高盈利性、客户关系持久性。授信成功后易成为银行的忠实客户。
2. 介入时机：筹备组建、开始营业时。</td></tr>
<tr><td>特定事件介入</td><td>1. 面对突发事件时，履约守信感动客户。
2. 当客户有庆典活动时，如参加工程竣工、大楼奠基、厂庆等重大庆典活动。
3. 客户的关键人物有喜事或遇到家务难题时，可拜访祝贺、联络感情，或助其解决难题、渡过难关，但要注意遵守规章制度。
4. “雪中送炭”。客户遇到暂时的重大困难时，在风险可控范围内，急客户之急，为客户及时授信。但一定注意对授信风险的控制。</td></tr>
<tr><td colspan="2">个人客户</td><td>1. 购买房产、私家车等大件商品时。
2. 境内、境外旅游消费支出较高时。
3. 子女就读高等学校、出国留学时。
4. 投资新产业或当个人客户有意向明确的资金需求时。</td></tr>
</table>

（五）银行授信客户经理制订拜访计划

制订的拜访计划应包括拜访对象、拜访目的、拜访策略、拜访内容、拜访具体事项。

1. 拜访对象

为减少拜访的盲目性，在拜访前应明确本次拜访的对象，并对其情况了如指掌，提前“做足功课”。

2. 拜访目的

有目的地拜访客户是拜访成功的必要条件。银行客户经理在拜访之前，先要明确拜访的目的和预期结果是什么。比如：与客户建立关系、了解客户资金需求、银行产品介绍、深度了解客户多方面情况等，选择其中的一个或两个作为本次拜访的目的。

3. 拜访策略

拜访目标客户是一个动态的系统工程，包括见面前的预约、见面时的问候、见面后的交谈、访问结束后的辞别等一系列环节，应考虑周全，做好预案。

4. 拜访内容

目标客户的所有情况都属于拜访的内容，但每次都有不同的侧重点，因此在制订拜访计划时，应当以提纲形式明确本次拜访内容。本次拜访的内容取决于本次拜访目的，拜访的内容围绕拜访目的进行，在计划中列明拜访内容，防止在拜访时跑题。

5. 拜访具体事项

拜访之前，应与客户事先约定拜访时间、地点等具体事项。要多准备几个可以拜访的时间和地点，由客户进行选择，以便双方合理安排。

(六) 银行授信客户经理与客户见面

银行授信客户经理与客户见面分为约客户和见客户两个环节。约见客户的方式与技巧见表 2-7。

表 2-7　约见客户的方式与技巧

约客户的方式	电话预约	1. 特点：快捷方便、针对性强、人情味浓。 2. 时间：除周一外的工作日上午 9 时至 11 时，下午 2 时至 4 时均可电话预约。 3. 准备工作：(1) 材料准备。列出谈话提纲以明确目的；设想谈话要点，打好腹稿并准备相应资料；翻名片或资料熟记相关人员的电话和职务、称谓等相关信息；备好笔、本，记录电话联系的约谈情况。(2) 心理准备。电话预约前做好心理准备，放松、热忱、自信是关键。打电话时面带微笑，微笑可以使声音奇妙地变调，为双方建立起友谊的桥梁。面部表情是需要训练的，新上岗人员可准备一面镜子，打电话前对着镜子里的自己做心理暗示，告诉自己这个电话一定能取得预期效果，一定能成功。在打电话过程中看镜子里的自己，时刻注意态度和表情，提醒自己微笑以给客户带来愉快的感觉。 4. 注意的问题：(1) 注意文明用语和讲话顺序，按照事先列明的提纲，谈吐清晰，条理分明；(2) 洞悉客户心理，控制通话时间，如以约见为目的的电话要简短；(3) 通话过程中要注意控制音质、语调，保持情绪饱满，用使对方听起来开心快乐的语调讲话；(4) 一般讲普通话，但遇到老乡也不妨讲一下家乡话，可以瞬间拉近双方距离；(5) 充分运用各种制造悬念的技巧，让目标客户觉得很有必要见面，对本次访问感兴趣。
	信函或 E-mail 预约	1. 在接触目标客户前，先发送资料给拟访问客户以引起客户的兴趣，使其愿意会面。 2. 特点：主动性强、覆盖面广、保密性强、表达的内容既丰富又简明扼要。还可体现银行客户经理的文化修养、风度，有一种特殊的魅力。 3. 基本内容：寒暄、自我介绍、赞美肯定、提出访问要求、约定访问时间等。 4. 注意要点：要简洁，有重点；要引起客户的兴趣及好奇心；不要过于迫切地表露出希望访问的态度。

续表

	社交软件预约	1. QQ、微信等社交软件已得到普遍应用，对于QQ、微信用户可以用这类社交软件预约见面。 2. 优点：既具备电话的及时性、交互性，又具备书信预约的多方面的表现力，还避免了电话预约时客户不方便接听电话的问题。
见客户的技巧	注重第一印象，即“首因效应”，抓住见面最初的三分钟非常重要。仪表、握手、目光、体态等社交礼仪是银行客户经理必须掌握的知识。	
	与客户寒暄。讲好开场白，与客户适当寒暄非常重要。银行客户经理恰如其分的幽默风趣、适当与客户寒暄，能让其消除戒备心理，令其放松，建立轻松的谈话气氛和加深感情。	
	切入正题，促成合作。客户经理要对本银行授信产品的特点、特色、方案熟练掌握、了如指掌，控制谈话节奏，引导谈话方向，并能够根据客户的需求点，为其量身定制出授信方案，促成银行授信任务的完成。	
	谈话技巧： 1. 提问。营销领域有一句广为流传的名言：“能用问的就绝不用说”，多问少说是营销的黄金法则，但是一定要问对问题，明确目的性的提问才能达到良好效果。根据需要在开放式和封闭式提问方式之间进行切换。 2. 赞美。赞美是客户经理必须掌握的技巧，赞美的效果经常出人意料。察言观色，用心赞美，找到恰当的赞美点。 3. 话题。与客户见面忌讳除了工作没有其他话题，这样难以拉近关系。客户经理的兴趣爱好越广泛，掌握的信息量越大，越容易找到共同话题和拉近距离。 开放式提问和封闭式提问　用心赞美　寻找话题	

二、银行授信客户的维护

银行产品同质化明显，银行授信市场已逐渐进入买方市场，竞争十分激烈。银行必须采取恰当和有效方法为客户提供服务，进行关系维护。维护客户关系的方法主要有以下几种。

（一）分层维护

分层维护即银行提供分层次的服务。简单地说就是不同层次的客户享受的银行服务不同。银行把客户分成超级VIP、VIP和普通客户三类。对于超级VIP，建立由多岗位客户经理组成的小组为其提供维护服务；对于VIP再进行细分，分派不同职级的客户经理为其提供维护服务；对于普通客户通过银行的柜台服务、自助设施服务进行维护。国内外银行业经验数据表明，大客户对银行贡献度大，80%的业务量和利润来自大客户。银行通过对客户的分层服务，稳住大客户以稳住市场，再开拓新客户以占得竞争先机。银行对客户分层的方法是根据客户资产规模、年收入或利润进行分层的。

（二）上门维护

上门维护是银行客户经理改善客户关系最常用的方式，他们工作日的大部分时间与客户在一起。上门维护可以包括很多内容，比如日常工作中对大客户或重要客户的上门取单、送客户回单，提供咨询服务，协助客户进行资金安排，协助客户办理各种费用或款项、大额存取款等。通过上门服务推介银行相关产品，挖掘和发展存、贷款客户，搜集和反馈各种信息等。

（三）超值维护

超值维护是指银行从参与市场竞争和赢得客户的角度出发，由客户经理通过各种渠道传递对客户有帮助的信息，为客户带来超出其心理预期的满足感和自豪感，进而给银行带来高效率和高收益的维护方式。超值维护的精髓是改变冷冰冰的、没温度的商业行为，在法律法规允许的前提下，提供一种精神享受作为产品的附加值。按照马斯洛需求层次理论，超值维护一般是基于高端客户、重要客户而采用的维护方法。

课堂讨论

马斯洛需求层次理论中，人的需求分为哪几个层次？

参考答案：（由低到高）生理需求、安全需求、爱与归属的需求、尊重需求、自我实现的需求。

（四）知识维护

银行授信客户经理通过深厚的金融专业知识功底，向客户传播和普及金融知识，启迪客户的金融意识，激发客户金融参与感，是培育客户群和刺激金融需求的长远之计。银行授信客户经理的重要本领之一是使有潜在需要的客户产生“我应购买它”的欲望。例如，如果能让更多的人知道电子化对银行服务的强有力支撑和为客户带来的方便与快捷，就会有更多的金融消费者积极采用电话银行、网上银行、手机银行，成为银行客户；如果大家普遍接受“先借贷消费，再用收入分期还款”的理念，信用卡一类的金融产品就能推广得更顺畅。

普及金融知识、启迪金融意识是知识维护的重要内容。除此之外，还可以根据客户需要运用多方面的非金融知识的传播维护客户关系。例如，可以根据不同年龄层次、不同文化层次为大客户和重要客户举办育儿、保健、文学等多方面的讲座活动。

（五）情感维护

银行授信客户经理在寻找、约见客户，以及在与客户交谈中，处处以客户为中心，站在客户角度思考问题。在工作中不仅要做产品销售者，更要做友好使者，注重人情味儿，与客户建立长期、稳定的朋友关系。如客户维护人员应记住重要客户的生日或其他有纪念价值的日期，适时地送上鲜花或纪念卡之类的礼物以表心意，让客户时刻体会到银行对他的关心和“牵挂”。把诚挚的情感与温馨的关爱注入维护客户关系的全过程之中。

（六）交叉销售维护

调查结果显示，客户在一家银行中得到的服务越多，转向其他银行的可能性就越小。银行稳定客户、改善客户关系的重要方法之一是不断进行金融产品创新，拓展金融产品链和打通不同金融产品之间的联系通道，进行多种产品灵活组合，最大限度地满足客户需求，增加银行对客户的黏性。交叉销售维护的核心是当客户选择本行后，就想尽各种办法提供他们需要的所有银行服务，建立和实行综合客户经理制是采用交叉销售维护的制度基础。

做一做

目标：训练与拟授信客户见面营销技巧。

资料：自编授信营销案例。

要求：与客户见面有恰当表现；与客户见面营销技巧运用恰当。

方式：每2人一小组，6人组成一个团队，每一个团队推选一组为代表在课上交流展示。

任务三 银行受理授信申请

【任务分析】知识学习方面，教师指导学生掌握授信申请人需提交的资料及其审查方法，了解客户向银行申请授信的流程；技能提升方面，教师指导学生模拟授信客户经理审查授信申请人提交的授信申请材料，并向客户做出反馈。教师结合教学内容，注意引导学生养成良好的职业道德。

一、客户向银行提出授信申请

客户向银行提出授信申请分为五步，申请流程见图2-2。

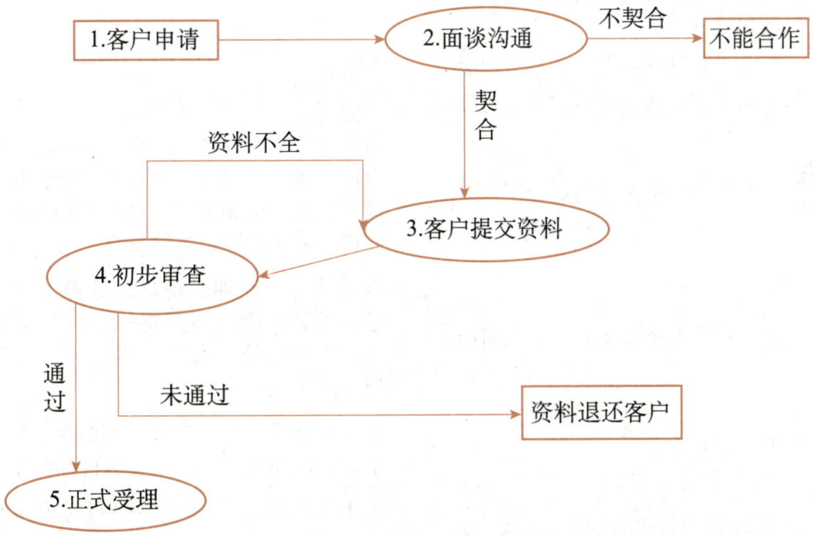

图2-2 客户申请授信流程

(一) 客户申请

客户以书面形式或其他有效方式向银行提出授信申请。很多银行开设网上授信业务，这样客户也可以通过在网上填写授信申请书提出授信申请。

这一环节可以是客户主动联系银行申请授信，也可以是银行主动向客户营销授信产品后，请客户向银行提出授信申请。不管是何种形式的授信，一般银行授信申请书应该由申请人填写并签字。申请书的内容主要包括客户基本情况，申请的授信品种、金额、期限、用途，担保方式，还款来源及方式等。

（二）面谈沟通

客户提出申请后，银行授信客户经理与客户进行面谈沟通。在与客户沟通时，客户经理要了解客户授信需求，并向客户准确介绍银行的有关授信规定，包括但不限于：借款人的资格要求，授信业务的收费及利息情况、期限、用途、优惠条件，客户的违约处理。经过面谈沟通，如果认为双方条件契合则将业务推进到下一步，如果双方不契合则终止业务。

（三）客户提交资料

银行授信客户经理向有合作意向的客户说明申请授信应该提交的资料。一般客户经理根据客户申请授信类型，提供给客户“授信业务申请资料清单”，要求其在规定时间内按照资料清单的要求准备资料。授信类型不同，资料清单内容不尽相同。表 2-8 是某银行中小型企业流动资金贷款资料清单。

表 2-8 某银行中小型企业流动资金贷款资料清单

资料分类	序号	名称	资料说明（提交资料的复印件，全部加盖借款企业公章）
基本资料	1	企业法人营业执照	营业执照正、副本
	2	法定代表人身份证明和证件	载明姓名、性别、身份证件号码、现任职务是企业法定代表人
	3	会计师事务所出具的验资报告	
	4	公司章程	
	5	企业投资批准证书、备案登记表	外资企业
	6	全体董事会或股东会成员身份证明	身份证件正、背面复印件
企业经营情况	1	企业简介（企业发展史介绍）	载明经营范围、现状、历史沿革、管理特色、拥有固定资产、技术水平、生产能力、工艺流程、产品特性、市场定位、销售网络、经营周期、主要产品近 3 年的销售情况等
	2	法定代表人及全体股东个人简历	载明姓名、性别、籍贯、身份证件号码、现住址、手机号码、办公电话、现任职务、最高学历、毕业学校、所学专业、专业职称、工作简历、历任职务
	3	财务报告	近 3 年审计报告及最近一期的企业财报，最近一期报表需提供资产负债表的科目明细表
	4	企业与银行往来记录	上年末及近 3 个月主要银行对账单、个人存折流水
	5	企业近期购销合同	主要上下游企业合同（近 3 个月或全年中较大金额的）
	6	企业原材料采购凭证及汇总	近 3 个月收货单、提货单、发票等
	7	企业产品销售凭证及汇总	近 3 个月出仓单、发货单、发票等
	8	企业增值税、所得税纳税申报表	近 2 年

续表

资料分类	序号	名称	资料说明（提交资料的复印件，全部加盖借款企业公章）
其他资料	1	缴交水、电费收据	近3个月
	2	企业员工工资表	近2个月
	3	生产产品工艺流程	产品种类简介及工艺流程介绍
	4	企业重大变更情况	包括增资、更换法人代表、股东变化、合并、分立、重组等情况
	5	行业证件	如企业产品生产许可证、经营许可证、卫生许可证、进出口经营许可证、排污许可证等
	6	抵、质押物资料	房地产权证、国有土地使用权证、不动产证、设备发票、定期存单或存折等
	7	股东个人名下财产情况	包括房产、车辆、存款凭证、债券、股票等财产证明文件
	8	企业厂房租赁合同、支付租金凭证	土地厂房为租赁的需提供
	9	担保人资料	参照借款人资料类别

（四）初步审查

1. 初步审查的内容

银行授信客户经理收到客户申请授信资料后，对照授信申请资料清单要求，对所收资料进行完整性、合法性、规范性、真实性、有效性等五个方面的初步审查。

（1）完整性审查。完整性审查是指按照授信类型，找到对应的授信申请所需资料清单，对照授信申请资料清单审查客户资料是否齐全。如属于项目贷款授信的，需审查项目立项的相关批准文件是否齐全。

（2）合法性审查。合法性审查是指审查客户所提交资料是否符合法律法规规定。例如贷款授信的主体资格是否合法、保证人资格是否合法、抵押物和质押物是否合法等。

（3）规范性审查。规范性审查是指审查客户所提供资料的样式、项目、内容是否符合银行规范要求。

（4）真实性审查。真实性审查是指银行授信受理人员初步分析判断客户财务报告、买卖合同、银行流水等资料是否与客户实际情况相符合。通过相关部门及其提供的网络系统查询客户所提供的证件是否真实、合法有效。

（5）有效性审查。有效性审查是指银行授信受理人员分析判断客户提供的资料是否能证明其具有相应的权利。

经过银行对客户资料的初步审查，对于完整性、规范性、有效性不足的，要求客户补充新的资料；资料不合法或造假具有骗贷嫌疑的，应指出并拒绝其授信申请，必要时告知有关单位、组织，问题特别严重的向公安机关报案。

2. 初步审查的要点

（1）银行授信申请书的审查要点：加盖的公章清晰与否、与营业执照上的企业名称是否一致。

（2）财务报表的审查要点：1）加盖的公章是否清晰、与营业执照上的企业名称是否一致；2）是否有财政部门的核准意见或会计师事务所注册会计师出具的审计报告。

(3) 股东会或董事会决议的审查要点：1) 申请授信业务的用途、期限、金额、担保方式及委托代理人等是否与授信申请书一致；2) 是否达到公司章程或组织文件规定的有效签字人数。

(4) 审查营业执照及其他有效证明是否有效。

(五) 正式受理

银行对于初步审查合格客户，接受客户授信申请，进入正式受理阶段。

二、银行受理客户授信申请

银行受理客户授信申请的流程如图 2-3 所示。

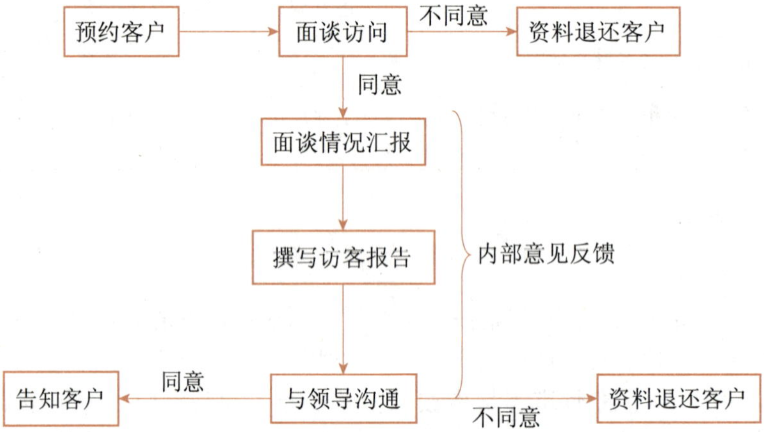

图 2-3 银行受理客户授信申请的流程

(一) 预约客户

经授信客户经理初步审查通过的客户，不论何种类型客户和申请何种授信品种，银行授信业务主管都应尽可能与客户进行预约，确定时间，进行面谈。要先预约、后拜访，这样既方便安排时间，又显示出银行的专业性。

银行通常采用见面预约、电话预约、E-mail 预约、社交软件预约、托人预约等方式。

(二) 面谈访问

面谈访问是银行了解客户情况的重要环节，要十分重视。

1. 面谈准备

业务主管约见的面谈对象，通常是企业总经理、分管财务的副总经理或财务负责人等级别较高的人，他们可能是经验丰富的谈判高手。面谈访问是博弈，业务主管要做好充分准备，拟定详细的面谈工作提纲，掌握好面谈内容。业务主管与客户面谈前要做好下列准备工作：

(1) 阅读客户资料，了解客户总体情况；

(2) 利用互联网搜集客户新闻、网页等，进一步了解客户历史发展、社会影响、商业信誉等；

(3) 通过“授信业务申请书”，了解客户授信需求；

(4) 对本银行授信产品做到十分熟悉，根据客户需求为客户选取和组合适合客户的银行授信产品。

2. 面谈过程及内容

业务主管应控制好面谈的节奏和内容，运用营销技巧，注意商务礼仪，在和谐愉快的气氛中了解客户相关信息。业务主管通过与客户面谈需要了解的内容有：

（1）客户的基本情况。客户的基本情况包括历史背景、股东背景情况、股东构成、组织架构、产品情况、经营现状等。此时与客户的交流目的是求证以前所掌握资料的真实性。

（2）客户的资金需求状况。客户的资金需求状况包括客户申请授信原因、资金用途、额度需求、授信条件等。

（3）客户的偿还能力。客户的偿还能力包括客户的现金流情况、经济效益和收入情况、偿债资金来源及担保人的经济实力等。

（4）担保的可接受性。担保的可接受性包括抵押品、质押品等的品种、权属、价值评估和价格波动情况、变现的难易程度等。

（5）客户与银行关系。客户与银行关系包括其主要合作银行，与本行及他行业务往来状况、信用履约情况等。具体面谈内容有：是否向其他银行提出过贷款申请、是否有其他债权人的未清偿债务、是否存在授信违约情况、是否是本银行已授信客户等。

通过面谈进一步了解客户的具体情况，对于初步判断可以考虑接受其授信申请的，业务主管不可当场越权做出授信承诺。如果业务主管与客户面谈后认为存在许多问题，授信申请不予考虑的，则应留有余地，表明银行立场，不要当场回绝，可以随后通过电话沟通告知客户，并向客户解释不能授信的原因，将客户提交的资料退还。

（三）面谈情况汇报

业务主管在与客户面谈后，应该第一时间将面谈情况向直属主管领导汇报。反映情况应做到及时、全面、准确，避免直属主管领导掌握的信息出现偏差。

（四）撰写访客报告

面谈结束后，业务主管须撰写访客报告。访客报告既可成为平时工作记录，又是向上级领导提供决策的基础性信息。

一般访客报告内容包括：客户基本情况介绍、授信需求介绍、获取的客户重要信息、存在的问题与障碍，以及是否接受该授信申请的倾向性意见或建议。

访客报告的撰写应条理清晰、内容详尽、准确客观。

（五）与领导沟通

银行授信业务部门负责人根据银行的规定及授信品种、额度使用规定和程序等，将客户提供的授信申请资料及访客报告等书面材料向风险管理部或银行主管负责人汇报，听从领导意见，进行下一步工作。对于向风险管理部门和银行主管负责人汇报后被否定的项目，应及时告知客户，与面谈访问未通过的客户处理方法相同。

（六）告知客户

经银行授信业务主管负责人同意的授信，进入授信调查与分析阶段。该项目的客户经理把授信申请受理结果告知客户。

客户经理应通过合理的方式告知客户，如口头、电话或者出具正式的贷款意向书都是

某银行贷款意向书

可以的，并要求客户配合银行下一步的工作。

出具贷款意向书的主要意图是表明双方的初步合作意向，其内容包括：授信对象，授信品种、金额、期限、利率和费率，清偿计划，担保方式，约束条件等。贷款意向书不具备法律效力，仅代表银行的一种态度，银行不受意向书任何内容的约束。其内容双方可以协商修改，一般加盖银行业务章或相关领导签字。

模块小结

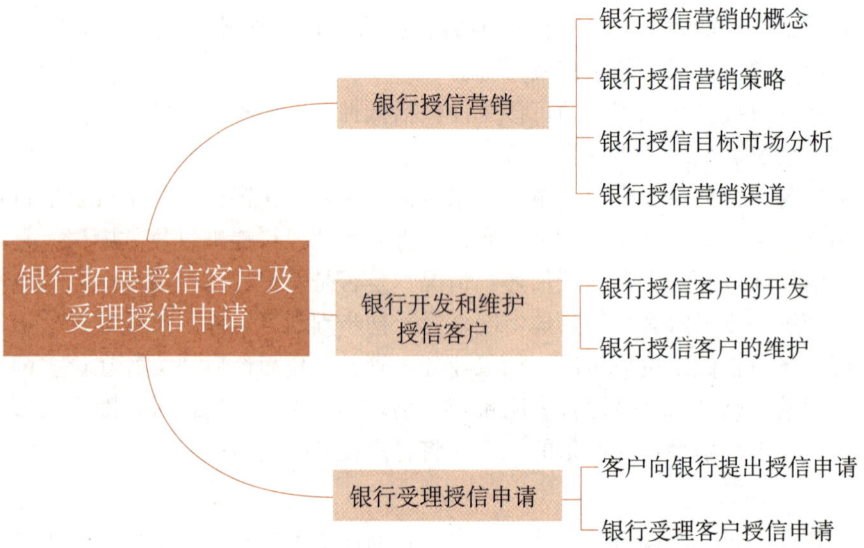

模块测评

一、单项选择题

1. 银行营销的授信产品具有的特点是（　　）。

A. 一种规范产品　　B. 根据客户需要进行的多种产品组合

C. 一人一岗严格操作单独完成的产品　　D. 创新的优势产品

2. 网点少、资产规模小的中小型银行在授信市场定位时应该采用的方式是（　　）。

A. 主导式定位　　B. 追随式定位　　C. 补缺式定位　　D. 灵活偏好式定位

3.（　　）为客户主动与商业银行接触，要求商业银行授信服务。

A. 自我推荐法　　B. 资料查阅法　　C. 逐户确定法　　D. 中间人介绍法

4.（　　）能使客户经理了解市场、客户和社会，锻炼和提高沟通交往能力。

A. 自我推荐法　　B. 资料查阅法　　C. 逐户确定法　　D. 中间人介绍法

5. 人们在日常生活中第一次接触某人、某物、某事留下的印象将起到举足轻重的作用，这个现象被称为（　　）。

A. 第一印象　　B. 末因效应　　C. 瞬间印象　　D. 首因效应

6. “您一般选择保本式投资还是高回报投资？”这一询问句属于（　　）。

A. 封闭式　B. 开放式　C. 诱导式　D. 反问式

7. 根据客户对银行的贡献大小，分配给相应资历的客户经理来维护客户的方法为（　）。

A. 上门维护　B. 超值维护　C. 感情维护　D. 分层维护

8. 商业银行客户经理与客户面谈后，应撰写（　）记录面谈内容情况。

A. 授信申请书　B. 访客报告　C. 贷款建议书　D. 授信报告

二、多项选择题

1. 与品牌营销策略相符合的是（　）。

A. 整合营销　B. 明确品牌定位

C. 营销围绕品牌价值　D. 建立品牌管理体系

E. 培养客户品牌忠诚

2. 银行目标客户的选择依据有（　）。

A. 国家授信政策　B. 客户风险

C. 客户的价值　D. 银行特色业务所适合的客户

E. 银行经营战略所适合的客户

3. 中间人介绍法中，常见的中间人有（　）。

A. 政府部门　B. 社会团体

C. 家庭成员及亲属　D. 同事、朋友、邻居

E. 银行的现有客户

4. 对于公司客户营销的最佳时机有（　）。

A. 公司成立之初　B. 公司主要负责人和财务主管发生变化时

C. 公司将要破产时　D. 特定情况发生时

E. 任何时候

5. 客户维护的方法有（　）。

A. 分层维护　B. 上门维护　C. 超值维护　D. 知识维护

E. 情感维护

6. 体现银行运用情感维护的有（　）。

A. 给客户介绍有名的医生　B. 先做朋友，再谈业务

C. 上门取送银行单据　D. 帮助客户解决日常生活中的事情

E. 运用自己的专业知识给客户提供建议

7. 客户提出授信申请的内容包括（　）。

A. 客户基本情况　B. 申请授信金额　C. 担保方式　D. 还款来源

E. 申请用途

8. 银行授信客户经理收到客户申请资料后，应对资料的（　）进行初步审查。

A. 完整性　B. 合法性　C. 规范性　D. 真实性

E. 有效性

三、判断题

1. 银行不需要营销，只要做好业务就可以。（　）

2. 客户是银行营销的中心，客户需求是银行开展营销活动的根本出发点。（　）

3. 当公司客户分管财务人员发生变动时，是介入的好时机。（ ）

4. 银行必须根据本银行所提供产品的内容及特点去寻找恰当的目标客户，最好的出发点是那些已经消费了本银行产品的现有客户。（ ）

5. 银行客户经理在电话中或面谈前期了解客户需求时，应多问开放式问题。（ ）

6. 银行应加大力度开发客户，对于现有客户不需要投入更多精力。（ ）

7. 加强维护客户工作可以使银行不断地改进服务，提高管理水平，进而不断地培养忠诚客户群。（ ）

8. 客户申请授信业务必须由客户主动找到银行来办理。（ ）

9. 银行对所有申请授信的客户都需要撰写访客报告。（ ）

10. 贷款意向书不具备法律效力，其内容双方可以协商修改，银行不受意向书任何内容的约束。（ ）

四、实战演练

实训项目：训练授信申请提出和授信申请受理。

实训资料：自编一授信申请案例。

实训要求：表现出客户经理指导客户申请授信和初步审核的能力；表现出授信业务主管与客户面谈沟通的能力和受理授信申请的能力。

实训方式：每3人一个小组，6人组成一个团队，每一个团队推选一组为代表在课上交流展示。

模块三 银行授信的调查

学习目标

● 知识目标

1. 掌握公司客户授信调查的方式和内容；
2. 掌握担保情况调查的方式和内容；
3. 了解个人贷款调查的方式和内容；
4. 掌握授信调查报告撰写的原则与方法。

● 技能目标

1. 会用恰当方式对银行客户进行调查；
2. 会对公司客户的信用进行评级；
3. 会对个人贷款客户的信用进行评分；
4. 会撰写公司授信调查报告和个人贷款调查报告。

案例导入

××银行某支行公司客户经理小王收到了某市××集团股份公司的借款申请书以及其最近3年的包括资产负债表、利润表和现金流量表在内的财务报告和当季的财务报告等。该集团2019年资产负债简况见表3-1。

表3-1 ××集团股份公司2019年资产负债简表 单位：元

资产	金额	负债与所有者权益	金额
流动资产	440 000	流动负债	200 000
现金	400 000	短期借款	92 000
应收账款	200 000	应付账款	108 000
存货	200 000	长期负债	300 000
固定资产原值	410 000	所有者权益	400 000
减：折旧	78 000	实收资本	200 000

续表

资产	金额	负债与所有者权益	金额
净值	332 000	资本公积	80 000
在建工程	30 400	盈余公积	67 000
无形资产	19 600	未分配利润	53 000
总额	900 000	总额	900 000

该集团的主要产品是味精、柠檬酸、淀粉糖及油脂，这些产品主要由玉米、花生和菜籽加工而成，该集团现拥有150万吨玉米、40万吨花生和菜籽的年加工能力。味精和柠檬酸的年产量分别为4万吨和18万吨。该集团的产品销量很好，但是生产过程十分容易造成污染。国家生态环境部公布了52家违法超标排污企业，该集团名列其中。作为当地的大企业，该集团污水不达标引起了各方高度重视，该集团因此停止了味精和柠檬酸的生产。该集团其他产品生产排放的废水也被生态环境部门24小时监测。这肯定会影响该集团的营业收入。

思考：1. 小王应该怎样分析该集团的偿债能力？

2. 小王可以仅对客户进行财务状况调查分析吗？还应做哪些分析？非财务状况调查分析应从哪些方面进行？采取何种方法？

任务一　公司客户授信调查

【任务分析】知识学习方面，教师引导学生模拟授信客户经理角色掌握授信调查的内容、方法；技能提升方面，教师引导学生模拟授信客户经理角色做授信调查，撰写授信尽职调查报告。教师结合教学内容，注意引导学生养成良好的职业道德。

一、公司客户基本情况调查

公司客户基本情况调查的方式通常有两种：一是由申请授信客户提供资料；二是由客户经理（信贷员）实地考察。二者相结合以推断公司客户的真实情况。授信银行要对公司客户的13个方面进行调查，呈现出拟授信公司的基本情况，包括：客户主体资格、客户及其关联企业的历史沿革、地理位置（包括注册地）、组织形式、职工人数、土地使用权取得的方式、在建工程、在银行的开户情况等。公司客户基本情况调查如表3-2所示。

表 3-2　公司客户基本情况调查表

序号	公司基本情况要素	调查与落实点
1	公司基本信息	1. 客户类型、单位名称、地域位置、行业属性； 2. 开户行、存款账号、开户时间； 3. 公司地址、成立日期、法定代表人、财务负责人、邮政编码、营业执照上的统一社会信用代码、注册资本、注册资金、经济性质、经营方式、自营进出口证号码、经营范围； 4. 各种证照的发照机关、发照日期、到期日、年检情况、上年度年检、本年度年检、年检最后期限； 5. 特种行业许可证名称及号码、环境保护许可证号码、国际互联网网址； 6. 大中专以上学历的职工人数、工程师以上职称人数、企业档次、当年累计出口创汇额度、是否有自营进出口权、“三废”治理情况（已达标、未达标）； 7. 在本行的账户性质（一般户、基本户）、是否是本行股东等； 8. 有无授信及授信余额。
2	联系人情况	联系人姓名、性别、任职部门、职务、办公电话、手机、QQ 号、微信号、电子邮箱等。
3	二级核算部门及内部机构	二级核算部门及内部机构名称、负责人、地址、联系方式、邮政编码、划拨运营资金数额、核算方式、财务独立程度等。
4	关联企业	关联企业名称、法定代表人、关系类别、注册资本、地址、联系方式、邮政编码、财务独立程度等。
5	对外投资	被投资单位名称、投资额、法定代表人、注册资本、地址、联系方式、邮政编码、投资收益方式、财务独立程度等。
6	重大事项	重大事项说明、是否上报中国人民银行和中国银保监会及其分支机构、是否向法院起诉。
7	产品目录	1. 产品名称、规格、型号、月产量、月产值； 2. 主要原材料名称、产地、月耗量，主要辅材料名称、产地、月耗量； 3. 销售价格、主要销售对象等。
8	主营商品目录	1. 经营商品名称、规格、型号； 2. 月销售数量、销售价格； 3. 主要供货单位、主要销售对象。
9	不动产	1. 不动产名称、单位、数量、坐落地、购建日期、结构、层数、使用情况； 2. 财产所有权证类型、权证号码； 3. 抵押权人、抵押值、登记证号码； 4. 有无保险。
10	主要设备	1. 设备名称、购置日期、产地、型号； 2. 增减、原值、净值； 3. 所有权人、所有权证号码； 4. 抵押权人、抵押值、登记证号码； 5. 有无保险。
11	在建工程	1. 在建工程名称、已完工作量、坐落地、开工日期、结构、房屋建筑层数； 2. 抵押权人、抵押值； 3. 有无保险； 4. “四证”（建筑工程规划许可证、建设用地规划许可证、土地使用权证、建筑工程施工许可证）是否齐全。

续表

序号	公司基本情况要素	调查与落实点
12	法定代表和主要负责人	姓名、性别、出生年月、学历、任职、职称、身份证号码、个人信誉、工作作风、生活作风、主要经历等。
13	保险	1. 保险标的、保险公司名称、保单号码、保险金额； 2. 保险开始日期、保险结束日期等。
14	主要股东	股东代码、股东名称、入股金额、占比等。
15	银行开户	1. 基本结算账户的开户行； 2. 是否在本行开立一般存款账户。

做一做

利用智盛云平台上信贷业务及风险管理模拟系统中的客户资料，对某一客户进行基本信息调查。

二、公司客户财务状况调查

对公司客户财务状况进行调查是银行在授信前的重要调查工作之一。主要是通过对财务报告和主要财务比率进行调查分析，了解公司近 3 年和近期的资产负债、资金周转、盈利能力、现金流量、销售收入回笼及存款变化等真实情况，对公司经营状况和偿债能力做出基本的判断。

（一）财务报告的真实性调查

银行授信调查的核心目的是判断客户能否按时还本付息，即企业的偿债能力。对企业财务报告的分析是判断其偿债能力的重要依据，因此保证所分析财务数据的真实性是非常重要的。财务报告真实性调查包括三方面：一是银行授信业务部客户经理或信贷员进驻公司进行财务调查。要求客户提供近 3 年的年度和本期财务报表及附注，以及形成财务报告的主要会计资料，财务报告必须经过注册会计师审计。二是银行授信业务部客户经理或信贷员对客户提供的资产负债表、利润表和现金流量表之间的钩稽关系进行分析，以此判断财务报告的真实性、完整性和连续性。三是必要时银行授信业务部客户经理或信贷员应联系授信客户的往来银行、往来客户，进行往来业务真实性调查，以保证形成的会计资料和财务报告的真实性。

做一做

登录智盛云平台上的授信业务及风险管理模拟系统，参考客户的资产负债表、利润表和现金流量表，验证客户财务报告的真实性、完整性和连续性。

（二）财务报告调查分析的步骤

1. 阅读

阅读即按照一定顺序阅读报告的各项数据，运用会计知识理解其含义，获得对企业状况的概括印象。

2. 调整

调整即在必要时根据分析目的调整相关数据，为计算财务比率和进一步分析建立必要的基础。

3. 解释

解释即通过进一步分析各项目的构成，解释变动的原因。

4. 比较

通过纵向比较，获得公司会计报表各项目变化的情况，判断该公司的发展趋势，并寻找应注意的主要问题；通过同行业、同规模公司财务数据的横向比较，判断该公司的行业地位和优劣势。

（三）对资产负债表的调查分析

1. 对资产负债表调查分析的思路

资产负债表像扫描仪，能记录公司在一个时点上的全部“家底”的影像，揭示了该公司在某一特定时点拥有或控制的能用货币表现的经济资源，即资产的总规模及具体分布形态和负债、所有者权益的状况。

对资产负债表调查分析有三条思路：

（1）通过对资产负债表中资产的调查分析，了解公司经营资源的配置与经营风险的状况；

（2）通过对资产负债表中负债与所有者权益的调查分析，了解公司资金来源与财务风险状况；

（3）通过对资产负债表中左右两方中资产和负债与所有者权益的对比分析，了解公司的资产与资本结构和偿债能力的状况。

2. 对资产负债表中资产的分析

通过资产负债表，可以分析企业流动资产、长期资产在总资产中的份额和比重；分析流动资产中货币资金、交易性金融资产、应收账款、预付账款、存货、待摊费用等资产在流动资产中所占的份额和比重；分析长期资产中长期投资和固定资产所占比重，并通过纵向分析，以及与同行业相同规模公司的横向分析比较，了解公司经营资源配置的合理与否。

3. 对资产负债表中负债的分析

通过资产负债表，可以分析企业流动负债、长期负债、所有者权益的数量以及在资金总量中所占的比重；分析流动负债中短期借款、应付票据、应付账款、预收账款、应付工资、应付福利费、应付股利、应交税金、其他应交款等数量及在流动负债中的比重。分析时应注意借款客户流动负债的数额和期限，防止少计负债导致高估借款客户偿债能力的现象。应特别分析应付账款和预付账款数额变化情况，这两项负债增大在一定程度上说明客户的产品在市场有竞争力，依赖商业信用融资能力强，通过与往来企业账户、相关合同等资料核查其真实性；分析长期借款、应付债券、长期应付款、其他长期负债等项目的数量及在长期负债中所占比重。

资产负债表各项概述

所有者权益

银行应重点关注借款客户长期负债项目的规模及到期日，以及偿还长期负债的计划和安排，以便对借款客户的偿债能力做出正确的评价。

流动负债和长期负债

4. 对资产负债表中资产与负债的对比分析

通过对资产负债表中资产与负债和所有者权益项目的对比分析，了解公司的资产与资本结构，即公司以何种方式为资产提供资金来源，尤其是两者期限的对应关系，可直接判断公司的短期和长期偿债能力。一般来说，长期投资一般应来源于长期资本，长期投资主要来源于长期负债还是以前年度的利润留存或新吸收的股东投资，会影响到公司的长期偿债能力和盈利能力。流动资产的资金可来源于流动负债，也可来源于长期资本，这同样会影响公司的短期偿债能力。将公司负债的前后两期进行比较，可直接判断该公司的长、短期偿债能力，判断长、短期财务风险的高低变化。

资产负债表分析的项目及要点如表 3-3 所示。

表 3-3 资产负债表分析的项目及要点

<table>
<tr><th colspan="2">项目</th><th>调查分析要点</th></tr>
<tr><td rowspan="8">资产</td><td rowspan="5">流动资产</td><td>货币资金：公司流动性最强的资产，反映了公司即刻的偿债能力。银行通常通过核对公司的银行对账单或查询开户行存款余额验证其货币资金的真实性。</td></tr>
<tr><td>交易性金融资产：分析时重点关注公司是否为了提高流动比率而把本应该计入长期投资的资产计入了交易性金融资产中；公司计提的投资跌价准备的方法是否恰当，是否存在不提或少提跌价准备以虚增资产的情况。</td></tr>
<tr><td>应收账款：公司偿还短期债务的主要资金来源之一，是信用分析的重点。分析时不仅要关注总量，还要了解应收账款的账龄分布、付款人结构、抵押状况及其真实性。如应收账款数量过大、与上期相比增加数量过多、与同类公司相比规模过大，都要具体分析原因。应收账款数量大不一定说明偿债能力强。</td></tr>
<tr><td>预付账款：注意把预付账款的数据与有关合同对照辨别真伪。有些公司为获取授信虚构此项目，以提高流动比率。</td></tr>
<tr><td>存货：公司重要的流动资产，一般占流动资产比重的 50%。分析时应关注存货的质量，有无已霉烂变质、已过期且无转让价值的存货；存货是否抵押；存货的计价及计提跌价准备的方法是否正确；存货结构及周转时间是否合理等。</td></tr>
<tr><td rowspan="3">长期资产</td><td>待摊费用：分析时主要看其数据与以前月份、年份有无较大变动，如有较大变动则须进一步查明原因。如待摊费用数大于本年利润数，有可能隐藏着明盈实亏的情况。</td></tr>
<tr><td>长期投资：分析时主要考察长期投资的核算方法是否正确，是否存在通过调整核算方法虚增利润的行为；是否考虑了投资的风险大小，并计提相应的减值准备；长期投资减值准备的计提方法是否正确等。</td></tr>
<tr><td>固定资产：银行对授信客户发放中长期授信，特别是发放以其固定资产作担保的授信时，需要分析固定资产。分析内容包括：通过考察固定资产的新旧程度，以衡量其质量状况；固定资产的折旧方法是否正确，有没有提足折旧；固定资产减值准备的计提方法是否恰当；固定资产的投保情况等。</td></tr>
</table>

续表

项目		调查分析要点
负债	流动负债	调查分析时应注意公司流动负债的数额和期限，防止少计负债导致高估公司偿债能力的现象。应特别分析应付账款和预付账款数额变化情况，这两项负债增大在一定程度上说明公司的产品在市场有竞争力，依赖商业信用融资能力强。通过与往来企业账户、相关合同等资料核查其真实性。
	长期负债	银行应重点关注公司长期负债项目的规模及到期日，以及偿还长期负债的计划和安排，以便对公司的偿债能力做出正确的评价。
所有者权益（股东权益）		应重点分析该项目的真实性，特别应注意公司为了得到授信是否有虚增所有者权益的现象。对集团型公司汇总的资产负债表，应注意所有者权益有无重复计算及虚假构成的情况。

（四）对利润表的调查分析

利润表是反映公司一定期间内生产经营成果的会计报表，它能够反映公司是否盈利、盈利多少。银行通过对利润表的调查分析，可以判断公司的生存能力。

1. 调查分析公司的经营成果和盈利能力

通过分析公司利润表的营业利润、利润总额和净利润中各项目的数据及其前后增减变化，可直接判断公司的经营业绩与盈利能力的变化。其中，营业利润是重点分析内容，因为它体现了公司最基本的盈利能力，营业利润占利润总额比重的变动将会影响公司的盈利能力。

2. 调查分析公司的销售增长与成本费用的耗费情况

（1）销售收入和增长能力的调查分析。通过分析营业收入，结合其他业务收入的前后期变化，判断公司销售规模和销售收入的变动情况。分析销售业务的增长能力，重点调查公司有无虚构销售收入、变亏损为盈利的现象。采取的调查方法是将公司一定时期开出的增值税发票（或销售发票）数额与利润表中该项目数据进行核对。

（2）成本费用的调查分析。随着销售收入增长，成本费用也会增加，两者增长要有合适的比例。例如，营业收入的增长超过了营业成本增长的比例，利润就会增加，这一能力越强，说明公司的市场前景越好，公司生存的基础越稳固。此外，还需重点调查本期销售成本与上期或前几期相比，是否存在“突增”和“突减”情况。调查方法是调阅公司销售成本明细账，逐项审查。对于属于期间费用的管理费用、财务费用采用相同方法调查，看是否存在虚减情况。

课堂讨论

授信前调查的重点是利润的“突增”还是“突减”？

参考答案：利润“突增”，这有可能存在粉饰财务报告以达到规定指标的行为。

（五）对现金流量表的调查分析

1. 利润、现金与客户偿债履约能力的关系

现金流量是指公司某一时期现金流入和流出的数量。客户偿债能力与其现金流量关系

现金流量的界定

经营活动与现金流入、现金流出的对应关系

投资活动与现金流入、现金流出的对应关系

筹资活动与现金流入、现金流出的对应关系

最为密切，超过了与利润的关系。有些公司虽然利润表上的经营业绩可观，但不一定有能力偿还到期债务；而另一些公司虽然利润表上的经营成果并不理想，却有足够的偿付能力。利润是通过会计核算出来的经营成果，它不能直接用来偿还债务，偿还债务最可靠的是现金。利润不等于现金，偿债依赖现金，所以对银行这个债权人来说“现金为王”。

2. 现金流入是偿债资金第一来源

判断第一还款来源是否充足，分为以下三种情况：(1) 若授信客户经营活动现金净流量大于零，且经营活动现金流入量大于短期借款总额，则说明短期借款第一还款来源充足。(2) 经营活动现金净流量与投资活动现金流入量之和大于一年内到期的长期借款，说明项目贷款的第一还款来源充足。(3) 若授信客户经营活动现金净流量小于零，又有两种情况：一是经营活动现金流入量大于短期借款总额，则说明短期借款第一还款来源是存在的，至于是否充足，则取决于授信客户现金流出顺序。例如，经营活动现金流入是首先用于还款，还是用于其他经营活动。如果首先用于还款，或经营活动现金流入量的 2 倍或 2 倍以上用于偿还短期借款，则可视第一还款来源充足。二是如果授信客户经营活动现金流入量小于短期借款总额，则说明授信客户短期借款第一还款来源不足，必须依赖第二还款来源才能偿还到期债务。

(六) 主要财务比率的分析

财务比率分析是利用两个指标的某种关联关系，通过计算比率来计量和评价财务状况的一种分析方法。将计算出的比率与客户的历史或同行业平均数进行比较，能看出公司财务状况发展变化的趋势及在行业中所处的地位。财务比率分析是对短期偿债能力比率、长期偿债能力比率、营运能力比率和盈利能力比率四个方面的比率进行分析(见表 3-4)。

表 3-4 财务比率分析的内容

内容	序号	指标
短期偿债能力，是指公司支付 1 年内随时可能到期债务的能力。用来衡量银行短期授信的本金与利息能否按时收回和即将到期的长期债务能否收回。短期偿债能力取决于其流动资产的数量和质量及流动负债的数量。	1	营运资本，是流动资产总额减流动负债总额后的剩余部分，也称净营运资本。其计算公式为：营运资本＝流动资产－流动负债。
	2	流动比率，是流动资产与流动负债之比，表示每 1 元的流动负债有多少元流动资产可用于清偿，是最重要的指标。其计算公式为：流动比率＝$\frac{\text{流动资产}}{\text{流动负债}}\times 100\%$。
	3	速动比率，是速动资产与流动负债之比，表明每 1 元流动负债有多少元速动资产作保障。其计算公式为：速动比率＝$\frac{\text{速动资产}}{\text{流动负债}}\times 100\%$。 其中：速动资产＝流动资产－存货－预付账款－待摊费用－待处理流动资产损失。

续表

内容	序号	指标
	4	现金比率，是现金类资产与流动负债的比值。现金类资产是指货币资金和交易性金融资产。其计算公式为：现金比率$=\frac{货币资金+交易性金融资产}{流动负债}\times 100\%$。
	5	现金流动负债比率，是一定时期的经营现金净流量与流动负债的比率。其计算公式为：现金流动负债比率＝年经营现金净流量/年末流动负债×100%。它可以从现金流量角度来反映企业当期偿付短期负债的能力。
长期偿债能力，也称为杠杆性比率和偿付能力比率，表明公司对债务的承受能力和偿还债务的保障程度。它的强弱代表着公司财务状况稳定与否和安全程度的高低，它代表着公司偿还长期债务本金和支付债务利息的能力。	1	资产负债率，又称负债比率，是负债总额与资产总额之比。其计算公式为：资产负债率＝负债总额÷资产总额×100%。
	2	债务股权比率，是负债总额与股东权益总额之间的比率，也称产权比率或负债权益比率，用来表示股东权益对债权人利益的保障程度。其计算公式为：债务股权比率＝负债总额÷股东权益总额×100%。
	3	有形净值债务率，是企业负债总额与有形净值的百分比。有形净值是股东权益减去无形资产净值后的净值，即股东具有所有权的有形资产的净值。其计算公式为：有形净值债务率＝负债总额÷（股东权益－无形资产净值）×100%。
	4	(1) 股东权益比率，是企业的股东权益总额与资产总额之比。其计算公式为：股东权益比率＝股东权益总额÷资产总额×100%。 (2) 权益乘数，是资产总额与股东权益之比。其计算公式为：权益乘数＝资产总额÷股东权益总额。 股东权益比率与权益乘数之间互为倒数关系。
	5	已获利息倍数，又称利息保障倍数，是指公司经营业务收益与利息费用的比率，用以衡量公司偿付债务利息的能力。其计算公式为：已获利息倍数＝息税前利润÷利息费用。 公式中的息税前利润是指利润表中未扣除利息费用和所得税之前的利润，它可以用利润总额加利息费用来测算。公式中利息费用是指本期发生的全部应付利息，不仅包括财务费用中的利息费用，还应包括计入固定资产成本中的资本化利息。
营运能力，也称资产运用效率，是指企业各项资产周转速度所反映出来的企业资产利用效率。银行用于判断其债权的物质保障程度或其安全性。	1	应收账款周转率，是指公司一定时期的主营业务收入与应收账款平均余额的比值，也就是年度内应收账款转为现金的平均次数，它说明公司应收账款变现的速度。其计算公式为：应收账款周转率（次数）＝主营业务收入÷应收账款平均余额。 其中：应收账款平均余额＝（期初应收账款＋期末应收账款）÷2。 用时间表示的周转速度是应收账款周转天数，也叫应收账款平均回收期。其计算公式为：应收账款周转天数＝360÷应收账款周转率＝（应收账款平均余额×360）÷主营业务收入。
	2	存货周转率，是指主营业务成本与平均存货净额的比率，也称存货周转次数。其计算公式为：存货周转率＝主营业务成本÷平均存货净额。 其中：平均存货净额＝（期初存货净额＋期末存货净额）÷2。 用时间表示的存货周转速度就是存货周转天数。其计算公式为：存货周转天数＝360÷存货周转率。

续表

内容	序号	指标
	3	营业周期，是指从取得存货开始到销售存货并收回现金为止的时间。营业周期的长短取决于存货周转天数和应收账款周转天数。其计算公式为：营业周期＝存货周转天数＋应收账款周转天数。
	4	流动资产周转率，是一定时期的主营业务收入与流动资产平均余额的比值。其计算公式为：流动资产周转率＝主营业务收入÷流动资产平均余额。 其中：流动资产平均余额＝（期初流动资产＋期末流动资产）÷2。
	5	固定资产周转率，是指公司一定时期的主营业务收入与固定资产平均净值的比值。其计算公式为：固定资产周转率＝主营业务收入÷固定资产平均净值。 其中：固定资产平均净值＝（期初固定资产净值＋期末固定资产净值）÷2。
	6	总资产周转率，是指公司一定时期的主营业务收入与总资产平均余额的比值，是反映公司总资产使用效率的指标。其计算公式为：总资产周转率＝主营业务收入÷总资产平均余额。 其中：总资产平均余额＝（期初总资产＋期末总资产）÷2。
盈利能力，可从销售剩余和资产报酬两个角度来分析。指标1—3为销售剩余指标；指标4—6为资产报酬指标。非正常的营业状况虽然会给公司带来收益或损失，但不能说明公司的盈利水平及盈利的稳定性和持久性。在分析盈利能力时，如公司会计准则及会计制度变更带来的累计影响、已经或将要停止的营业项目等要剔除。	1	销售毛利率，是指毛利占销售收入的百分比，其中毛利是营业收入与营业成本之差。其计算公式为：销售毛利率＝（营业收入－营业成本）÷营业收入×100％。
	2	营业利润率，反映公司主要经营活动的盈利能力，是公司盈利能力的重要标志。其计算公式为：营业利润率＝营业利润÷营业收入×100％。
	3	销售净利润率，是净利润与营业收入的百分比。其计算公式为：销售净利润率＝净利润÷营业收入×100％。
	4	成本费用利润率，是利润总额与当期成本费用总额的比率，是全面考核公司各项耗费所取得收益的指标，反映公司控制成本的能力。其计算公式为：成本费用利润率＝利润总额÷成本费用总额×100％。 其中：成本费用总额＝营业成本＋营业（销售）费用＋管理费用＋财务费用。 这是用投入与产出的比例关系来评价公司的盈利能力。
	5	总资产报酬率，是公司净利润与平均资产总额的百分比，表明公司资产利用的综合效果，也是从投入与产出的比例关系来评价公司的盈利能力。其计算公式为：总资产报酬率＝净利润÷平均资产总额×100％。 其中：平均资产总额＝（期初资产＋期末资产）÷2。
	6	净资产收益率，是净利润与平均净资产的百分比，其计算公式为：净资产收益率＝净利润÷平均净资产×100％。 其中：平均净资产＝（期初所有者权益＋期末所有者权益）÷2。 这也是用投入与产出的比例关系来评价公司的盈利能力。

做一做

项目：指定模拟系统中一家公司，根据其财务报告分析其偿债能力。

资料：智盛云平台上的授信业务及风险管理模拟系统中客户的财务报告。

要求：计算相关财务指标判断公司偿债能力。

方式：4～5人一组，分析讨论所搜集资料中的公司的偿债能力，在班内展示实训成果。

三、公司客户非财务状况调查

（一）非财务状况调查的概念

非财务状况调查是指不包括在授信客户财务状况调查、担保条件调查范围内，对银行收回债权产生影响的其他因素的调查。也就是说，对影响偿还银行债务的除财务因素之外的因素进行的真实性调查和定性分析及综合评价。

非财务状况调查主要包括对授信客户的行业风险调查、经营风险调查、管理风险调查、还款意愿调查等。对授信偿还可能性的判断需要综合分析上述各项非财务因素。

（二）行业风险调查

1. 行业风险调查的基本框架

在同一个行业中的授信客户面对着共同的行业风险。行业的成本结构、行业的生命周期、行业与经济周期的关系、行业的相互依赖关系、行业产品的可替代性、行业的法律环境、政策环境和宏观经济环境等行业特性都是影响行业风险的基本因素。这构成了行业风险调查的基本框架。运用行业风险调查框架，对授信客户的行业趋势和风险进行全面、客观的分析和把握，结合授信客户在行业中所处的地位，可以从行业的基本状况和发展趋势判断出授信客户所面对的基本行业风险，为综合分析授信客户的还款能力提供依据。

2. 行业风险调查的主要内容

（1）行业的成本结构调查如表3-5所示。

表3-5　行业的成本结构调查

成本构成	成本结构	主要调查内容	对授信影响
固定成本	固定成本占比高	固定成本占总成本比重相对较高的行业为高经营杠杆行业，其平均成本随着生产规模的扩大会有明显的下降，产销量越大，盈利水平越高，如航空业、高档宾馆业、钢铁行业等。	对中长期授信需求量较大，授信风险与行业风险关联度高。对客户进行信用分析时行业风险分析是重点。
变动成本	变动成本占比高	变动成本占总成本比重相对较高的行业为低经营杠杆行业，如服装加工业、商业批发等，生产经营规模的扩大对其成本和盈利水平的影响不是十分显著。	对短期授信的需求较大，授信风险与行业风险有一定关联程度。在进行客户信用分析时，关注行业风险。

（2）行业的生命周期调查如表3-6所示。

表 3-6 行业的生命周期调查

生命周期阶段	特征与范围	对授信影响
新兴行业	销售增长率20%～100%。在我国现阶段，通信、新型材料、生物工程、环境保护、建筑装饰、5G基站建设、特高压、城际高速铁路和城市轨道交通、新能源汽车充电桩，以及提供数字转型、智能升级、融合创新等服务的基础设施建设行业都属于新兴行业。	新兴行业对银行授信需求大，风险高。原因是：(1) 技术和产品更新更快，创业成本高，投入大；(2) 管理层缺乏相应的行业发展经验，新的竞争对手不断涌入，从而致使企业淘汰率高。
成熟行业	销售额每年以10%～20%的速度增长，市场竞争焦点集中于价格和售后服务上。如我国的彩电、电冰箱、洗衣机等家用电器行业。	成熟行业企业的授信主要用于解决营运资金的临时性不足以及厂房、设备的更新改造等。企业经营相对稳定，还款来源比较容易控制，授信风险一般小于新兴行业企业。
衰退行业	销售额呈下降趋势，维持生存是企业面临的主要问题，企业开始进行市场收缩和资源的转移，行业风险大。	收缩授信。

(3) 行业与经济周期的关系调查如表3-7所示。

表 3-7 行业与经济周期的关系调查

行业与经济周期的关系	典型的行业及对授信影响	时间差异
顺经济周期	行业生产经营状况与经济周期具有一致性。典型的行业：房地产业、汽车制造业、服装业、珠宝业、餐饮娱乐业和境外旅游业等一些耐用消费品或奢侈品行业。在经济繁荣时这类行业十分火爆，现金流充足，盈利能力很强；而在经济衰退时，这类行业的企业会因销售下降、成本增加等原因，引起利润下降和现金净流量减少。 在经济繁荣时可以增加对这个行业的授信，而在经济衰退期要收缩对这类行业的短期授信。在对中长期授信客户进行信用分析时，要判断经济是否会进入衰退期。	行业周期和经济周期的时间差异有三种情况：(1) 超前。如果行业周期超前于经济周期，行业的生产、销售等经营活动可能先于经济的繁荣而繁荣，先于经济的萧条而萧条。(2) 同步。如果行业周期同步于经济周期，则行业的生产销售等经营活动直接反映经济的周期性。(3) 滞后。滞后经济周期的行业，其经营活动则总是慢于经济周期一步。
逆经济周期	在萧条时期的经营状况反而会比繁荣时期更好，行业具有明显的反周期特征，如维修业。 在经济繁荣时期，避开对这类行业授信；在经济衰退期可以选择对这类行业授信。	
与经济周期无关	属于非周期性的行业，主要是提供生活必需品的行业，如食品业、医疗保健业和教育业等。 在经济繁荣时期可以选择这类行业进行授信，特别是在经济进入衰退期后，这些行业客户成为对顺经济周期的行业客户的替代。	无差异。

(4) 行业的盈利水平调查。盈利是企业持续经营的基础，对于整个行业来说亦然。如果一个行业的平均利润率长期低于社会平均利润率，甚至行业整体亏损，作为该行业中的

授信客户，其未来的经营状况和还款能力显然值得关注。在分析行业的盈利能力时，还要注意考察其现金净流量情况，尤其是在一些竞争激烈、大量采取赊销的行业，往往是应收账款拖欠严重，企业虽有盈利，但现金净流量不佳，致使偿还银行贷款本息的能力欠佳。

在分析行业的盈利水平时，要与其所在行业发展周期相联系。例如，1998—2000 年，作为新兴高科技行业的网络行业高速发展，网络概念股票成为全球证券市场上的明星，整体盈利能力强。但进入 2001 年，该行业盛极而衰，从事电子商务等业务的网络公司出现全行业性的整体亏损现象，作为上游产品的计算机硬件和电子组件行业也由高利步入微利时代，盈利能力下降。

（5）行业的依赖关系调查。在经济结构中，一个行业的生存发展与其他行业有着密切关系，形成了一个个的产业链。比如房地产业与建筑材料行业、种植业与食品业、钢铁业与汽车制造业、石化业与纺织业等，均有着典型的依存关系。所以，分析授信客户所处的行业风险时，还有必要分析其所依赖行业的风险状况。授信客户所在行业对其他行业的依赖程度越高，受其依赖行业的影响也就越大。依赖关系密切的行业主要是该授信客户的供应方和需求方所处行业。以汽车制造业为例，如果这一行业呈现萧条，那么与之相关的钢铁、玻璃和轮胎等行业也可能出现萧条。一般来说，行业的供应商和客户群越多元化，该行业对其他行业的依赖度就越低，其授信风险受其他行业变化的影响就越小。

（6）行业产品的可替代性调查。可替代产品是指那些与某行业的产品有相同、相似功能或能满足相同需求的产品。行业的产品是否存在被替代的风险，与替代产品的多寡和客户使用替代产品的转换成本高低（如替代产品的价格与之相当甚至低于该行业产品，则转换成本低）有关。如果一个行业的产品性能独特并自然垄断，例如城市供水、供电行业，不存在替代产品，也就不存在行业产品被替代的风险。如果一个行业的产品有许多替代产品，而且转换成本较低，则该行业产品被替代的可能性就很大，相应的行业风险也就比较大。如化纤制品作为服装面料可替代棉织品，火车、汽车和飞机作为交通工具可相互替代。对替代性强的行业的客户授信风险就大，反之授信风险就小。

（7）行业的法律环境、宏观经济环境和政策环境调查。法律的改变可能促进某些行业的发展，也可能对某些行业的生存和发展产生负面影响。在评估授信客户的行业风险时，确定该行业是否具有良好的法律环境，以及是否有对该行业经营与发展产生实质性影响的法律变化是十分必要的。如《野生动物保护法》的出台，使以野生动物器官为生产原料的制药业受到严重影响；小型造纸、化工、水泥等一些在生产过程中产生有害废物的行业，受国家环境保护法规的影响很大。对这类行业客户授信显然有着较高的风险。

国际、国内和区域的宏观经济环境变化，都会对行业发展产生影响，一些对于经济周期较敏感的行业尤其如此。有时通货膨胀、汇率、利率、税收、国际收支等宏观经济因素对一些行业的发展具有决定性的影响。经济政策是调控宏观经济环境的重要因素，国家经济政策的变化对行业的发展会产生不同程度的影响。

（三）经营风险调查

经营风险调查主要从经营特征和经营循环两个方面进行调查分析。

1. 经营特征调查

经营特征调查要点及其对授信影响见表 3-8。

表 3-8 经营特征调查要点及其对授信影响

序号	调查要素	调查要点	对授信影响
1	经营规模	调查公司的资产总额、销售收入、市场份额、盈利水平等数据，这些是衡量一个公司的经营规模大小的标准。 必须将此公司的指标数据与同行业的其他公司比较才有意义，同时关注公司所在行业的生命周期。	规模大，经营风险小，授信风险也小；反之则授信风险大。
2	核心竞争力	企业智力、技术、产品、管理和文化的综合优势在市场上的反映。调查分析包括三方面：一是用户价值，即核心竞争力能够为用户提供根本性的效用；二是独特性，即公司的任何一项专长要想成为核心能力，必须独树一帜；三是延伸性，即核心竞争力要在未来的市场竞争中赢得优势并获取丰厚的利润。	核心竞争力强，经营风险小，授信风险也小；反之则授信风险大。
3	产品竞争力	从性能先进、质量稳定、价格合理方面调查，还要看研发投入。	产品竞争力强，经营风险小，授信风险也小；反之则授信风险大。
4	市场状况	调查指标主要有：市场占有率、市场竞争的激烈程度、公司发展目标客户的能力、公司对市场价格和需求控制能力、公司客户分散程度、公司形象和声誉等。	市场影响力大或被公认为行业龙头的公司要比市场中的弱小者有着更强的抗风险能力，经营风险小，授信风险也小。

2. 经营循环调查

经营循环指的是公司从收到客户订单到向客户出售产品和提供服务的全过程。一般来说，公司的经营过程具有一定的重复性，每个公司都有自己独特的内部经营循环。以工业公司为例，经营循环主要包括采购、生产和销售三个环节，只有三个环节都顺利进行，才能完成公司的持续经营和资产转换周期，并保证授信的偿还和履约。经营循环调查要点及其对授信影响见表 3-9。

表 3-9 经营循环调查要点及其对授信影响

序号	经营三环节	调查要点	对授信影响
1	采购环节	原材料价格、购货渠道、购买量。	能够影响供应商价格的客户是优质客户，对其授信风险小；原材料供应渠道单一的客户，经营风险高，授信风险大；经常需要囤货、过量采购会增加生产成本，降低利润，授信风险大。
2	生产环节	生产连续性、生产技术更新敏感性以及产品质量管理情况。	拥有先进的生产技术、保证生产的连续进行、建立了合适的质量管理标准和质量管理体系的企业竞争力强，经营风险小，对其授信风险小。
3	销售环节	销售范围、促销能力、销售灵活性、货款回笼情况。	销售环节过多，客户群过分集中，产品售后服务跟不上，在质量和服务上与同类产品存在较大差距，不能有效地控制其销售网络，不能根据市场的变化及同类厂家竞争策略的改变做出迅速、合理的反应的公司，经营风险大，对其授信风险大。

（四）管理风险调查

评估授信客户的管理水平是一个极其复杂的问题。我们重点从授信客户的组织形式、公司治理结构、管理层的素质和稳定性、经营理念、关联企业、财务管理能力、法律纠纷和重大事项、突发事件和社会因素变化等几个方面进行分析。

1. 组织形式及其变化调查分析

公司的组织形式有有限责任公司、股份有限公司等多种形式。授信客户的组织形式是否有变化及其变化是否有利于公司的经营管理，在进行风险分析时需要授信银行予以关注。公司因减资、合并、解散、兼并、重组等导致的组织形式变化，均可能对授信客户的管理架构产生影响，从而对授信客户的现金流量、盈利能力等产生有利或不利的影响。如有些公司通过改制盘活了资产，扭亏为盈，焕发生机；也有的公司借兼并、破产、重组等改制之际，逃废银行债务。要注意分析授信客户的股权和组织形式变化对还款履约能力的影响，对涉嫌利用兼并、租赁、转让、承包、分立等形式恶意逃废银行债务的授信应予以充分关注。

2. 公司治理结构调查分析

良好的公司治理结构是现代企业健康发展的基础，也是授信客户持续稳定的还款履约能力的重要保证。具体来说，良好的公司治理结构应具备完备的股东大会决策程序、独立的董事制度，健全的监事会监督功能、健全的董事会和监事会评价机制、完善的高级管理人员选聘机制和激励机制等。

3. 管理层的素质和稳定性调查分析

管理层的素质是影响公司发展的关键性因素。对授信客户管理层的素质的调查分析应着重于管理人员的学历、年龄结构、专业经验、管理风格、行业管理经验及熟悉程度等。如果高级管理人员只掌握狭窄的技能，没有处理行业风险的经验或缺少控制经营风险的能力，将难以很好地应对市场和环境的变化，并制约公司的未来发展。

同时，管理层的稳定性也是一个十分重要的问题。公司主要管理人员的离任、死亡、更换等均会对其持续、正常的经营管理产生影响。

4. 经营理念调查分析

正确的经营理念是公司可持续发展的内在源泉，过于冒险的经营理念会导致公司破产，使银行授信面临较高的风险。企业文化是经营理念的一种体现。如果一个现代企业突出以人为本的企业文化，重视企业的凝聚力和创新力，重视对员工的培训和培养，那它会成为一个可持续发展的企业，偿债能力会增强。如果董事会或管理层过分地以利润为中心，并且为了短期目标而忽略企业的长期发展，在利润分配政策上存在明显的短视行为，如过度地分配股利，就会影响企业可持续的发展能力和长期授信的偿还能力。

5. 关联企业调查分析

授信客户与其母子公司、控股公司等关联企业之间存在股权、资金、产品、交易等多方面的密切联系，其经营和财务状况不可避免地要受到关联企业的影响。一家子公司的经营失败可能会拖垮整个企业集团，一个集团公司经营不善也可能会连累多个子公司，这样的例子在现实中比比皆是。因此，要充分关注授信客户与其关联企业之间的关联程度，具体分析关联企业的经营状况和财务状况，并评估其对授信客户还款能力的影响。

6. 财务管理能力调查分析

实践表明，如果公司缺乏财务管理或财务管理水平低，不论它在产品生产还是在市场营销方面取得多大的成功，也不能保证持续经营。健全的财务管理制度要求授信客户必须建立制度来监控其应收账款和存货的数量和变化，控制日常开支和费用，并且防止欺诈和盗窃。如财务管理薄弱的公司，不清楚其可支配货币资金的数量有多少，直到发生不能对外付款时，才知道公司的资金出现了问题，这对公司生产经营和偿债都会产生很大的威胁。对财务管理混乱的公司授信，风险是十分高的。

7. 法律纠纷和重大事项调查分析

授信客户在经营中经常会遇到一些法律纠纷问题，并对还款履约能力产生实质性的影响，授信银行必须对这些事项是否存在进行调查。如授信客户与供应商、消费者、关联企业及职工之间产生纠纷或案件；授信客户因违反法律、法规或合约而受到税务、市场监督管理、生态环境等部门的处理、处罚等。另外，一些重大事项，如公司经营方针、经营范围的重大变化，订立重要的合同，发生重大债务的违约情况等也会对其还款能力产生重大影响。

8. 突发事件和社会因素变化调查分析

自然灾害、事故灾难的发生以及一些社会因素的变化，均可能会给授信客户带来意外的风险，从而对授信客户的还款能力产生不同程度的影响，这种影响有时是巨大的。在授信客户缺乏应对措施时，一场重大的灾难甚至会决定授信客户的生死存亡。如 2001 年 9 月 11 日美国世界贸易中心遭受恐怖袭击，导致全球航空业连续 3 年不景气。再如 2020 年初爆发的新冠肺炎疫情对旅游、餐饮、电影院线业的影响。在社会因素变化方面，有一些典型的例子，如严重亏损的老企业可能会因城市建设或环保需要被迫拆迁而获得土地补偿，可以偿还逾期多年的授信；而社区人口的迁移可能使一家经营良好的饭店骤然间变得前景黯淡。

（五）还款意愿调查

在实际工作中，有不少授信客户不是没有能力偿还贷款，而是赖账不还，即我们所说的还款意愿差。

客户的还款意愿在很大程度上取决于公司管理层的信用意识和法律意识。诚实守信、遵纪守法是经商之道，但有的公司在经营中偷税、漏税；有的采用提供虚假报表、隐瞒事实等不当手段套取银行信贷；有的不与银行积极配合，有意拖欠银行贷款。这些行为都反映了授信客户管理层的法律意识淡薄，道德品质存在缺陷。

在调查评价客户的还款意愿时，不仅要关注客户的还款记录，还应关注其在其他银行和供应商等债权人那里的还账记录，只有这样，才能全面、客观地揭示客户的还款意愿。

根据银行工作人员授信调查的经验，总结出在行业风险、经营风险、管理风险、还款意愿风险调查中的预警信号，见表 3-10。

表 3-10 行业风险、经营风险、管理风险、还款意愿风险调查中的预警信号

预警类型	预警信号
行业风险	1. 行业整体衰退，销售量呈现负增长。 2. 作为新兴行业，虽已取得有关产品的专利权或技术认定，但尚未进入批量生产阶段，产品尚未完全进入市场。 3. 出现重大的技术变革，影响到行业产品和生产技术的改变。 4. 政府对行业政策进行了调整。 5. 经济环境发生变化，如经济开始萧条或出现金融危机，行业发展受到影响。 6. 国家产业政策、货币政策、税收政策等经济政策发生变化，如汇率或利率调整，并对行业发展产生影响。 7. 存在密切依存关系的行业供应商或客户的需求发生变化。 8. 与行业相关的法律规定发生变化。 9. 多边或双边贸易政策有所变化，如政策对部分商品进出口采取了限制或保护措施。
经营风险	1. 授信客户的经营活动发生显著变化，处于停产、半停产或经营停滞状态。 2. 主要经营数据在行业中呈现不利的变动趋势。 3. 业务性质和经营范围发生重大改变。 4. 兼营不熟悉的业务或在不熟悉的地区开展业务。 5. 主营业务向跨度较大的新行业转移，在一个新的或不熟悉的领域进行业务多样化。 6. 外部经济环境出现重大技术变革，导致授信客户产品和生产技术改变。 7. 进出口供应商所处国家的政局不稳定，或金融形势发生严重动荡。 8. 不能适应市场变化和客户需求的变化。 9. 持有大额订单，如果不能较好地履行合约，可能引起巨额损失。 10. 产品较为单一。 11. 对存货、生产和销售的控制能力下降。 12. 对一些客户或供应商过分依赖。 13. 在供应链中的地位关系发生变化，如供应商不再赊货或降低赊货额度。 14. 购货商减少采购。 15. 丧失了主要的产品系列、特许经营权、分销权或供应来源。 16. 企业的经营地点发生不利的变化或分支机构分布不合理。 17. 收购其他企业或者开设新的销售网点，对销售和经营有明显影响，如收购只是出于财务动机，而不是与核心业务有密切关系。 18. 出售或变卖主要的生产经营性固定资产。 19. 厂房和设备未能得到维护，没有及时更新或淘汰过时的或效率低的厂房或设备。 20. 建设项目的可行性存在偏差或计划执行出现较大的调整，如基建项目的工期延长，或处于停缓状态，或概预算调整。 21. 产品质量或服务水平出现下降。
管理风险	1. 组织形式发生变化，如进行租赁、分立、承包、联营、并购、重组等，并可能对授信的偿还产生不利影响。 2. 管理层对环境和行业中的变化反应较为迟缓。 3. 高级管理层之间出现严重的分歧。 4. 组织结构过度复杂，可能是隐瞒事实或阻碍调查的手段。 5. 最高管理者独裁，听不进不同意见或者其周围都是说好话的人。 6. 管理层品行低下、缺乏修养，员工士气低落。 7. 高级管理层或董事会成员变动频繁。 8. 管理层的核心人物突然死亡、生病、辞职或下落不明，没有相应的继任者。 9. 中层管理层较薄弱，缺乏系统性和连续性的职位安排，人员更新过快或员工不足。

续表

预警类型	预警信号
	10. 管理层对企业的发展缺乏战略性的计划，或者计划没有实施及无法实施。 11. 管理层缺乏足够的行业经验和管理能力，或只有财务专长而没有技术、操作、战略、营销和财务技能的综合能力。 12. 管理层的经营思想变化，表现为极端的冒进或保守，希望或坚持进行商业冒险或承受不确定的风险。 13. 提前宣布对未来情况的积极预期，这往往预示着自欺和不承认已出现的问题。 14. 冒险参与企业收购、新企业投资、新区域开发或新生产线启动等投机活动。 15. 董事会和高级管理人员以利润为中心，并且不顾长期利益而使财务发生混乱、收益质量受到影响。 16. 提供虚假财务报表、证明文件或其他材料。 17. 经营指标出现非正常增长。 18. 管理取代内部控制，例如负责销售的公司副总裁有权让会计部门准备大额支票。 19. 主要股东、关联企业或担保单位发生了重大的经营管理变化，如改制或遇到重大诉讼。 20. 遇到纠纷或法律问题，如收到税务、市场监管等行政机关的处理，或者主要管理人员涉及法律问题。 21. 从事走私活动或有骗取出口退税行为，或其他逃税和漏税行为。 22. 涉嫌非法转移财产。 23. 监管机构发布有关上市公司的不利预警信息。
还款意愿风险	1. 授信客户拖延支付授信的本金、利息和费用。 2. 授信客户不能偿还对其他债权人的债务。 3. 管理层对银行的态度发生改变，变得冷淡、不合作或不够友善。 4. 银行无法与授信客户进行正常的联络。 5. 授信客户提供虚假的财务报表或其他信息资料。 6. 授信客户不能提供银行所要求的信息资料，如购销合同、项目进展报告等。 7. 银行不能取得授信客户的财务报表或报表延迟。 8. 突然更换注册会计师、法律顾问或主办结算银行，或对其他银行或当前的注册会计师有不满的言行。 9. 外部评级机构对授信客户的评级进行调整。 10. 接到许多其他银行的资信咨询调查。 11. 授信客户违反与其他银行或债权人的协议，不能偿还其他对外债务。 12. 授信客户以非正常途径或不合理的条件向其他银行取得融资。 13. 授信客户提出再融资或重组授信。 14. 授信客户向其他银行的信贷申请被拒绝。 15. 授信客户的存款余额和结算量不断下降。 16. 授信客户严重依赖对银行的短期授信。 17. 授信客户在申请季节性授信时，申请的时间与其生产经营周期不匹配或同往常相比发生较大变化。 18. 授信客户的授信申请规模或频率急剧变化，如借款大量增加，与授信客户的业务规模不成比例。

四、公司客户信用等级评定

银行把经过调查获取的公司客户资料，运用一定方法进行打分量化，对公司客户进行信用等级评定。公司客户的信用等级是银行客户准入管理、授信额度核定和调整、信贷风险审查、信贷定价、客户退出等的重要前提和依据。它就像一把尺子，可以丈量客户。根据客户信用等级对客户进行分层，使银行将风险控制与业务拓展有机结合起来，可以提高银行授信业务的工作效率。

（一）客户信用等级评定的概念

客户信用等级评定是指银行为了有效控制客户的信用风险，由银行或其委托的具有合格资质的专业评估机构，采用客观、公正和科学的信用评级考核标准以及严格规范的评估程序，在对客户的财务状况、经营业绩及信用可靠性等方面进行全面调查了解的基础上，对其基本素质、经济实力、偿债能力、经济效益和发展前景等进行定量和定性的综合分析评价，测定其履行经济契约能力的可信程度，作出其对银行和商业信用行为的可靠性和安全性的评价，并以国际通用符号标明企业的信用等级。这是银行授信管理的基础性工作。

（二）客户信用等级评定的对象

客户信用等级评定的对象有三方面：一是已与银行建立了信贷关系的企业；二是向银行申请建立信贷关系的企业；三是需要银行提供资信证明的其他开户企业。

参与信用等级评定的企业必须提供完整的并经注册会计师审计的财务报告，未投产的新建企业和生产经营不满1年的企业不参加信用等级评定。

（三）客户信用等级评定的程序及使用规定

1. 客户信用等级评定的基本程序

基层行客户部门调查、初评→基层行信贷管理部门初审→基层行行长（主管行长）审查→管理行信贷管理部门审查→管理行行长（主管行长）审查→有权审批行信贷管理部门审查→有权审批行行长（主管行长）审批→基层行复测调整，如图3－1所示。

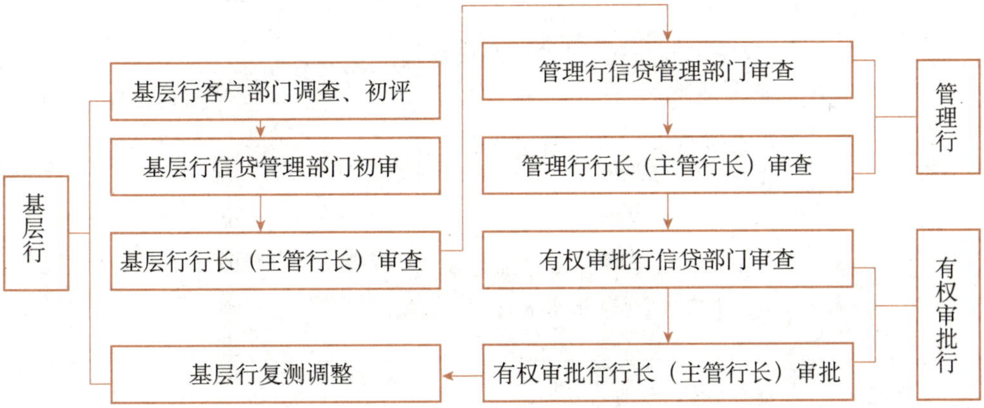

图3－1　客户信用评级的程序

2. 客户信用等级评定的使用规定

客户的信用等级实行动态管理，评定的信用等级有效期为1年。信用等级每年评定一次，一般于每年第一季度完成。经银行有权人审批客户的信用等级后，基层行授信业务部门必须根据客户情况的变化复测其信用级别，年度中间复测信用等级原则上不做升级处理。

为使信用等级评定更具有操作性，评定结果更具可比性，信用等级评定的对象可按行业和客户性质进行细分，如工业、农业、商贸、房地产、事业单位、综合类等。不同客户可采用侧重点不同的评定标准。

（四）客户信用等级评定的指标体系

客户信用等级评定的指标体系一般包括财务因素和非财务因素两方面的内容。财务因素是信用等级评定的主要依据，非财务因素分析是对财务因素分析的结果进行修正、补充和调整。各个银行根据自身的情况所设定的具体指标会有所不同，并且在实践中根据客观情况的变化会定期进行修改和补充，但一般都包括以下几项：

（1）企业基本素质；

（2）企业经济实力；

（3）企业偿债能力及信用；

（4）企业经营能力及效益；

（5）企业发展前景及预测。

表 3－11 是某银行对工业企业的信用等级评定指标体系，供参考。

表 3－11　工业企业信用等级评定指标体系　　单位：分

指标名称			计算公式及考核内容	参照值	极限值	满分值	速算公式
企业基本素质（10）	领导素质	文化水平	法定代表人，正、副厂长（经理），三总师大专以上学历或中级以上职称的占比	≥65%	≥25%	2	$4x-0.6$
		领导能力	企业主要领导的学识水平、从业经历（岗位年限）、信用意识、奖惩情况等	优 1，好 0.8，较好 0.6，一般 0.4		1	
	管理素质	经营管理	经营管理的现代化程度、经营总体目标与实施措施、制度建设与落实等	优 2，好 1.6，较好 1.2，一般 0.8		2	
		财产投保率	财产已投保金额÷财产应投保金额×100%	≥100%	≥60%	1	$1.5x-0.5$
	技术素质	中高级技术人员占比	中高级技术人员÷员工人数×100%	≥10%	≥1%	2	$20x$
		工艺技术水平或名牌产品	全国先进水平、省内先进水平、行业平均水平、一般水平	全国 2，省内 1.6，行业 1.2，一般 0.8		2	
企业经济实力（7）	净资产		资产总额－负债总额	≥2 000 万元	≥100 万元	5	$(4.5x+500)\div1\,900$
	资本固定化比例		（资产总额－流动资产）÷所有者权益×100%	≤80%	≤150%	2	$(2.6-1.5x)\div0.7$
企业偿债能力及信用（43）	资产负债率		负债总额÷资产总额×100%	≤55%	≤85%	6	$(4.55-5x)\div0.3$
	流动比率		流动资产÷流动负债×100%	≥150%	≥100%	4	$6x-5$
	速动比率		（流动资产－存货）÷流动负债×100%	≥80%	≥50%	5	$(40x-17)\div3$
	利息保障倍数		（利润总额＋利息支出）÷利息支出	≥3 倍	≥1 倍	5	$2x-1$

续表

指标名称			计算公式及考核内容	参照值	极限值	满分值	速算公式
	应付账款清付率		[1－应付账款年末余额÷（应付账款年初余额＋本年应付账款贷方发生额）]×100%	≥85%	≥50%	2	$(30x-11.5)\div 7$
	经营活动现金流量净额与流动负债比例		经营活动产生的现金流量净额÷流动负债平均余额×100%	≥15%	＞0%	6	$40x$
	净资产与年末授信余额比例		净资产÷年末授信余额×100%	≥100%	≥40%	2	$2x$
	授信风险	授信逾期率	年末逾期授信余额÷年末授信余额×100%	0	≤8%	6	$6-62.5x$
		授信五级分类	正常、关注、次级、可疑、损失	正常6，关注4，次级1，可疑和损失0			
	欠息率		[1－（实付授信利息÷应付授信利息）]×100%	0	≤8%	4	$4-37.5x$
	或有负债率		或有负债÷所有者权益×100%	≤55%	≤100%	3	$(54.5-50x)\div 9$
企业经营能力及效益(31)	应收账款周转次数		主营业务收入净额÷应收账款平均余额	≥5次	≥1次	3	$0.6x$
	存货周转次数		主营业务成本÷存货平均余额	≥4次	≥1次	3	$0.75x$
	总资产周转率		主营业务收入净额÷总资产平均余额	≥0.8次	≥0.3次	4	$7x-1.6$
	主营业务收入增长率		（本年主营业务收入净额－上年主营业务收入净额）÷上年主营业务收入净额×100%×规模系数	≥10%	≥1%	3	$30x$
	主营业务收入现金率		主营业务现金收入÷主营业务收入净额×100%	≥80%	≥60%	5	$22.5x-13$
	主营业务收入利润率		利润总额÷主营业务收入净额×100%	≥8%	≥1%	4	$50x$
	总资产报酬率		（利润总额＋利息支出）÷总资产平均余额×100%	≥6%	≥1%	4	$2x\div 3\%$
	净资产收益率		税后利润÷净资产平均余额×100%	≥6%	≥1%	5	$5x\div 6\%$

续表

<table>
<tr><th colspan="3">指标名称</th><th>计算公式及考核内容</th><th>参照值</th><th>极限值</th><th>满分值</th><th>速算公式</th></tr>
<tr><td rowspan="7">企业发展前景及预测（9）</td><td rowspan="3">发展趋势</td><td>三年资本平均积累率</td><td>（本年所有者权益增长额×0.5＋上年所有者权益增长额×0.3＋前年所有者权益增长额×0.2）÷3年前期末所有者权益×100%</td><td>≥3%</td><td>≥0.5%</td><td>2</td><td>$2x \div 3\%$</td></tr>
<tr><td>三年主营业务收入平均增长率</td><td>（本年主营业务收入净额增长额×0.5＋上年主营业务收入净额增长额×0.3＋前年主营业务收入净额增长额×0.2）÷3年前期末主营业务收入净额×100%</td><td>≥10%</td><td>≥1%</td><td>1</td><td>$10x$</td></tr>
<tr><td>三年利润总额平均增长率</td><td>（本年利润总额增长额×0.5＋上年利润总额增长额×0.3＋前年利润总额增长额×0.2）÷3年前期末利润总额×100%×规模系数</td><td>≥8%</td><td>≥1%</td><td>1</td><td>$12.5x$</td></tr>
<tr><td colspan="2">经营活动现金流量净额与净利润比例</td><td>经营活动产生的现金流量净额÷净利润×100%</td><td>≥100%</td><td>≥50%</td><td>1</td><td>$1.6x-0.6$</td></tr>
<tr><td colspan="2">行业政策</td><td>按国家级、省级、市级行业政策</td><td colspan="2">发展行业1，扶持行业0.8，维持行业0.5</td><td>1</td><td></td></tr>
<tr><td colspan="2">市场竞争能力</td><td>经营规模、市场竞争能力及在同行业中的地位</td><td colspan="2">优1，好0.8，较好0.6，一般0.4</td><td>1</td><td></td></tr>
<tr><td colspan="2">其他因素</td><td>经营环境、发展战略、重大投资项目、外部支持程度等</td><td colspan="2">优2，好1.6，较好1.2，一般0.8</td><td>2</td><td></td></tr>
</table>

注：① 或有负债包括年末对外担保金额、信用证开证金额、保函开具金额和已贴现（未到期）商业承兑汇票金额。

② 若 x 达到参考值，该项指标取满分；若 x 达不到极限值，该项指标取0分；若参照值≥x≥极限值，该项指标按速算公式计算得分。

（五）信用等级、评级得分与客户分类

各家银行或评级机构的评级指标体系不完全相同，计分标准与信用等级的对应也有所差别，但他们都是依据中国人民银行信用评级管理指导意见进行信用评级的。

1. 信用得分与对应的信用等级

表3-12是最常见的信用等级对应的记分标准。

表3-12 信用等级与评级得分的对应关系

单位：分

信用等级	记分标准		客户分类
	下限	上限	
AAA	90	100	优质客户
AA	80	89	良好客户
A	70	79	一般客户
BBB	60	69	限制客户
BB	50	59	限制客户

续表

信用等级	记分标准		客户分类
	下限	上限	
B	40	49	限制客户
CCC	30	39	淘汰客户
CC	20	29	淘汰客户
C	0	19	淘汰客户

2. 企业的信用等级及含义

企业的信用等级分三等九级，即 AAA、AA、A、BBB、BB、B、CCC、CC、C，不同等级的具体含义如下：

（1）AAA 级。其含义是短期债务的支付能力和长期债务的偿还能力具有最大保障；经营处于良性循环状态，不确定因素对经营与发展的影响最小。

（2）AA 级。其含义是短期债务的支付能力和长期债务的偿还能力很强；经营处于良性循环状态，不确定因素对经营与发展的影响很小。

（3）A 级。其含义是短期债务的支付能力和长期债务的偿还能力较强；企业经营处于良性循环状态，未来经营与发展易受企业内外部不确定因素的影响，盈利能力和偿债能力会产生波动。

（4）BBB 级。其含义是短期债务的支付能力和长期债务的偿还能力一般，目前对本息的保障尚属适当；企业经营处于良性循环状态，未来经营与发展受企业内外部不确定因素的影响，盈利能力和偿债能力会有较大波动，约定的条件可能不足以保证本息的安全。

（5）BB 级。其含义是短期债务的支付能力和长期债务的偿还能力较弱；企业经营与发展状况不佳，支付能力不稳定，有一定风险。

（6）B 级。其含义是短期债务的支付能力和长期债务的偿还能力较弱；受内外部不确定因素的影响，企业经营较困难，支付能力具有较大的不确定性，风险较大。

（7）CCC 级。其含义是短期债务的支付能力和长期债务的偿还能力很差；受内外部不确定因素的影响，企业经营困难，风险很大。

（8）CC 级。其含义是短期债务的支付能力和长期债务的偿还能力严重不足；经营状况差，促使企业经营及发展走向良性循环状态的内外部因素很少，风险极大。

（9）C 级。其含义是短期债务支付困难，长期债务的偿还能力极差；企业经营状况一直不好，基本处于恶性循环状态，促使企业经营及发展走向良性循环状态的内外部因素极少，企业濒临破产。

每一个信用等级可用“+”或“-”符号进行微调，表示略高或略低于本等级，但 AAA 是最高等级。

银行信用等级评定

任务二　担保情况调查

【任务分析】知识学习方面，教师引导学生掌握保证、质押、抵押的相关法律规定；技能提升方面，教师引导学生进行保证调查、质押调查、抵押调查。教师结合教学内容，注意引导学生养成良好的职业道德。

一、保证情况调查

（一）保证与保证授信的概念

1. 保证

保证是指保证人和债权人约定，当债务人不履行债务时，保证人按照约定履行债务或者承担责任的行为。保证法律关系中有债权人、债务人和保证人三方当事人。为债务人履行债务而做担保的第三人，称为保证人；被担保的债务人，称为被保证人。

保证具有的特征：保证是一种人的保证；保证人为债务人以外的第三人；保证人必须具有代为清偿的能力；保证人履行义务不具有必然性。

2. 保证授信

保证授信是银行按照我国《民法典》规定的保证方式，以第三人承诺在授信客户不能履行债务或承担责任时，由其按约定承担一般保证责任或者连带责任而发放的授信。

按照《民法典》的规定，在保证方式未约定或约定不明的，保证人承担一般保证责任。授信银行一般在保证合同中要明确约定保证人承担连带保证责任。

一般保证的保证人在主合同纠纷未经审判或者仲裁，并就债务人财产依法强制执行仍不能履行债务前，有权拒绝向债权人承担保证责任，但有下列情形之一的除外：（1）债务人下落不明，且无财产可执行；（2）人民法院已经受理债务人破产案件；（3）债权人有证据表明债务人的财产不足以履行全部债务或者丧失履行债务能力的；（4）保证人书面表示放弃一般保证的保证人权利的。

承担连带保证责任的保证人是指在保证合同中约定保证人和债务人对债务承担连带责任，当债务人不履行到期债务或者发生当事人约定的情形时，债权人可以请求债务人履行债务责任，也可以请求保证人在其保证范围内承担保证责任。

（二）保证人资格的限制性规定

（1）《民法典》规定机关法人不得为保证人，但是经国务院批准为使用外国政府或者国际经济组织贷款进行转贷的除外。

（2）《民法典》规定以公益为目的非营利法人、非法人组织不得为保证人。如医院、学校等以公共利益为目的非营利的事业单位、社会团体不得作保证人。

以公益为目的非营利法人单位或非营利的社会团体提供保证的保证合同无效。当保证合同被确认无效后，债务人、保证人、债权人有过错的，应当根据其过错各自承担相应的民事责任。

（三）对保证人的调查

银行授信业务部的客户经理对保证人从确认主体资格、甄别虚假担保人和公司互保、保证人的代偿能力及保证限额等方面进行调查分析。

1. 调查审核保证人的主体资格

（1）经银行认可的具有较强代为清偿能力的、无重大债权债务纠纷的以下单位和个人可以接受为保证人：金融机构；从事符合国家法律、法规规定的生产经营活动的企业法人；从事经营活动的事业法人；其他经济组织；自然人。

（2）银行不可接受下列单位作为保证人：国家机关，但经国务院批准为使用外国政府或者国际经济组织贷款进行转贷的除外；以公益为目的的非营利的事业单位、社会团体，包括学校、幼儿园、医院、科学院、图书馆、广播电台、电视台等；无企业法人的书面授权或者超出企业法人书面授权范围提供保证的企业法人的分支机构；企业法人的职能部门。

2. 调查是否有虚假担保人和公司互保情况

（1）虚假担保人。授信客户以不同名称的公司向同一家银行的多个基层单位借款，而且相互提供担保，借款人和担保人的法定代表人往往是同一人。这样的担保带有一定程度的诈骗性质，授信具有较大的风险。

（2）公司互保。公司互保即关系密切的两公司相互为对方的债务提供担保。例如甲公司在申请银行贷款时让关系较为密切的乙公司作为其保证人，但乙公司或者出于自身借款需要或者担心自己被卷入担保纠纷而遭受经济损失，也要求甲公司为其向银行的贷款申请作担保。这样就形成了甲乙公司之间的互保（互相保证）。这种行为在法律上并不被禁止，但只要其中一方出问题，另一方可能由于承担保证责任而增加债务负担。

3. 调查分析保证人的代偿能力是否真实可靠

对符合主体资格要求的保证人应进行代偿能力评价。对保证人代偿能力的评价，包括代偿能力现实状况评价和代偿能力变动趋势分析，并按照规定程序审定保证人的信用等级，测算信用风险限额。

4. 调查确定保证人保证限额

保证人保证限额是指根据客户信用评级办法测算出的保证人信用风险限额减去保证人对银行的负债（包括或有负债）得出的数值。

5. 调查确定的保证率是否符合授信要求

在计算出保证限额后，还应计算保证率。通过计算保证率，进一步衡量保证担保的充足性，评价计算出的保证率是否符合银行授信管理制度对保证率的规定。保证率计算公式为：

$$保证率=申请保证授信本息\div可接受保证限额\times100\%$$

6. 撰写担保评价报告

经评价符合保证人条件的，由授信业务部门调查人员撰写“银行担保评价报告”，随授信审批材料一并报送评价审查人员。如不符合条件，应及时将保证人材料退还，并要求债务人另行提供保证人或提供其他担保方式。

二、质押情况调查

（一）质押与质押授信的概念

1. 质押

质押是指为担保债务的履行，债务人或者第三人将特定的财产转移给债权人占有，债务人到期不履行偿债责任或者发生约定实现质权的情形，债权人有权就该财产折价或者拍卖、变卖的价款优先受偿。质押按照标的不同可以分为动产质押和权利质押两类。

质押法律关系中的当事人包括质押权人和出质人。质押权人是指接受担保的债权人；出质人是指为担保债务的履行而提供质物的人，可以是债务人，也可以是第三人。出质人移交给债权人占有的动产或权利为质物。

质押具有的特征：质押必须转移质物为质押权人占有；质物为动产和财产权利；出质人对质物必须享有处分权；质押权人按照约定条件有权就质物的价值优先受偿。

2. 质押授信

质押授信是以质物为授信债权实现的保障而发放的授信。银行为质押权人，授信客户或第三人为出质人。

（二）可以质押的财产和禁止质押的财产

1. 银行可接受质押的财产

依据《民法典》的规定，银行可接受质押的财产包括：

（1）出质人所有的、依法有权处分的机器、交通运输工具和其他动产；

（2）出质人所有的汇票、本票、支票、债券、存款单、仓单、提单；

（3）可以转让的基金份额、股权；

（4）可以转让的商标专用权、专利权、著作权等知识产权中的财产权；

（5）现有的以及将有的应收账款；

（6）法律和行政法规规定可以出质的其他财产权利。

2. 银行不可接受质押的财产

在实务中银行不可接受质押的财产包括：

（1）所有权、使用权不明或有争议的财产；

（2）法律法规禁止流通的财产或者不可转让的财产；

（3）国家机关的财产；

（4）依法被查封、扣押、监管的财产；

（5）珠宝、首饰、字画、文物等难以确定价值的财产；

（6）租用的财产；

（7）以公益为目的非营利事业单位和社会团体的教育设施、医疗卫生设施和其他公益设施；

（8）不动产。

（三）质权生效的界定

根据《民法典》的规定，质押合同是以质物或权利凭证移交于债权人保管或登记为生效要件。质押合同的生效因质物种类不同而分为三种情况，即实物交付生效、权利凭证交付生效、权利登记生效。

1. 动产质押质权生效的界定

动产质押采用实物交付生效，即以出质人将质物交给质押权人或第三方托管为授信业务质押合同的生效要件。

2. 权利质押质权生效的界定

权利质押有两种情况，若财产权利有财产凭证可移交的，如汇票、本票、支票、债券、存款单、仓单、提单等，采用权利凭证交付生效的原则，质押合同自财产权利凭证交付之日起生效。若财产权利没有凭证，如可转让股票、商标专用权、专利权、著作权等，或者虽有凭证但依法不能转交为他人占有的，以登记为合同生效要件。

申请授信的客户或者第三人与银行订立了动产质押合同或权利质押合同，但法律规定应当交付质物或登记而未交付或登记的，质押合同不生效。

（四）质押调查中出质人需提供的材料

（1）营业执照；

（2）法定代表人或授权代理人的身份证明和授权委托书；

（3）质物权属证明；

（4）以共有财产质押的，须提供财产共有人同意出质的证明文件；

（5）股份有限公司、有限责任公司、中外合资公司、中外合作公司、外资公司为出质人的，须提供董事会（或类似机构）同意出质的证明文件（依照公司章程质押行为不需批准的除外）；

（6）质物清单。

出质人为自然人时，提供上述（3）、（4）和（6）中规定材料。

（五）质物调查审核

1. 出质人对质物、质押权利占有的合法性调查

（1）用动产出质的，应通过调查动产购置发票、财务账簿，确认其是否为出质人所有。

（2）用权利出质的，应核对权利凭证上的所有人与出质人是否为同一人。如果不是，要求出示取得权利凭证的合法证明，如判决书或他人同意授权质押的书面证明。为防范虚假质押风险，银行查证质押票证时，有密押的应通过联行核对；无密押的应派人到出证单位或其托管部门做书面的正规查询。

（3）调查质押的设定是否已由出质人有权决议的机关做出决议。

（4）如质押财产为共有财产，调查出质是否经全体共有人同意。

2. 质物、质押权利的合法性调查

（1）调查质物所有权、使用权是否明确，是否允许流通买卖。所有权不明或有争议的动产，法律规定禁止流通的动产，不得质押。

（2）调查质押权利凭证是否有伪造、变造迹象。调查的方法是向权利凭证签发或制作单位查询，并取得该单位出具的确认书。

（3）调查是否是海关监管期内的动产作质押，是否有负责监管的海关出具同意质押的证明文件。

（4）对以股票设定质押的，调查是否是可以流通的股票。

3. 常见质物的调查要点

常见质物的调查要点见表 3-13。

表 3-13　常见质物的调查要点

质物类型	调查要点
汇票、本票、支票、债券、仓单、提单	1. 调查权利凭证的真实性，调查出质人是否享有权利，即出质人持有的票据是否合法并且取得方式是否合法。票据合法即不存在下列情况：（1）票据法定记载事项不完整；（2）票据金额的大小写不一致；（3）票据金额、日期、收款人名称更改；（4）出票人的签章不符等。

续表

<table>
<tr><th>质物类型</th><th colspan="2">调查要点</th></tr>
<tr><td></td><td colspan="2">在授信实务中，还要调查是否有与前手签订的贸易交易合同、是否有相应的增值税发票并通过网络查询增值税发票的真实性。
合法取得票据不存在下列情况：(1) 以欺诈、偷盗或者胁迫等手段取得票据的，或者明知有前列情形，出于恶意取得票据的；(2) 持票人因重大过失取得不符合《票据法》规定的票据的。
2. 调查质押权利凭证背书的连续性及有关事项。在出质时，应在票据上背书，记载“质押”字样；如果曾做过记名转让背书的，要调查背书是否具有连续性。调查每一次背书记载事项、各类签章完整齐全并不得附有条件。
以仓单、提单出质的，注意审核是否有出质人或背书人在票据上记载“不得转让”字样。记载“不得转让”字样的，不得进行质押。
3. 调查权利凭证到期日与信贷期限的匹配。权利凭证兑现或者提货日期先于信贷到期的，授信银行可以在信贷到期前兑现或者提货，并与出质人协议将兑现的价款或者提取的货物用于提前清偿贷款或者专户存储；权利凭证到期日比信贷到期日晚的，原则上不能质押。</td></tr>
<tr><td>存单</td><td colspan="2">1. 调查出质人的身份。必须为出质人自己所有的存单，授信银行核对出质人的身份证件是否真实、是否为出质人本人、存单上的存款人户名与身份证件上的姓名是否一致。
2. 进行核押。存单核押是指质押权人将拟质押的存单情况告知存款行，由存款行对存单的真实性予以确认并在存单上或以其他方式签章的行为。存单核押就是要求存款行对存单的真实性和合法性提供担保。在我国各银行基本实现了对存款的网络系统管理，同一银行的存单核查十分方便，一般只接受本银行存单质押。
3. 调查是否有出质人移交存单的承诺。以存单出质的必须核查出质人是否有把质押存单移交给授信银行的承诺。质押合同以存单交付为生效要件，如银行在授信未受清偿前将存单退给出质人，即丧失了对权利凭证的占有，就不能对存单享有质权。</td></tr>
<tr><td>股权</td><td colspan="2">1. 调查是否符合法定条件。根据有关法律法规的规定，下列情况的股份不得用于授信质押：(1) 自公司成立之日起 1 年内，发起人持有的本公司的股份；(2) 公司董事、监事、经理在任职期间所持有的限制转让的本公司的股份；(3) 记名股票于股东大会召开前 30 日内或者公司决定分配前 30 日内或者公司决定分配股利的基准日前 5 日内，不得进行股东名义的变更登记，在上述期限内不得出质；(4) 自公司清算之日起股东的股份；(5) 公司员工持有的公司配售股份，自持有该股份之日起 1 年内不得出质；(6) 国有股未经国家有关部门批准出质的股份。
2. 调查是否做出办理出质登记的承诺。股权质押生效的要件为办理出质登记，如以上市公司股份出质的，质押合同自向证券登记机构办理出质登记之日起生效；以非上市公司的股份出质的，质押合同自股份出质记载于股东名册之日起生效。</td></tr>
<tr><td>知识产权</td><td>以专利权中的财产权质押</td><td>1. 调查出质人是否是合法的专利权人，若一项专利有两个以上的共同专利权人，则出质人为全体专利权人。
2. 调查专利权是否合法存续。专利权被宣告无效、被撤销或者已经终止，专利权被提出撤销请求或被启动无效宣告程序，专利权存在权属纠纷，质押期超过专利权有效期等情况的不得质押。
3. 调查是否向国家知识产权局办理出质登记。质押合同自登记之日起生效。</td></tr>
</table>

续表

质物类型	调查要点	
	以著作权中的财产权质押	1. 调查是否是合法著作权所有人。著作权归属应无争议，若著作权为两人以上共有的，出质人为全体著作权人。 2. 调查是否为职务作品。出质人对职务作品不具有财产权，不能出质。 3. 调查著作权的有效期限，剩余有效期限是否长于授信期限。公民著作权中的财产权的保护期限为作者终生及其死后 50 年；法人或者其他组织的作品、著作权（署名权除外）的权利保护期为 50 年。 对职务作品的法律规定
	以商标专用权质押	1. 调查出质人是否是商标专用权的合法所有人，出质商标是否权属明确。 2. 调查是否是驰名商标。一般要求出质商标为驰名商标。 3. 调查注册商标有效期的剩余有效期限是否长于授信的期限。《中华人民共和国商标法》（以下简称《商标法》）规定，注册商标的有效期为 10 年，自核准注册之日起计算。 4. 调查是否约定了如果质押期间商标权被撤销的救济措施。《商标法》规定，已经注册的商标，违反《商标法》有关规定的，国家知识产权局商标局依法可以撤销。
收益（费）权（房屋的租赁权或经营使用权，公路、桥梁、隧道或者渡口等不动产收益权，电费、水费、有线电视收费权）	1. 调查出质人是否对不动产及其收益享有处分权。 2. 调查出质人是否承诺在授信行开立专用存款账户并落实监管。 3. 以公路收费权质押的，调查公路项目是否符合国务院交通主管部门规定的技术等级和规模；是否取得有关部门同意收费的文件，国道收费权的转让是否取得国务院交通主管部门批准，国道以外的其他公路收费权的转让是否取得省、自治区、直辖市人民政府批准；公路收费经营期最长不超过 30 年，授信到期日是否在公路收费权的期限届满日之前。	

（六）质押额度调查审核

1. 调查质物价值评估是否合理

审核质物的估价方法是否合理、是否符合常规、评估的质物价值是否可以接受、是否存在过高估算质物价值现象。一般质物类型不同，其公允价值估算方法不同。

（1）对于有明确市场价格的质押物，如国债、上市公司流通股票、存款单、银行承兑汇票等，其公允价值即为该质押物的市场价格。

（2）对于没有明确市场价格的质押物，如上市公司法人股权等，则应当在以下价格中选择较低者为质押物的公允价值：1）公司最近一期经审计的财务报告或税务机关认可的财务报告中所写明的质押物的净资产价格；2）以公司最近的财务报告为基础，测算公司未来现金流入量的现值，所估算的质押物的价值；3）如果公司正处于重组、并购等股权变动过程中，可以交易双方最新的谈判价格作为确定质押物公允价值的参考。

在实务中，银行大多聘请有资质的资产评估公司对质押物进行估值，由注册资产评估师给出质物的公允价值，授信调查人员调查的方法是质物价值是否是由有资质的、本银行认可的资产评估公司给定的公允价值。

2. 调查分析质押率

（1）质押率的概念。质押率是指授信金额与质物价值之比。计算公式为：

质押率＝授信金额÷质物价值×100%

实务中，出质人所担保的债权不得超出其质物的价值。动产出质后，该财产的价值大于所担保债权的余额部分，可以再次质押，但不得超出其余额部分。

（2）调查分析确定质押率的依据。根据质押财产的价值和质押财产价值的变动因素，科学地确定质押率，防止质押率过高。确定质押率的依据主要有：1）质物适用性、变现能力。对变现能力较差的质押财产应适当降低质押率。2）质物、质押权利价值的变动趋势。一般可从质物的实体性贬值、功能性贬值及质押权利的经济性贬值或增值三方面进行分析。

（3）质押率参考值的确定。实务中，权利质押的授信额度最高不超过质押权利凭证票面价值的90%，动产质押授信额度最高不超过动产评估价值的70%。银行通常根据质权质物的类型和质押期限不同确定质押率（见表3-14）。

表3-14 不同类型质物与质权的质押率

质物或质权类型	质押期限	质押率
动产质押（可转让、易保存）	1个月及以内	≤70%
	1～3个月	≤60%
	3～6个月	≤50%
	6个月以上	≤40%
以特户、封金、保证金等特定化的金钱质押	无限制	100%
以收费权、不动产收益权质押	质押期间	1. 全部收益权质押 2. 多家债权银行共同设质的，以本行债权占比设定
以银行承兑汇票、存单、寿险保单、国债、金融债券和理财产品等债权质押	质押期间	在保证银行债权本息全额收回的前提下确定质押率（因为有信用风险、市场风险）
法人股权质押	质押期间	不超过对应净资产的50%
以提单、仓单等权利质押（与其对应的商品不高于市场平均成本价确定，并考虑变现难易、抵押期限）	1个月及以内	≤70%
	1～3个月	≤60%
	3～6个月	≤50%
	6个月以上	≤40%

3. 最高限额质押的调查

最高限额质押调查分析要点：

（1）调查分析确定最高额质押的质押期间和决算期（决算期是指确定质押担保的债权实际数额的时间）是否合理，根据客户的情况一般1年一订或2年一订。

（2）调查分析质押最高限额是否超过实际发生的债权余额。债权余额要考虑授信本金、利息、逾期利息、罚息和实现债权的费用，债权余额超过最高限额的部分银行不具有优先受偿权。

三、抵押情况调查

（一）抵押与抵押授信的概念

1. 抵押

抵押是指为担保债务的履行，债务人或者第三人不转移对财产的占有，而将该财产抵押给债权人，当债务人不履行到期债务或者发生当事人约定的实现抵押权的情形时，债权人有权就该财产优先受偿。

抵押法律关系中的当事人为抵押权人和抵押人。抵押权人是指接受抵押担保的债权人；抵押人是指为担保债务的履行而提供抵押物的人，可以是债务人，也可以是第三人。抵押权人与抵押人指向的物称为抵押物，即抵押财产。

抵押具有的特征：抵押权是担保物权；抵押权是债务人或者第三人以其所拥有的或者有权处分的特定财产设定的物权；抵押权是不转移对标的物占有的物权；抵押权人有权就抵押财产优先受偿。

2. 抵押授信

抵押授信是以抵押物为授信债权实现的保障而发放的授信。银行为抵押权人，授信客户或第三人为抵押人。

（二）可以抵押的财产和不可以抵押的财产

1.《民法典》规定可抵押的财产

（1）建筑物和其他土地附着物。前者包括私有建筑物、集体所有建筑物和企事业单位的建筑物。后者是指抵押人依法享有所有权的附着于地上的除房屋以外的不动产，如桥梁、隧道、林木、农作物等。

（2）建设用地使用权。如果抵押人是以国有土地使用权抵押，抵押人必须对该土地使用权有处分权。如果是以固有房产抵押，抵押人必须依法取得房屋所有权连同该房屋占用范围内的土地使用权。国有独资企业以重要资产抵押时，应取得上级有权机构的批准。但是有经国务院授权行使资产所有者权利的，无须经国务院批准。

国有土地使用权取得方式

（3）海域使用权。

（4）生产设备、原材料、半成品、产品。诸如机床、通信设备和装卸机械等；可以流通适于抵押的商品、原材料和牲畜等。

（5）正在建造的建筑物、船舶、航空器。

（6）交通运输工具。能运载人或物的机械性运输工具，包括飞机、船舶、火车和各种机动车辆等。

（7）法律、行政法规未禁止抵押的其他财产。

依法承包并经发包方同意抵押的荒山、荒沟、荒丘、荒滩等（以下简称四荒地）的土地使用权可以抵押；取得土地承包经营权或林权证等证书的农村土地承包经营权可以抵押；集体建筑用地的使用权不得单独抵押，但乡（镇）、村企业的建筑物及其占用范围内的土地使用权可以抵押。

2.《民法典》规定禁止抵押的财产

（1）土地所有权。包括国有土地的所有权和集体所有土地的所有权，因国家明令禁止国有土地流通，所以国有土地所有权不能抵押；集体所有的土地大多为农业用地，为发展农业生产，集体所有的土地也不得抵押。

（2）宅基地、自留地、自留山等集体所有土地的使用权，但是法律规定可以抵押的除外。为避免出现农民无住所的情况，禁止以宅基地土地使用权作抵押；自留地、自留山能给农民提供基本生活资料，为了保护农民的利益，也禁止以自留地、自留山作为抵押财产。

（3）学校、幼儿园、医疗机构等为公益目的成立的非营利法人的教育设施、医疗卫生设施和其他公益设施。

（4）所有权、使用权不明或者有争议的财产。财产所有权、使用权归属不明确，抵押人对该财产没有处分权，不符合抵押财产的前提条件，不能作为抵押财产。

（5）依法被查封、扣押、监管的财产。原所有者已对该财产丧失了处分权，也不能作为抵押财产。

（6）法律、行政法规规定不得抵押的其他财产。如国家机关的财产；违法、违章、临时建筑物；已依法公告列入拆迁、改造范围的房地产和土地使用权；城市规划区内的集体所有土地；列入文物保护的建筑物和具有重要纪念意义的其他建筑物等。

3. 抵押物的必备条件

作为抵押物的财产必须符合如下条件：

（1）必须是权属无争议的财产。该财产必须是抵押人享有所有权、处分权或经营权的财产，他人财产不能充当抵押物，不能自由处分的财产不得设定抵押。

（2）必须是法定可以抵押的财产，且其处置不妨碍公共利益。

（3）必须是价值稳定，且依法可以流通转让的财产。银行接受抵押物并非为了取得抵押物，而是为了在授信客户不履行债务时，处理抵押物并以其价款优先受偿。因此，抵押物必须是可以进入市场交易的财产，并且便于估价，易于变现，在抵押期及预计的变现期内经正常存放、使用不会损毁其价值或灭失。

（三）抵押物调查审核

1. 调查与认定抵押物是否合格的一般方法

（1）调查抵押物权属关系是否真实。银行授信调查人员核查有关权利凭证，并进行实地查看。例如以房地产作抵押的，要对房地产进行实地核查。

（2）调查抵押物的合法性。银行授信调查人员严格依照相关法律审查抵押物，防止法律禁止抵押的财产用于抵押。

（3）调查共同所有的抵押物是否经所有权属人同意和按相应份额抵押。如以合伙企业财产抵押时，必须经全体合伙人同意并共同出具抵押声明；以租赁经营责任制的企业财产抵押时，要有产权单位同意的证明；集体所有制企业和股份制企业用其财产抵押时，应核查董事会或职工代表大会同意的证明；用共有财产作抵押时，应取得共有人同意抵押的证明，并以抵押人所有的份额为限。

2. 主要抵押物的调查要点

几种主要抵押物的调查要点见表 3－15。

表 3-15 几种主要抵押物的调查要点

抵押物类别		调查要点
土地使用权抵押	划拨土地的使用权及地上建筑物、其他附着物设定抵押权	1. 是否有经具有审批权限的人民政府土地行政管理部门批准抵押的文件，并有授信人承诺依法办理抵押登记；或有授信人依法办理抵押登记承诺。 2. 调查实现抵押权需要缴纳的出让金数额、出让金的交付方式和交付时间。缴纳出让金在抵押物价值中要做扣减。 3. 是否有国有土地使用证。 4. 是否有地上建筑物和其他附着物的合法产权证明。 5. 抵押权终止期限是否超过土地使用权终止期限。
	以出让方式取得的土地使用权及地上建筑物、其他附着物设定抵押权	1. 是否有国有土地使用权证书。 2. 是否按照土地使用权证上约定的用途进行开发。 3. 如果抵押的土地使用权是用于房地产开发的，要调查动工开发的期限是否符合规定。根据《城市房地产管理法》的规定，以出让方式取得土地使用权进行房地产开发的，必须按照土地使用权出让合同约定的土地用途、动工开发期限开发土地。超过出让合同约定的动工开发期限满 1 年未动工开发的，可以征收相当于土地使用权出让金 20%以下的土地闲置费；满 2 年未动工开发的，可以无偿收回土地使用权。期限满 1 年的抵押价值要扣除缴纳土地出让金的 20%，期限满 2 年而未动工开发的土地使用权原则上不能设定抵押。 4. 其他调查内容参照划拨土地使用权调查。
房地产抵押		1. 抵押人是否持有合法的“房屋所有权证”“房屋共有权证”，以共有房屋抵押的是否有其他共有人同意抵押的书面证明。 2. 房屋所有权和该房屋占用范围内的土地使用权是否同时抵押。 3. 以乡（镇）、村企业厂房及建筑物涉及集体土地使用权抵押的，是否有集体土地所有者同意抵押的证明。 4. 是否承诺办理合法有效的抵押登记手续。 5. 是否存在欠缴有关税费或承建单位工程款的情况。根据有关法律法规的规定，在抵押权实现过程中，国家税费、工程款的优先权优于抵押权。银行在确定抵押物现值时应做相应扣除。
在建工程抵押		1. 开发商是否已取得“国有土地使用证”“建设用地规划许可证”“建设工程规划许可证”“建筑工程施工许可证”。 2. 开发商是否已缴纳土地出让金或需缴纳的相当于土地使用权出让金的款额。 3. 开发商是否有已投入工程款项的证明材料。 4. 是否有在建工程的施工进度、工程竣工日期。 5. 在建工程占用范围内的土地使用权是否同时抵押。 6. 是否承诺在抵押期间内，在建工程竣工的，在抵押人取得房地产权属证明后，应重新办理房地产抵押登记手续。
动产抵押		1. 抵押人用于抵押的动产权属是否清晰。 2. 抵押物是否变现能力强，价格较稳定，动产的保质期长于抵押期间。 3. 抵押物是否便于抵押权人监管。 4. 抵押物是否特定化，即根据有关规定，在抵押合同和抵押登记申请书上应填明抵押物的名称、数量、品牌、型号、规格、号码、出厂日期、使用年限、价值、存放地点等要素。

续表

抵押物类别	调查要点
林木抵押	1. 是否属于可以抵押的林木范围。 2. 调查林木、林地的所有权、使用权和经营权及其有效期的情况。 3. 调查林木毁损、灭失、火灾、虫害等风险，可能导致抵押的林木毁灭或价值下降的情况。 4. 调查林木变现风险。林木不同于一般财产，国家对林木采伐实行许可证制度，林木采伐受到比较严格的限制，需调查可能影响授信银行行使抵押权的情况。

（四）最高额抵押调查审核

1. 最高额抵押的概念

最高额抵押是指抵押人与抵押权人协议，在最高债权额度内，以抵押物对一定期间连续发生的债权作担保。这种抵押只需要当事人设立一个抵押担保的债权最高限额，在一定期间内不需要就其中的多个债权关系单独设定抵押，为债务人与银行的长期授信活动提供便利，也使银行的债权长期得到担保。

2. 最高额抵押调查要点

（1）调查确定最高抵押限额。

（2）调查确定最高额抵押的抵押期间和决算期（决算期是指确定抵押担保的债权实际数额的时间）是否合理，根据客户的情况一般 1 年一订或 2 年一订。

（3）调查确定的抵押最高额是否超过实际发生的债权余额。因为债权余额要考虑授信本金、利息、逾期利息、罚息和实现债权的费用，而超过最高限额的部分银行不具有优先受偿权。

（五）抵押金额调查审核

1. 调查抵押物价值的确定是否合理

抵押物价值可通过三种方法获得：一是由抵押人与银行双方协商对抵押物价值进行评估；二是委托具有资产评估资质的中介机构对抵押物价值进行评估；三是参照经审计过的财务报表和现场检查由银行自行评估。在实务中，银行采用最多的是第二种方法。银行授信调查人员一般要调查资产评估机构的资质，确认其是否是银行认可的资产评估机构，审核其资产评估报告。

2. 调查抵押率的确定是否合理

抵押率，是指授信金额与抵押物价值之比，是将抵押物在抵押期内自然的或经济的贬值因素、法定的和约定的处理费用扣除后的估算值与现值的比率。它在某种意义上反映了第二还款来源的保障程度，抵押率越高银行风险越大，即抵押物对银行债权担保能力越弱。

确定抵押率要考虑多种因素，如抵押物的流动性、市场条件、抵押物类型、授信期限的长短和通货膨胀等，因此确定抵押率是一项十分复杂的工作。实务中，银行制定了不同种类抵押物的抵押率的参照标准，银行授信调查人员审核抵押率的确定是否符合本银行的标准。表 3 - 16 是几种常见抵押物的抵押价值和抵押率确定标准。

表 3 - 16　常见抵押物的抵押价值与抵押率确定标准

<table>
<tr><th colspan="2">抵押物类别</th><th>抵押物价值确定</th><th>抵押率</th></tr>
<tr><td colspan="2">无地上定着物的土地使用权</td><td>以现值为基础，以取得土地使用权实际支付的金额为依据</td><td>不超过 70%</td></tr>
<tr><td rowspan="2">共同抵押</td><td>以房屋所有权与土地使用权共同抵押，土地使用权为出让方式取得</td><td>现值以房地产市场交易或实际投入价值扣除折旧为计算依据</td><td>不超过 70%</td></tr>
<tr><td>房屋所有权及占用范围内的土地使用权共同抵押，土地使用权以划拨方式取得</td><td>现值以评估价格为计算依据，扣除应补交的土地出让金及其他税费后</td><td>不超过 50%</td></tr>
<tr><td rowspan="3">集体所有土地使用权</td><td>房屋建筑及其占用范围内的土地使用权一并抵押</td><td>现值以其评估价值中的建筑成本（重置价格）为计算依据</td><td>不超过 50%</td></tr>
<tr><td>城区和主要镇区内的个人住房抵押</td><td>现值以评估价格为计算依据</td><td>不超过 50%</td></tr>
<tr><td>个人商用房和非城区或非主要镇区的个人住房抵押</td><td>现值以评估价格为计算依据</td><td>不超过 60%</td></tr>
<tr><td colspan="2">在建工程及土地使用权</td><td>现值以取得土地实际支付的价格及已经投入在建工程的价值为计算依据</td><td>不超过 50%</td></tr>
<tr><td colspan="2">通用机器设备</td><td>现值以净值或评估价值为计算依据</td><td>不超过 30%</td></tr>
<tr><td colspan="2">以汽车、船舶、民用航空器等运输设备</td><td>现值以评估价值为计算依据</td><td>一手消费类不超过 60%，一手营运类和二手消费类不超过 50%，二手营运类不超过 40%</td></tr>
<tr><td colspan="2">用材林、薪炭林、经济林与林地使用权一并抵押的</td><td>现值以评估价值为计算依据</td><td>不超过 70%</td></tr>
</table>

任务三　个人贷款调查

【任务分析】知识学习方面，教师引导学生掌握个人贷款调查的原则、对个人贷款应该调查的内容、个人贷款调查的方式；技能提升方面，教师引导学生模拟授信客户经理角色做个人贷款调查。教师结合教学内容，注意引导学生养成良好的职业道德。

一、个人贷款调查的原则

对个人贷款前的调查，实行双人调查、实地查看和真实反映的原则。

（一）双人调查原则

双人调查原则是指每笔贷款业务必须至少由主办、协办两名经办人调查，并签署明确意见。主办人对经办贷款业务必须进行实地调查，协办人可根据不同贷款业务品种及具体贷款业务风险情况选择适当的调查方式。

（二）实地查看原则

实地查看原则是指主办、协办贷款经办人对申请人、保证人及抵（质）押物进行实地调查，核实所提供资料的真实性，现场查看申请人、保证人的经营管理情况、资产分布状况和抵（质）押物的现状。

（三）真实反映原则

真实反映原则是指主办、协办贷款经办人实事求是，真实反映贷款前调查所了解的情况，不回避风险点。

二、个人贷款基本情况调查

个人贷款基本情况调查的内容主要包括以下三个方面。

（一）调查个人基本信息

个人基本信息调查即核实个人的基本信息，具体包括核实以下信息：姓名、证件类型（身份证、军人证、回乡证、护照、港澳身份证、其他）、证件号码、出生年月、性别、户籍所在地、现住址、现住房性质（自有、共有、租赁、其他）；工作单位、单位性质（国家机关、工业交通、邮电通信、商业贸易、房地产建筑、金融保险、水电气供应、科教卫生、部队系统、农林牧渔、社会服务、其他）、月收入、健康状况、配偶、职业职务（管理人员、技术人员、职员、军人、无职业、其他）、受教育程度；家庭电话、单位电话、通信地址、邮政编码、电子信箱；已在商业银行借款余额、剩余期限、借款到期日、还款方式、资产状况、支出情况等。

（二）调查主要家庭成员信息

调查的主要家庭成员信息包括：姓名、出生日期、证件名称、证件号码、工作单位、单位电话、单位地址、月均收入等。除对以上信息进行核实外，还要核实主要家庭成员支出和其资产、负债状况、信誉状况，初步判断其还款能力和还款意愿。

（三）调查共同申请即共同参与还款人信息

调查共同申请即共同参与还款人信息包括：姓名、性别、与申请人的关系、证件名称、证件号码、工作单位、单位电话、现住址、受教育程度、健康状况、配偶、职业职务、月均收入、供养人数、现有负债额、已在商业银行借款余额、剩余期数或借款到期日、还款方式等。

在保证质量的前提下，可委托分行指定的专业中介机构协助进行个人客户资料的搜集等辅助性工作。

三、个人贷款调查的方式

个人客户调查的方式主要有面谈调查、实地调查、电话调查以及查阅个人信用报告等。

（一）面谈调查

通过与拟借款客户、担保人面谈的方式，核实当事人的身份，确定当事人的民事行为能力，核实借款人的借款意愿、担保人的担保意愿，并通过面谈调查当事人的基本情况、综合素质和履约能力。

（二）实地调查

实地调查是指对贷款申请人、担保人及抵（质）押物进行实地调查，核实所提供资料的真实性，现场查看贷款申请人、保证人的经济情况、资产分布状况和抵（质）押物的现状。个人贷款原则上应进行实地调查。

（三）电话调查

电话调查是指在借款申请资料完备和收入、资产证明符合要求的基础上，对申请借款的一些次要的条件可以通过电话方式核实。电话调查只能作为一种辅助的调查方式。

（四）查阅个人信用报告

个人信用报告是中国人民银行征信中心出具的记载个人信用信息的记录。银行在办理自然人贷款业务时，可以根据需要查询个人信用报告。

个人信用报告的主要信息：一是个人基本信息，包括姓名、证件类型及号码、通信地址、联系方式、婚姻状况、居住信息、职业信息等；二是信用交易信息，包括信用卡信息、授信信息、其他信用信息；三是其他信息，包括查询记录等。

个人信用报告是个人信贷交易信息的记录单，是对客观事实的记录。

个人信用报告的查询

四、个人贷款调查需收集的资料

（1）个人贷款申请书；

（2）借款人（共有人）、担保人身份证明资料；

（3）借款人、担保人资信评估资料，借款人工作及收入证明资料；

（4）抵押物、质押物产权证明资料，必要时提供经银行认可评估机构的评估报告；

（5）与贷款用途有关的资料，包括购销合同、合作协议等；

（6）借款人首付款的证明资料；

（7）担保人为公司的，担保人所需提供资料按照公司担保管理的有关规定执行；

（8）银行认为需要提供的其他文件及证明等。

低风险授信业务可以对上述资料适当简化，但资料简化不得影响授信业务尽职调查的质量，影响对授信风险的判断。

五、个人贷款客户信用评分

（一）个人信用评分的定义

个人信用评分是指银行等机构根据个人客户信用评分标准对个人客户的信用进行打分，并认定信用等级的过程。个人客户信用等级评定的对象包括已与银行建立或正在与银行建立信贷关系的个体工商户、个人独资企业的投资人、合伙企业的合伙人、承包大户、个人租赁经营者及其他自然人等。

（二）个人客户信用评级的一般程序

在对个人授信业务中，个人客户信用等级评定是重要工作之一。评级的具体程序和标准各地各银行由于实际情况不同会有所差别。现以农村信用社为例介绍个人客户信用评级的一般程序。

1. 成立信用评定小组

小组由信用社主任、信贷员、监事会成员、具有一定威信的入股社员代表或村委会主要负责人和群众代表组成。评定小组负责对农户资信等级的审定，对所辖申请授信的农户的等级进行定期评定。

2. 填写农户信用等级评定表，建立和完善农户授信档案

这是开展农户信用等级评定工作的基础。农户授信档案包括农户的姓名、身份证件号码、住址、联系方式、从事生产经营活动的主要内容、收入状况、家庭实有资产状况等；还包括农户还款的历史记录、所在村民小组和村民委员会的评审意见、信用社农户联络员的初评意见以及信用社审批意见等项目。具体按下列程序操作：

（1）以农户联络员为主、各村村委明确一名专门人员配合，填写农户信用等级评定表。

（2）由农户联络员对服务范围内的农户提出信用等级初评意见。

（3）根据村民的反馈意见，由农户所在的村民小组进行初评。

（4）由农户所在的村民委员会对农户联络员的初评意见和村民小组的初评结果进行评审。

（5）由信用社对农户信用等级的评定进行审批。

（6）根据评定的结果，对农户发放农户小额信用授信证。

（三）个人客户信用等级评定标准

1. 农户的信用等级划分标准

农户的信用等级划分为优秀、较好和一般三个等级。主要从近 3 年内的授信是否能够按期偿还贷款本息、有无不良信用记录、有无拖欠贷款、家庭年现金总收入、社会信用程度、在村民中的威信以及遵纪守法、积极参加普法教育等方面来考察。

（1）优秀标准：1）近 3 年内的授信能够按期偿还贷款本息，无不良信用记录、无拖欠贷款。2）家庭年现金总收入在 30 000 元以上。3）社会信用程度好，在村民中威信很高。4）遵纪守法，积极参加普法教育。

（2）较好标准：1）近两 2 内的授信能够按期偿还本息，无不良记录、无拖欠贷款。2）家庭年现金总收入在 15 000 元以上。3）社会信用程度好，在村民中威信较高。4）遵纪守法，积极参加普法教育。

（3）一般标准：1）近 2 年内的授信能够到期归还本息，或虽有逾期贷款，但已签订了授信行认可的还款计划，或无拖欠贷款。2）家庭年现金总收入在 5 000 元以上。3）社会信用程度较好，在村民中有一定的威信。4）遵纪守法，积极参加普法教育。

（4）下列情形暂不评定信用等级：1）对所欠贷款不愿意落实债务偿还计划（包括不愿受理授信催收回执）。2）年满 60 岁以上的农户及五保户。3）吸毒、贩毒人员，以赌博

为生人员和正在被公安、司法机关拘押、判刑的人员，以及整天游手好闲、好逸恶劳、不务正业的人员。

2. 个人生产经营授信客户信用等级评定标准

个人生产经营授信是指对从事合法生产经营的个体工商户、个人独资企业的投资人、合伙企业的合伙人、承包大户以及个人租赁经营者发放的，以生产经营流动资金需求以及租赁商铺、购置机械设备和其他合理资金需求为用途的授信业务。此类授信的个人客户信用等级实行百分制，按分值高低可设立 AAA 级、AA 级、A 级和 B 级（其中 AAA 级和 AA 级客户为优良客户，A 级为一般客户，B 级为限制或淘汰客户）四个信用等级，主要从个人基本情况、履约能力、资信状况、其他不利因素等方面考察。

（1）AAA 级是指评分在 90 分（含）以上，各项指标优秀，个人综合素质高，生产经营稳定，经营收入高，资信状况好，还款能力强。

（2）AA 级是指评分在 80（含）～90 分，各项指标良好，个人综合素质较高，生产经营比较稳定，经营收入较高，资信状况较好，还款能力较强。

（3）A 级是指评分在 70（含）～80 分，各项指标一般，个人综合素质一般，生产经营比较稳定，经营收入一般，资信状况一般，还款能力一般。

（4）B 级是指评分在 70 分以下，经营情况差，还款能力弱，个人与银行的合作意愿及个人的资信状况较差。

3. 一般个人消费授信客户信用等级评定标准

表 3-17 为一般个人消费授信客户的信用等级评级指标及记分标准。

表 3-17　一般个人消费授信客户的信用等级评级指标及记分标准

<table>
<tr><th colspan="2">项目</th><th>评定区间</th><th>得分</th></tr>
<tr><td rowspan="20">授信客户资格（20 分）</td><td rowspan="3">年龄</td><td>36～49 岁</td><td>3</td></tr>
<tr><td>24～35 岁</td><td>2</td></tr>
<tr><td>18～23 岁或 50 岁≤年龄≤退休年龄</td><td>1</td></tr>
<tr><td rowspan="3">文化程度</td><td>高等教育（大学本科及以上）</td><td>5</td></tr>
<tr><td>中等教育（大专学历）</td><td>3</td></tr>
<tr><td>初等教育（高中及以下）</td><td>2</td></tr>
<tr><td rowspan="2">婚姻状况</td><td>有配偶</td><td>2</td></tr>
<tr><td>无配偶</td><td>0</td></tr>
<tr><td rowspan="4">单位性质</td><td>国家机关、金融保险、邮电通信</td><td>4</td></tr>
<tr><td>科教文卫、水电气供应、商业贸易</td><td>3</td></tr>
<tr><td>工业交通、房地产建筑、部队系统</td><td>2</td></tr>
<tr><td>农林牧渔、社会服务业及其他</td><td>1</td></tr>
<tr><td rowspan="4">职务或职称</td><td>董事/厅局级及以上</td><td>4</td></tr>
<tr><td>总经理/处级以上（或高级职称）</td><td>3</td></tr>
<tr><td>部门经理/科级（或中级职称）</td><td>2</td></tr>
<tr><td>职员/科级以下（或初级职称）</td><td>1</td></tr>
<tr><td rowspan="2">从业稳定性</td><td>现单位工作 10 年（含）以上</td><td>2</td></tr>
<tr><td>现单位工作 5 年（含）以上，10 年以下</td><td>1</td></tr>
</table>

续表

项目		评定区间	得分
偿债能力（30分）	授信客户月均收入	2万元（含）以上	8
		8 000（含）～2万元	6
		3 000（含）～8 000元	4
		3 000元以下	2
	配偶月均收入	2万元（含）以上	8
		8 000（含）～2万元	6
		3 000（含）～8 000元	4
		3 000元以下	2
	家庭净资产	10万元以下计1分，超过10万元计2分，每增加20万元再计1分，最高不超过6分	6
	收入还贷比（家庭月均收入/本笔和其他授信月还款）	3以上	8
		2（含）～3	6
		1.5（含）～2	5
		1.2（含）～1.5	4
担保能力（25分）	担保类别	质押类担保	17
		住房抵押担保	15
		家用轿车等所购汽车抵押担保	10
		第三方保证担保	8
		其他	5
	担保形式	提供房产抵押和保证人2种（含）以上担保或提供质押担保	8
		提供房产抵押和车辆抵押2种（含）以上担保	7
		有房产抵押担保、车辆抵押担保，或2位担保人担保	5
		有1位保证人担保或其他	3
存款及授信情况（25分）	存款情况	按年日均存款每万元计0.3分，最高不超过5分	5
	借款记录	授信已正常归还，再次申请授信的	4
		与本行首次发生授信关系的	2
		有授信余额且形态正常的	1
	授信乘数	房产抵押率≤50% 或 质押率＜90% 或 车辆抵押率≤40%	7
		50%＜房产抵押率≤60% 或 40%＜车辆抵押率≤50%	6
		60%＜房产抵押率≤70% 或 50%＜车辆抵押率≤60%	4
		60%＜车辆抵押率≤70%	2
	授信期限	1（含）～3年	4
		1年以下	3
		3年（含）以上	1
	还款方式	按月等额、按月还本金	5
		按季等额、按季还本金	3
		其他方式	1

注：① 对无固定职业、非本地居民的客户禁止发放贷款（质押贷款除外）。
② 对收入还贷比小于1.2的客户审慎发放贷款（质押贷款除外）。

任务四　撰写授信调查及尽职调查报告

【任务分析】知识学习方面，教师指导学生掌握授信调查及尽职调查报告的撰写原则、报告构成和写作要求；技能提升方面，教师指导学生模拟授信客户经理角色撰写授信调查及尽职调查报告。教师结合教学内容，注意引导学生养成良好的职业道德。

一、撰写公司客户授信调查及尽职调查报告

（一）公司客户授信调查及尽职调查报告撰写的原则

银行授信业务部授信调查及尽职调查工作的标志性成果就是完成授信调查及尽职调查报告的撰写。授信前的调查报告是授信决策人员进行决策的依据，因此授信调查及尽职调查报告是十分重要的。在实务中授信调查报告和尽职调查报告合二为一。授信调查人员在撰写报告时，应谨守以下原则。

1. 客观原则

授信调查及尽职调查报告主要是针对客观事实开展分析，应避免主观判断，尤其不宜代替授信决策人员对授信提出批准或驳回的意见。

2. 简要原则

授信调查及尽职调查报告应避免长篇大论，文字表达要力求平实、简单明了，重点应尽可能采用摘要、表格、比率、图形等方式替代文字说明，让阅读报告的授信决策人员一目了然，迅速抓住重点。

3. 充分揭露原则

授信客户经理可能会因为申请人的请托或压力，删除对申请人不利的内容，就违反了充分揭露原则，势必大幅提升银行授信风险，因此必须坚持充分揭露原则。

4. 一致性原则

授信客户经理在完成报告后，应仔细检查，避免报告内容相互矛盾，特别是各种数据前后不一致而影响报告的参考价值。

5. 机密原则

任何授信调查报告均具有一定程度的机密性，一定要表明限阅的立场。授信客户经理本身也应该严守机密原则，不得将授信报告中的任何资讯随意泄露，以避免损及客户的权益。

（二）公司客户授信调查及尽职调查报告的结构和写法

1. 标题

一般用公文标题的写法，如“中国××银行××县支行关于××企业申请××授信的调查及尽职调查报告”。

2. 正文

(1) 开头。写调查报告的缘起。一般都要写借款单位因何种原因于××××年××月××日提出了借款申请，然后写银行针对申请进行了哪些调查。

(2) 主体。着重写调查申请人的实际情况，包括企业性质、规模、固定资产、现有设备、近年来的经营管理状况，申请的授信用途，供销是否落实，是否符合产业政策和行业发展规划，能否带来可观的经济效益，授信能否按期收回本息等。

3. 结尾

根据调查情况和现行授信政策，具体提出贷与不贷、贷多少的意见或建议。对于建议不贷的，要说明理由，并为客户提出建议；建议贷的，提出贷款具体方案。

4. 调查声明

表明调查报告是根据银行相关信贷管理制度及相关尽职要求，在对客户进行全面调查与核实后做出的客观陈述，本人对报告中记载内容的真实性及本人同意授信的意见负责，对报告中虚假陈述造成的一切后果承担责任。

5. 署名和日期

署名一般写“调查人×××”或“客户经理×××”，写在正文右下角，换行在名字下面写上年、月、日。

(三) 公司客户授信调查及尽职调查报告写作要求

1. 面对客户，深入实际

授信调查报告必须面对客户，深入实际。不仅要看死材料，而且要了解活情况；不仅要了解客户的过去和现状，而且要准确预测客户的发展趋势；不仅要掌握客户的供、产、销情况，还要密切注意国内外市场的变化和趋势。没有深入调查，就不可能有中肯分析，调查工作是第一位的。

2. 掌握银行信贷政策

各银行都根据国家社会经济发展规划制定了本行重点支持行业、选择性支持行业、逐步退出行业和优质客户、重点客户的重点支持的信贷政策，在调查报告中要体现贯彻落实银行信贷政策的内容。

3. 意见和状况描述要一致

授信调查报告有状况描述和建议两部分，状况描述是建议的根据，建议是在研究状况以后产生的，两者要密切结合，不要相互游离。

样式 3－1 是银行授信调查评价及授信尽职调查报告写作格式和内容指导，供参考。

样式 3－1

关于××单位申请×××万元流动资金贷款调查评价及授信尽职调查报告

申报支行：××支行

申请人：××单位

信贷业务种类：流动资金贷款〔或授信（标明授信结构）、承兑（标明保证金比例）等〕

申请额：×××万元

期限：××年（或××月）

担保方式：信用（或保证、质押、抵押）

利率或费率：××

第一部分 授信客户基本情况

一、概况

（一）基本信息

基本信息包括：授信人名称、成立时间、注册资本法定代表人、主营业务、主要经营场所所在地、经济性质（全民所有制、事业单位）、上级主管单位、组织类别（企业法人、事业法人、团体法人、其他组织等）、行业、员工人数和结构等。

（二）公司简介

主要从公司历史沿革、经营业绩（生产产品、生产能力、技术水平）、市场声誉、发展前景等方面介绍。

二、股东情况及组织结构

（一）股权结构

出资人、出资方式、各自股权占比。股权结构复杂可以用股权结构图进行说明。

（二）公司组织结构

公司现设部门介绍（如一个高速公路管理局所设部门有办公室、人事处、财务处、工程处、收费稽查处、养护处、路政安全处、监察室、审计处、资产经营处、政策法规处、总工室等16个职能部门。为了清晰地介绍公司组织结构，可以使用组织结构图）。

三、管理情况

公司管理层及主要管理人员情况简介。

四、关联企业或关联人物

与授信申请人相互持股的人或企业。

第二部分 授信客户经营活动分析

一、客户管理情况分析

（一）公司治理情况分析

提示：对授信客户公司治理结构是否科学、管理是否有效做出评价。

（二）内控制度是否健全分析

提示：是否建立了财务与审计管理制度、担保及对外投资制度、信息披露制度、人力资源管理制度、质量与安全生产制度。

（三）股东会、董事会、监事会履行职责情况分析

提示：授信客户各权力机构能够根据《公司法》等国家有关法律、法规和公司章程的相关规定认真履行职责，对国有资产的保值增值、公司日常营运，以及财务运作等方面认真开展相应工作。

（四）企业主要领导简历、业绩和信用记录分析

（五）企业主要领导人的业绩评价

（六）对客户管理层的评价

提示：公司管理层能够履行各自职责，无违法、违规和损害公司利益的行为，管理层较好地完成了国家及政府下达的各项经营考核指标。

（七）主要领导岗位是否由有亲缘关系人员担任

二、主营业务及生产销售情况

（一）主营业务（主要产品、原材料情况、生产情况、销售情况）分析

（二）经营模式分析

采购模式、主要生产流程、销售模式、结算模式、可获取的商业信用等分析。

（三）合规性分析

生产经营许可资质分析（行业资质、产品检验、卫生许可、环保评价等各类许可证照取得情况）。

（四）市场环境

原材料及产成品的市场情况（包括价格和供求等）。

（五）上下游客户分析

供应商及供应比例、主要销售商及销售比例，与下游客户建立合作关系的时间、合作稳定性等。

（六）生产销售情况分析

（七）申请人已经取得或正在积极争取的合同或订单情况

（八）与其他人相比在经营管理方面的特殊性分析

三、研究开发能力分析

四、行业情况分析

（一）行业现状及前景、行业授信政策

（二）授信客户核心竞争能力分析

五、重大事项揭示（或其他需说明的情况）

第三部分　授信客户财务分析

一、报表类型

提示：是否经过会计师事务所审计、是否系报送税务机关的报表、是否合并报表及合并范围。

二、财务指标分析

（一）资产负债状况分析

1. 银行存款分析

授信申请人在我行及他行的存款情况。

2. 固定资产及在建工程分析

借款人现有固定资产主要由哪几部分构成、各组成部分的原值、使用和运转状况、购买价值、现值、他项权利设置情况；在建工程具体项目、用途、建设进度、可投入使用的预计时间、投资额、他项权利设置情况等。实地调查的固定资产价值与其财务报表反映的数据是否基本匹配。

3. 存货分析

调查授信申请人存货的具体构成、现值、是否贬值、是否积压等情况分析，实地调查的数量与财务报表反映的数量是否匹配。

4. 银行借款分析

在他行的借款金额、到期时间、利率水平、向银行提供的担保情况等分析。

5. 应收账款分析

调查授信申请人应收账款的金额、具体分布情况、账期、质量状况等情况。

6. 应付账款及其他应付款分析

欠款金额、约定付款时间、融资方式、借款成本、是否可长期占用等情况。

7. 其他负债分析

金额、付款时间。

（二）收入及利润情况分析

1. 销售收入分析

分析授信申请人近两年及本年度实现的销售收入及增长幅度、分析其销售收入快速增长的主要原因；分析月均销售收入与上年同期相比下降幅度超过20%的，分析说明导致销售收入减少的主要原因。

2. 获利能力分析

分析授信申请人目前的获利能力。用财务比率中的评价获利能力指标分析。

3. 资产结构分析

分析授信申请人各类资产构成及占比情况，根据其目前所处的发展阶段及该行业的特点，分析评价其资产分布的合理性及流动性，以及导致其资金压力增加的主要因素。

4. 负债分析

分析授信申请人各项主要负债的占比，通过财务比率中的短期偿债能力指标和长期偿债能力指标，分析其偿债压力状况。

5. 现金流分析

分析授信申请人现金流量状况，分析其现金流入、流出的主要项目，判断其净流量的情况，评价其短期偿债能力。

第四部分　银企往来及信誉情况

一、在本行的往来情况分析

（1）分析授信申请人在我行的存贷款状况、结算量、占比及结算纪律遵守情况。

（2）分析结算量与财务报表中提供的销售规模是否匹配，分析不匹配的主要原因。

二、在其他金融机构的往来情况分析

开户行、账户明细；他行授信金额、授信类型的明细等情况。

三、银企关系及信誉评价

第五部分　担保情况分析

一、保证人情况分析（如果有）

（一）保证人的基本情况分析

（二）保证人与申请人的关系及其担保动机分析

（三）保证人近三年的经营业绩、经营管理水平、行业地位竞争优势分析

（四）当前保证人资产总额、净资产总额及主要财务指标分析

二、抵（质）押物情况分析（如果有）

抵（质）押物的权属、类型、位置、数量、当前状态、评估价值、评估时间、评估方式，抵（质）押物设定的合法性和排他性等方面分析。

第六部分 贷款（或授信）的用途及还款来源分析

一、贷款用途及合理性分析

（一）借款原因、具体用途、用款计划及借款期限

（二）授信涉及业务介绍及资金需求、落实情况

（三）涉及授信业务的主要供应商、销售对象情况介绍

（四）涉及授信业务的购销合同签署情况

二、资金缺口测算或项目的可行性分析

三、还款来源测算及企业的还款计划

（一）还款来源分析

说明借款人获得贷款后可以用于还款的资金来源，要根据其业务情况，对还款的资金渠道分别进行测算，分析还款来源的充足性、可行性。

（二）企业的还款计划

列示还款计划，可以用图表说明。

第七部分 风险分析及防范措施

一、主要风险点分析

（一）信用状况分析

结合授信申请人既往偿还银行债务、支付结算、上下游企业的合同履行、实际控制人个人品质等方面分析评价申请人的信用情况。

（二）行业风险分析

说明申请人所处的行业发展状况、面临的市场环境、政策环境，影响该行业发展的不利因素，以及客户在应对这些潜在风险方面已经或即将采取的措施，对行业风险水平进行定性评价。

（三）经营管理风险分析

从申请人的产品竞争力、对上下游客户的依赖度、技术水平、管理水平等方面分析可能给借款人经营管理造成不利影响的因素，说明申请人面对这些风险的优势及已经或即将采取的应对措施，对申请人经营管理风险进行定性评价。

（四）其他风险分析

分析申请人可能出现的其他风险因素，如财务风险、道德风险、政策法律风险等。

二、拟采取的风险防控措施

结合上述风险分析，说明在授信方案设计、贷后监控等方面拟采取的防控措施。

第八部分 综合收益测算

一、收益分析

（一）直接收益

分析利息收入。

（二）间接收益

分析借款人为我行带来的支付结算手续费收益、汇兑收益等。

（三）其他效益

分析为我行带来的存款增加额、代发工资、卡业务增量、理财产品销售增量等。

二、贷款授信总体风险分析

三、风险与效益匹配分析

第九部分　基本分析结论

一、同意授信及理由综述

二、同意授信的具体方案

说明：授信金额、品种或品种组合、期限、方式、利率/费率、保证人或抵（质）押物、贷款用途、授信条件、还款方式、贷款支付和发放方式等。

第十部分　调查人员声明

本报告系本人遵照××银行信贷管理制度及相关尽职要求，在对客户进行全面调查与核实后所作出的客观陈述，本人对上述报告中记载的各项内容的真实性及本人同意贷款（授信）的意见负责，对因在上述报告中作出虚假陈述和说明，导致决策人决策失误的情况，承担全部责任。

主办信贷员（签字）：×××

协办信贷员（签字）：×××

××××年××月××日

二、撰写个人客户贷款评价及尽职调查报告

按照我国《个人贷款管理暂行办法》的规定，贷款授信调查阶段必须与授信申请人进行面谈，而且个贷经营部门不得将面谈、面签委托第三方机构代为办理，面谈、面签的经办人员应是本银行正式员工。个人客户授信调查的面谈内容和记录成为调查报告的重要支撑材料和授信的重要决策依据。

（一）面谈内容及面谈记录

1. 面谈内容

贷前尽职调查过程中，银行个人贷款营销人员应通过谈话、核对资料等方式至少与所有借款当事人面谈一次，且至少就下列事项予以逐一核实，作为与客户面谈的主要内容：

（1）所有借款当事人与其提供身份证件（原件）的一致性。

（2）所有借款当事人提供的身份证件、与相关交易对手交易合同等文件资料的真实性。如为复印件，则与原件核对一致性情况。

（3）借款申请人、共同借款人（如有）对借款、还款意愿的确认。如涉及担保或有共有人，则保证人、抵/质押人或有权处分人对担保意愿的确认。

（4）借款申请人、共同借款人（如有）对借款申请及相关要素（含申请授信金额、授信期限、还款方式等）的确认。如涉及担保，则保证人、抵/质押人或有权处分人对担保相关要素（含担保方式、担保责任、担保期限、保证金安排等）的确认。

（5）个贷经营部门认为其他需当面核实或确认的事项。

2. 面谈记录

面谈记录，根据个贷产品、客户和银行自身特点和需要等，设置成一定形式，以方便记录面谈信息，同时也作为面谈的见证材料。

样式 3-2 为某银行个人贷款客户谈话备忘录。

样式 3-2

个人贷款客户谈话备忘录

时间：　　　年　　月　　日　　　　　　　　　地点：

授信客户：　　　　　　　　　　　　　　　　　联系电话：

工作单位：　　　　　　　　　　　　　　　　　现住所地址：

现根据××银行个人授信的有关规定，请您答复以下问题，并保证内容的真实性。

1. 您申请授信的情况必须属实，否则，您个人可能承担相应的法律责任。对此，您是否了解？

□是　　□否

2. 您是否自愿在××银行　　　　　分行（支行）办理个人授信？

□是　　□否

3. 您在填写个人贷款合同之前是否认真阅读过？

□是　　□否

4. 您是由个人亲自撰写还是委托他人撰写贷款申请的？

□我本人　　□委托他人

委托他人撰写的，此贷款申请是否真实体现您的个人意愿？

□是　　　　□否

5. 您目前或准备经营的项目在哪里？地点在哪里？

答：

6. 您申请贷款的实际用途是什么？

□流动资金（　　　　　　　　　　）

□购房（　　　　　　　　　　）

□购车（　　　　　　　　　　）

□其他（　　　　　　　　　　）

7. 您申请贷款的担保方式是什么？

□抵押（　　　　　　　　　　）

□质押（　　　　　　　　　　）

□保证（　　　　　　　　　　）

□信用及其他（　　　　　　　　　　）

8. 您作为贷款客户，应当有足够的偿还贷款本息的能力，并按合同规定按期归还银行贷款。对此，您是否清楚？

□是　　□否

9. 如您有配偶，根据我国《民法典》的规定，如您与您的配偶对所购房产权属未作约定，则该房产将作为夫妻共有财产，还贷及其他相关义务由夫妻双方承担连带责任。对此，您和您的配偶是否清楚？

□是　　□否

10. 您签订“贷款合同”时，应在授信人处开设还款账户，贷款发放后，依照合同约定的还款方式归还贷款本息。您应当在每期还款日前存入不少于当期应还本息的存款，并授权授信人从账户扣收。如您不能按时归还贷款本息，授信人则要求您承担以下责任：

（1）未按约定时间还款，将按国家规定对逾期贷款计收罚息；

（2）对未按约定支付的利息，计收复利；

（3）如您违约 3 个月，授信人有权宣告合同提前到期，并要求提前偿还全部贷款本息，或依法律规定拍卖、处置抵押房屋。对此，您是否清楚？

□是　　□否

11. 您签订“贷款合同”后，应按照合同条款规定，将抵押物的全部财产权利抵押给授信银行，抵押担保的范围包括但不限于：贷款合同项下的贷款本金、利息（含违约贷款复利、罚息）及实现债权的费用。对此，您是否清楚？

□是　　□否

12. 您以房屋或其他房产办理抵押，应当依照法律规定到房产所在地的房地产管理机构办理抵押登记，并将抵押物的他项权利证书交付我行。在贷款全部清偿后，才能办理抵押注销登记手续。对此，您是否清楚？

□是　　□否

13. 您的贷款为保证授信，保证人应对以下事项承担连带责任：

（1）归还借款合同项下的贷款本息（含罚息）；

（2）支付合同发生纠纷引起的诉讼费用；

（3）实现债权的其他费用。

您的保证人是否清楚并承诺承担上述责任？

□是　　□否

对此，您是否清楚？

□是　　□否

14. 依据合同约定或按照法院裁决处置抵押物时，您将被要求搬离已用于抵押的房屋，我行不承担任何责任。对此，您是否清楚？

□是　　□否

15. 您是否已对办理个人贷款所享有的权利和承担的义务有了明确的了解？

□是　　□否

16. 上述谈话记录是否是您真实的意思表示？

□是　　□否

17. 您所提供的各种资料是否属实？

□属实　□不属实

18. 您是否还有其他要说明的问题？

答：

申请人签名：

申请人财产共有人签名：

调查人签名：

主调查人签名：

（二）个人客户贷款评价及尽职调查报告基本结构要素

个人客户贷款评价及尽职调查报告的基本结构要素包括：标题、正文、结尾、署名和日期等。

（三）个人客户贷款评价及尽职调查报告的内容

个人客户贷款评价及尽职调查报告与公司客户授信调查及尽职调查报告的内容、格式基本相同，包括如下几部分：

（1）贷款基本情况；

（2）贷款客户职业与收入状况；

（3）贷款客户资产负债状况；

（4）借款用途和还款来源；

（5）担保情况；

（6）问题与风险，提出授信的主要风险点及防范措施；

（7）结论：明确提出贷与不贷，以及业务品种、币种、金额、期限、利率、担保方式等。

（8）调查人员声明。

对于以货币、国债质押等低风险贷款业务，调查意见可以适当简化，可以用表格代替，但结论必须明确。

样式 3－3 为个人客户贷款评价及尽职调查报告模板，供参考。

样式 3－3

个人客户贷款评价及尽职调查报告

一、信贷业务基本情况

1. 借款申请人姓名：________

2. 借款申请情况：人民币________万元，期限____月

3. 是否授信：是☐　　否☐

4. 业务品种：☐个人循环贷款　　☐优质行业员工信用担保贷款　　☐个人综合贷款　☐个人消费贷款　　☐个人住房贷款　　☐个人商用房贷款　　☐个人经营权质押贷款　☐其他

5. 调查过程

实地调查时间：________年____月____日，地点：________，在场人员：________。

主要经过和事项：__________________________。

二、借款申请人及家庭基本情况

1. 申请人

年龄____，性别____，婚姻状况____，工作单位及工作年限________________，主要经济来源________________。

2. 申请人配偶/共同借款人

姓名________，年龄____，性别____，婚姻状况____，工作单位及工作年限________________，主要经济来源________________，联系方式________________。

3. 其他家庭成员/共同还款人/担保人

姓名________，年龄____，性别____，与申请人关系____，工作单位及工作年限________________，主要经济来源________________，联系方式________________。

三、申请人及家庭资产负债情况

1. 房产：________________

2. 车产：________________

3. 银行存款：____________

4. 其他金融资产（股票、基金或其他）：________________

5. 已有贷款：________________

四、借款人个人资信情况

1. 申请人征信

□无任何贷款　□当前无逾期　□当前有逾期________元

最高累计逾期次数________，最高逾期期数________，逾期原因________。

在我行贷款情况：________________。

2. 配偶征信

□无任何贷款　□当前无逾期　□当前有逾期________元

最高累计逾期次数________，最高逾期期数________，逾期原因________。

在我行的贷款情况：________________。

3. 其他征信（担保人、共同还款人）

□无任何贷款　□当前无逾期　□当前有逾期________元

最高累计逾期次数________，最高逾期期数________，逾期原因________。

在我行的贷款情况：________________。

五、贷款用途及还款能力分析

1. 贷款用途：________________

2. 还款能力：________________

六、担保情况

1. 抵押担保

产权人________________，与借款人关系______________，地址________________，房屋设计用途________________，购建年份________，产权面积________平方米，估价总值________万元，评估单价____万元/平方米，抵押率____%。

当前状况：□自住　□空闲　□已出租

2. 保证担保

(1) 保证人________，与借款人的关系____________，联系电话________________，家庭地址________________，工作单位________________，年收入________元，其中：工资收入_______元，其他收入_______元，担保人负债_______元，占家庭年收入____%，未结清对外担保________元。

(2) 保证人名称__________，法定代表人__________，注册资金__________万元，实收________万元，与借款人关系________________，主营业务________________，基本户开户行________________，总资产________万元。

七、风险点揭示

主要风险点及防范措施：________________

八、经办人意见

1. 经办人调查结论

拟同意给予申请人________，业务品种________，人民币________万元，期限____月，贷款利率上浮（下浮）____%，执行利率____%，担保方式为________________。

2. 声明：________________________。

主办客户经理：

协办客户经理：

××××年××月××日

九、支行行长意见

________________________。

支行行长签字：

××××年××月××日

模块小结

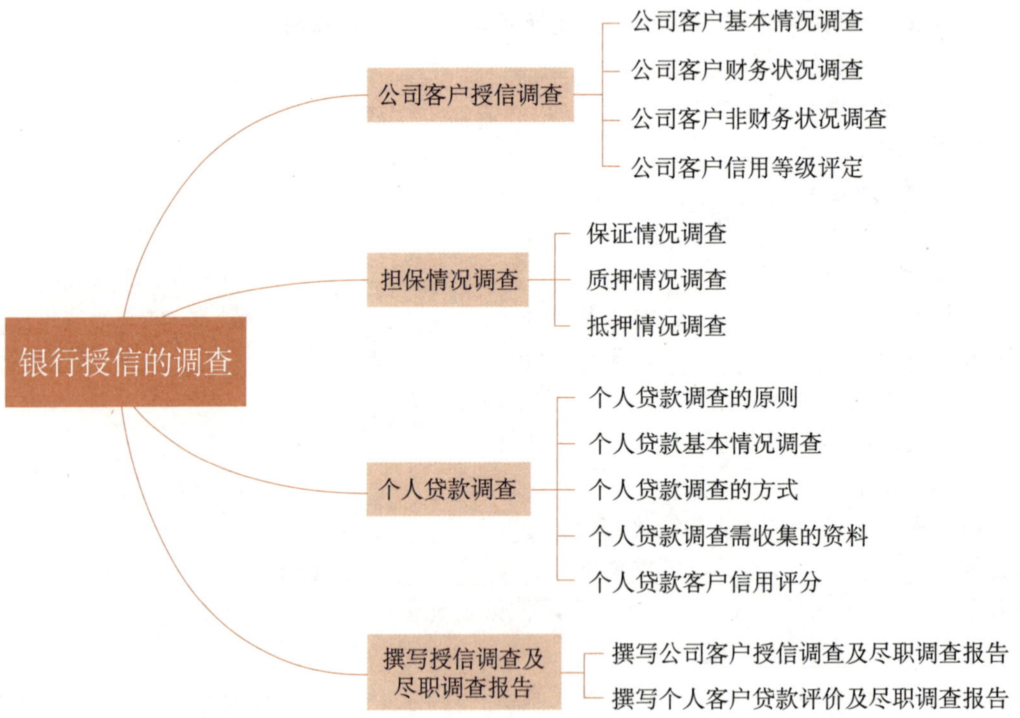

模块测评

一、单项选择题

1. 银行授信前对公司客户基本情况调查，不包括（　　）。

A. 客户名称、类型、行业属性　　B. 客户对外投资情况
C. 客户拥有的不动产　　D. 客户拟设定抵押物的情况

2. 授信银行判断公司短期偿债能力的指标是（　　）。
A. 应收账款周转次数　　B. 已获利息倍数
C. 资产负债率　　D. 速动比率

3. 正大公司 2020 年年末资产总额为 1 650 000 元，负债总额为 1 023 000 元，则资产负债比率为（　　）。
A. 0.62　　B. 0.61　　C. 0.38　　D. 1.63

4. 企业的应收账款周转天数为 90 天，存货周转天数为 180 天，则简化计算营业周期为（　　）天。
A. 90　　B. 180　　C. 270　　D. 360

5. 银行授信在现金流量的分析中，首先分析的是（　　）。
A. 融资活动的现金流　　B. 投资活动的现金流
C. 经营活动的现金流　　D. 消费活动的现金流

6. 银行在发放保证贷款时，可以接受的保证人是（　　）。
A. 具有偿还能力和偿还意愿的企业法人
B. 具有偿还能力和偿还意愿的机关法人
C. 具有偿还能力的以公益为目的的法人或组织
D. 具有偿还能力的著名高校

7. 某企业以其拥有的房屋为抵押物向银行申请贷款，银行委托评估公司经评估确定该房屋的价值为 1 000 万元，企业取得的抵押贷款 600 万元，则抵押率为（　　）。
A. 60%　　B. 40%　　C. 约 1.67　　D. 70%

8. 授信银行享有对动产质押权，一般以（　　）作为条件。
A. 实物交付　　B. 实物登记　　C. 权利凭证交付　　D. 权利登记

9. 借款人以有价证券或著作的财产权出质的，授信银行享有质押权的前提条件为（　　）。
A. 实物交付　　B. 实物登记
C. 权利凭证交付或权利登记　　D. 权利登记

10. 无论企业贷款还是个人贷款，经办人员经过授信前调查分析后，应提出信贷意见，撰写（　　）。
A. 个人信用报告　　B. 调查提纲
C. 授信调查及尽职调查报告　　D. 贷款承诺书

11. 对企业信用评级最重要的影响因素是（　　）。
A. 高层管理人素质　　B. 企业信用记录
C. 经营状况和管理状况　　D. 企业财务状况
E. 所在行业及企业发展前景

二、多项选择题

1. 银行在授信前对借款申请人进行的调查包括（　　）。
A. 申请人基本情况调查

B. 申请人财务状况调查

C. 申请人所在行业调查、经营情况调查、管理情况调查、还款能力调查

D. 申请人拟设担保情况调查

2. 银行在做授信调查时，认为下列经济事项中不能产生与经营活动相关联的现金流量是（　　）。

A. 出售固定资产　　B. 企业从银行提取现金

C. 投资人投入现金　　D. 将库存现金送存银行

E. 企业用现金购买将于3个月后到期的国库券

3. 影响企业信用评级的主要因素包括（　　）。

A. 高层管理人素质　　B. 企业信用记录

C. 经营状况和管理状况　　D. 企业财务状况

E. 所在行业及企业发展前景

4. 授信银行对企业财务状况分析中的比率分析，通常有（　　）。

A. 短期偿债能力指标　　B. 长期偿债能力指标

C. 营运能力指标　　D. 盈利能力指标

E. 现金流量指标

5. 一般不能作为授信申请人的担保人的是（　　）。

A. 外资企业　　B. 国家机关

C. 国有企业　　D. 以公益为目的的事业单位

E. 企业法人的职能部门

6. 抵押担保的范围包括（　　）。

A. 主债权及利息　　B. 抵押财产保管费用

C. 违约金　　D. 实现抵押权费用

E. 损害赔偿金

7. 银行与借款人、其他第三人签订担保协议后，当（　　）时，可通过执行担保来收回贷款利息。

A. 借款人财务状况恶化　　B. 违反借款合同

C. 无法偿还本息　　D. 银行财务状况恶化

E. 贷款到期

8. 保证贷款保证人资格调查的主要内容包括保证担保的（　　）。

A. 主体资格的合法性　　B. 合规性如是否有互保或虚假担保

C. 代偿能力是否充足　　D. 有效性

E. 保证人保证限额和保证率计算的合理性

9. 银行对抵押贷款中作为抵押物的财产必须是（　　）。

A. 债务人所有的财产

B. 权属无争议的财产

C. 法定可以抵押的财产，且其处置不妨碍公共利益

D. 价值稳定，且依法可以流通转让的财产

E. 容易变现的财产

10. 银行对个人授信调查时必须做到（　　）。

A. 面谈　　B. 双人调查　　C. 实地查看　　D. 真实反映

11. 公司客户授信调查报告的撰写应坚持的原则是（　　）。

A. 客观原则　　B. 简要原则　　C. 充分揭露原则　　D. 一致性原则

E. 机密原则

12. 银行客户经理可以从（　　）了解和分析公司客户的经营状况。

A. 上游供应信息　　B. 生产环节信息

C. 下游市场信息　　D. 产品竞争力和经营业绩

三、判断题

1. 银行对经过注册会计师审计的财务报告的调查分析是判断公司偿贷能力唯一的最有效的方法。（　　）

2. 国家产业政策、货币政策、税收政策等经济政策发生变化，如汇率或利率调整，并对行业发展产生影响，这是授信调查的行业预警信号。（　　）

3. 存在密切依存关系的行业供应商或客户的需求发生变化，这是授信调查对经营风险的预警信号。（　　）

4. 外部经济环境出现重大技术变革，导致授信客户产品和生产技术的改变，这是授信调查对经营风险的预警信号。（　　）

5. 授信客户的经营活动发生显著变化，处于停产、半停产或经营停滞状态，这是授信调查对管理风险的预警信号。（　　）

6. 授信客户的组织形式发生变化，如进行租赁、分立、承包、联营、并购、重组等，并可能对授信的偿还产生不利影响，这属于经营风险分析内容。（　　）

7. 应收账款、预付账款是资产项目，对公司偿债能力评价时是数量越多越好；而应付账款、预收账款是负债项目，对公司偿债能力评价时是数量越少越好。（　　）

8. 公司利润多少在一定程度上代表着公司经营能力好坏，也代表着偿债能力高低。公司偿债能力与利润有关，与现金净流量关系不大。（　　）

9. 冒险参与公司收购、新公司投资、新区域开发或新生产线启动等投机活动，这属于经营风险的预警信号。（　　）

10. 董事会和高级管理人员以利润为中心，并且不顾长期利益而使财务发生混乱，收益质量受到影响，这属于管理风险的预警信号。（　　）

11. 通过提供虚假财务报表、证明文件或其他材料，目的是粉饰其销售收入，提高其偿债能力，这属于管理风险的预警信号。（　　）

12. 经营指标出现非正常增长，这属于管理风险的预警信号。（　　）

13. 管理取代了内部控制，例如负责销售的公司副总裁有权让会计部门准备大额支票，这属于管理风险的预警信号。（　　）

14. 管理层对银行的态度发生改变，变得冷淡、不合作或不够友善，这属于还款意愿风险的预警信号。（　　）

15. 授信申请人拖延支付已授信的本金、利息和费用，这属于还款意愿风险的预警信号。（　　）

四、实战演练

1. 背景资料

飞跃工程机械有限责任公司代销多个品牌的挖掘机、推土机及其零配件，由于市场需求旺盛，急需扩大销售规模，预计周转资金出现缺口 300 万元。在 2020 年 4 月 20 日公司法人代表李××向山西银行太原分行提出 300 万元的个人经营贷款申请，用于补充流动资金。山西银行太原分行信贷一部受理了飞跃工程机械有限责任公司李××的个人经营贷款申请。由客户经理王××和张××对这笔贷款做授信前调查。

2. 调查资料

飞跃工程机械有限公司于 2009 年 12 月 1 日在山西太原注册成立，注册资本 400 万元，属个人独资企业，法人代表是李××，经营有效年限 15 年，代理多个品牌，包括三一牌、山河智能牌、玉柴牌、柳工牌、黄河牌等多种品牌挖掘机和推土机及其零配件的销售。

飞跃工程机械有限公司设办公室、销售部、财务部三个部门，12 名员工。办公场所租用一套四室一厅的住宅，有库房 10 处，评估价 210 万元。经营范围：推土机、挖掘机的销售，以及相关五金零部件的批发与销售。在农行、交通银行、中国银行、建行均有结算账户，且平均月往来结算金额达 300 万元。销售范围包含山西、河北、内蒙古、北京、天津等地区。截至 2020 年 4 月 25 日，短期借款本息合计 168 万元，2020 年 8 月 10 日到期；长期借款本息合计 130 万元，2022 年 5 月 9 日到期。

飞跃工程机械有限责任公司法人代表李××，男，46 岁，大学本科文凭，太原市户籍，常住地址为太原市××区王府花园 D 栋 28××号，名下有王府花园房产 1 套，套内面积 120 平方米，评估价值 180 万元，市场公允价值 192 万元。另有桔园小区房产 1 套，建筑面积 146 平方米，评估价值 95 万元，市场公允价值 98 万元。私家轿车奔驰 1 台，2018 年购买价格 40 万元，截至目前已折旧 20 万元。以前做过大型机械设备及零配部件的销售、小包工头。配偶胡××，40 岁，大学本科文凭，太原市户籍，无业，其名下有私家轿车奥迪 1 台，购置价 35 万元。有一儿子，22 岁，因病生活不能自理。有一女儿，20 岁，2018 年 7 月考入中国人民大学，在读。

飞跃工程机械有限责任公司提供了近三年和最近一期的经过注册会计师审计的财务报告。2017—2019 年的主要财务数据如表 3-18 和表 3-19 所示。

表 3-18 资产负债表

单位：元

项目	2017 年	2018 年	2019 年	项目	2017 年	2018 年	2019 年
货币资金	785 000	1 254 600	2 051 000	短期借款	1 000 000	1 500 000	2 000 000
应收账款	2 300 500	2 204 800	2 684 800	应付账款	1 804 600	1 204 500	1 167 260
其他应收款	130 050	430 200	678 250	预收账款	292 500	1 067 800	321 500
预付账款	830 000	1 059 405	1 010 200	应交税金	78 210	150 680	210 820
存货	2 580 060	2 990 015	3 552 300	其他应交款	8 600	12 000	43 000
应收补贴款	0	0	0	其他应付款	0	372 500	0
流动资产合计	6 625 610	7 939 020	9 976 550	流动负债合计	3 183 910	4 307 480	3 742 580
固定资产原值	1 311 300	1 800 000	2 623 170	长期借款	0	500 000	1 500 000
减：累计折旧	100 200	241 540	760 540	长期负债合计	0	500 000	1 500 000

续表

项目	2017年	2018年	2019年	项目	2017年	2018年	2019年
固定资产净值	1 211 100	1 558 460	1 862 630	负债合计	3 183 910	4 807 480	5 242 580
固定资产净额	1 211 100	1 558 460	1 862 630	实收资本（股本）	4 000 000	4 000 000	7 000 000
在建工程		872 500	3 215 900	未分配利润	652 800	1 562 500	2 812 500
固定资产合计	1 211 100	2 430 960	5 078 530	所有者权益合计	4 652 800	5 562 500	9 812 500
资产总计	7 836 710	10 369 980	15 055 080	负债和所有者权益总计	7 836 710	10 369 980	15 055 080

表3-19　利润表

单位：元

项目	2017年	2018年	2019年
一、销售收入	7 824 100	9 782 500	14 058 900
减：（一）销售成本	5 711 593	6 847 750	9 841 230
（二）税金及附加	752 603	1 012 500	1 246 230
（三）营业费用	260 253	432 500	780 056
（四）管理费用	183 621	282 463	429 639
（五）财务费用	55 800	114 300	203 400
二、营业利润（亏损以“—”号填列）	860 230	1 092 987	1 558 345
加：营业外收入	0	0	0
减：营业外支出	0	0	0
三、利润总额（亏损总额以“—”号填列）	860 230	1 092 987	1 558 345
减：所得税	132 460	183 287	308 345
四、净利润（净亏损以“—”号填列）	727 770	909 700	1 250 000
加：年初未分配利润	—74 970	652 800	1 562 500
五、可供分配的利润	652 800	1 562 500	2 812 500
六、可供投资者分配的利润	652 800	1 562 500	2 812 500
七、未分配利润	652 800	1 562 500	2 812 500

两位客户经理还对飞跃工程机械有限责任公司经营相关的其他方面做了调查。

3. 实训项目

请你根据上述材料，完成下列题目：

（1）模拟两位客户经理完成表3-20的填写。

表3-20　贷款客户基本情况调查

一、概况			
申请企业全称		授信证号码	
成立时间		统一社会信用代码	
注册资本		经营资质	
法定代表人		所有制类别	

续表

<table>
<tr><td colspan="2">客户组织类别</td><td colspan="4">有限责任公司、有限责任公司（联营）、国有独资公司、股份有限（上市）公司、股份有限（未上市）公司（请选择其一）</td></tr>
<tr><td colspan="2">办公地址</td><td colspan="4"></td></tr>
<tr><td colspan="2">注册地址</td><td colspan="4"></td></tr>
<tr><td colspan="2">主管部门</td><td colspan="4"></td></tr>
<tr><td colspan="2">主营业务</td><td colspan="4"></td></tr>
<tr><td colspan="2">其他</td><td colspan="4"></td></tr>
<tr><td colspan="6">二、股东情况及组织结构</td></tr>
<tr><td colspan="2">股东</td><td>投资金额/万元</td><td colspan="2">出资方式</td><td>出资占比/%</td></tr>
<tr><td colspan="2"></td><td></td><td colspan="2"></td><td></td></tr>
<tr><td colspan="2"></td><td></td><td colspan="2"></td><td></td></tr>
<tr><td colspan="2">合计</td><td></td><td colspan="2"></td><td></td></tr>
<tr><td colspan="6">三、管理情况</td></tr>
<tr><td colspan="6">1. 内部组织结构（简单介绍企业管理体系决策机构及人员、职能部门设置、人员结构等）</td></tr>
<tr><td colspan="6">2. 主要管理人员</td></tr>
<tr><td rowspan="8">法定代表人</td><td>姓名</td><td></td><td>性别</td><td colspan="2"></td></tr>
<tr><td>出生年月</td><td></td><td>身份证号</td><td colspan="2"></td></tr>
<tr><td>文化程度</td><td></td><td>户口所在地</td><td colspan="2"></td></tr>
<tr><td>家庭住址</td><td colspan="4"></td></tr>
<tr><td>联系方式</td><td colspan="4"></td></tr>
<tr><td colspan="5">学习、工作简历及主要业绩</td></tr>
<tr><td colspan="5">有无从事违法活动的记录</td></tr>
<tr><td colspan="5">其他说明事项</td></tr>
<tr><td colspan="6">其他管理人员（格式如上，请复制）</td></tr>
<tr><td colspan="6">3. 管理水平评价（提示：简单评价知识水平、工作经验、团队精神、人力资源管理、激励机制等，着重从其历史上的重要决策及其效果分析）</td></tr>
<tr><td colspan="6">四、关联企业或关联人物</td></tr>
<tr><td colspan="6">1. 关联企业（提示：包括母公司、子公司、参股公司，其他关联企业的名称、注册资金、关联关系、主要经营管理情况等）</td></tr>
<tr><td colspan="6">2. 关联人物（提示：包括姓名、性别、年龄、关联关系、学习工作简历、主要情况介绍等）</td></tr>
<tr><td colspan="6">五、经营活动基本情况
（提示：简单介绍授信客户经营活动的历史发展、经营发展规划、策略和目标）</td></tr>
<tr><td colspan="6">六、重大事项揭示或其他需说明的情况
（提示：简单介绍对公司的经营和信用产生重要影响的事件，包括公司高层变动、资本变动、组织结构变动、经营业务范围变动、法律诉讼等）</td></tr>
</table>

（2）请你模拟客户经理进行贷前调查分析，出具公司客户授信调查及尽职调查报告。

模块 四

银行审查和审批授信

学习目标

● 知识目标

1. 了解银行授信审查的基本内容；
2. 熟悉银行授信审查的基本要点；
3. 了解银行授信审批的基本流程。

● 技能目标

1. 知晓银行审查授信客户资料的方法、要点，有的放矢地拓展授信客户；
2. 能读懂授信审查报告。

案例导入

银行授信审查审批部收到了授信业务部门移交来的星港纺织有限公司贷款申请书、贷款尽职调查报告以及相应的资料。星港纺织有限公司申请流动资金贷款 1 000 万元人民币相关资料整理如下：

为满足扩大生产规模需要，星港纺织有限公司于 2020 年 1 月 6 日以厂房作抵押向银行提出贷款申请，贷款业务类型为企业流动资金贷款，申请贷款金额 1 000 万元人民币；还款方式为到期一次还款，期限为 5 个月，按月计息，月基准利率为 5.655 0%，利率浮动方式为上浮，浮动比例是 10%，还贷资金主要来源于所生产布料的销售款。

一、业务担保信息

星港纺织有限公司业务担保信息如表 4 - 1 所示。

表 4 - 1　星港纺织有限公司业务担保信息

客户编号	3306000000433393	客户中文名称	星港纺织有限公司
抵押合同号	900005080188	抵押人	星港纺织有限公司
抵押物性质	不动产	抵押物品类型	房产及土地使用权
币种	人民币	评估价值	5 000 万元

续表

协议价值	5 000 万元	担保到期日期	2021 年 9 月 29 日
是否有效	是	抵押金额	5 000 万元
担保起始日	贷款发放日	抵押率	20%
已设定抵押情况	无	备注	

二、公司基本情况

公司成立于 2010 年 7 月 25 日。2014 年 3 月，公司的 4 位股东进行了增资，注册资本由 100 万元增至 400 万元（验资报告出具方为太原××会计师事务所，新验字〔2014〕053 号），并于 5 月在太原市工商局办理变更手续。公司位于太原市万柏林区五一大道 2002 号，现有 5 栋生产车间，职工公寓、办公楼各 1 栋。公司下设办公室、质监部、安监部、财务部、经营部、研发中心、生产部，有较为完善的内部管理体系。法定代表人张××，山西大同人，现年 44 岁。1994—1998 年，在山西理工大学学习，获学士学位；1998—2007 年，在平山制衣厂工作，担任副总经理职务；2007—2010 年，在××县计委担任副主任；2010 年至今在星港纺织股份有限公司担任董事长职务。公司现有生产线 2 条，其产品的主要原材料为麻。

三、公司业务状况

1. 资产、负债、所有者权益情况

至 2019 年末，公司总资产 1 559 万元，负债 552 万元，所有者权益 1 007 万元。资产负债率为 35%。其资产总额较 2018 年末的 862 万元，净增 697 万元，主要是通过公司经营利润带动公司资产的增加。

2. 借款人生产经营及经济效益情况

2013 年初公司投入 280 万元，扩建一条年产量 5 万米布生产线，使其生产规模达 10 万米布。当年生产产品 4.5 万米布，销售产品 4.5 万米布，实现销售收入 1 563 万元。由于产品销售形势看好，2018 年 12 月再上一条 20 万米布生产线。2019 年底二期投资已全部完成，设备已安装完毕并投入使用。此次申请流动资金贷款主要用于购进生产布用的麻。

3. 还款能力分析

流动资产周转率、应收周转率、存货周转率与同行业相比，处于优良。流动比率与速动比率 2019 年较 2018 年之所以下降，在于 2019 年度固定资产投入绝对额增加，固定资产项目与 2018 年度相比净增 520 万元，占用企业较多资金；同时流动负债总额增加，2019 年与 2018 年相比增加 150 万元，原因是应付账款和应付票据增多，使得流动比率、速动比率下降。从其形成原因分析，属于正常的经营现象。收入与利润呈较大幅度的增长，获利能力较强，与同期的投入、生产能力相匹配。

4. 公司发展情况

2020 年，公司签订布料生产订单为 24 万延长米，预计实现销售收入 7 800 万元，实现利税 3 900 万元。

思考：授信审查部门应从哪些方面进行贷款审查？授信审批部门应如何组织审批？你认为这笔贷款可以通过吗？

任务一　银行审查授信

【任务分析】本任务涉及授信管理部门的业务。知识学习方面，教师引导学生了解银行授信审查的基本内容、要点和审批的流程，了解银行授信审查报告的撰写；技能提升方面，教师引导学生模拟授信客户经理角色掌握授信资料审查方法和要点、读懂授信审查报告，并以授信审查审批为导向，拓展授信业务。教师结合教学内容，注意引导学生养成良好的职业道德。

银行授信业务审查审批部门，是银行授信管理部门，负责对授信业务部门或者下级行移交的授信申请人的资料进行审查审批。银行授信审查围绕基本要素、主体资格、授信政策和授信风险四个方面进行。对授信申请人相关资料审查结束后，审查人员要撰写授信审查报告，填制授信业务审查表和数据资料采集表，将审查信息资料及时录入授信管理系统，并按规定移送授信审批人。

一、授信申请人和担保人基本要素审查

（一）审查授信申请人、担保人（物）及具体授信业务有关资料是否齐备

审查人员对授信调查人员移交的调查资料和结论予以复核，确保资料的真实性、合法性、有效性、准确性和完整性。审查要点主要包括：

（1）审查授信申请书对授信用途、效益、还款来源的说明是否具体、合理等；

（2）审查法人营业执照是否有效，授信用途是否在营业执照限定的经营范围内等；

（3）审查法定代表人身份证明、法定代表人签字、法人授权委托证明书是否齐全和有效；

（4）审查是否有批准申请授信的董事会决议、股东会决议等；

（5）审查提交的财务报告和相关说明等资料是否符合要求；

（6）审查抵押人、质押人承诺的抵押物、质押物清单与授信调查报告是否一致，审查保证人拟同意保证的有关证明文件等；

（7）审查授信业务部门和下级行移交来的其他资料是否符合要求。

课堂讨论

担保人包括哪些人？

参考答案：担保人是指保证人、以自己的不动产和动产抵押的非债务人（第三人做抵押人）、以自己的动产或财产权利出质的非债务人（第三人做抵押人）。

（二）审查授信业务部门内部运作资料是否齐全

审查人员还需要审查授信业务部门内部运作资料是否齐全，是否按规定程序操作，调查程序和方法是否合乎规定，调查内容是否全面、有效，调查结论及意见是否合理等。

（1）审查授信申请人及保证人负债情况。

查询授信申请人在银行系统的授信使用情况和保证人在其他银行的授信使用情况。包括：1）负债综合查询；2）不良负债查询；3）当前负债查询，如经查询，当前负债余额与财务报表中的借款余额不符，填写银行借款核对表进行追踪；4）银行承兑汇票查询，如经查询，当前承兑汇票余额与财务报表中的应付票据余额不符，填写应付票据核对表进行追踪。

（2）审查授信申请人及保证人对外担保情况。

（3）审查授信调查情况。

对授信调查人执行的调查程序是否正确、调查内容是否全面、调查结论是否合理进行核查。

（4）授信申请人是自然人的，需查询个人信用信息报告。

二、授信申请人和保证人的主体资格审查

（一）主体资格的合法有效性审查

（1）企业是否具有独立的法人资格，如属分支机构，应核查对分支机构的授权及所属企业的详细情况。

（2）企业是否按规定期限报送公示年度报告。

（3）需要提交资质证书及行业许可证书的，应审查其是否在有效期内。

（4）企业法人经营期限是否覆盖授信业务期限，经营范围是否与申请授信的资金用途一致。

（5）注册资本是否与现行章程相符，实收资本与验资报告及财务报表入账是否一致。

（6）验资报告中股东是否与现行公司章程一致，审核股东出资方式、出资额及占比，实物出资的是否已办理权属变更。

（7）公司章程及有关修正案是否齐全、是否有股东签章、对公司办理授信业务是否有限制。具体从以下几方面进行审核：

1）关于提交的公司章程。审核申请授信客户提交的公司章程是否是从工商登记档案中复制并加盖工商登记管理机关查阅档案章。以公司章程为依据，审核授信申请人关于授信申请决策的内部决策机关及其职权范围、议事方式、表决程序和代表授信申请人签署合同的法定代表人或其委托的代理人。

2）关于本次授信的相关股东会或董事会决议。根据公司章程规定必须由股东会或董事会作出申请授信决议的，要注意审核本次授信是否有相应的股东会或董事会决议，而且决议是否经公证处公证。

3）关于法定代表人或主要负责人的身份证明书。审核法定代表人或主要负责人的姓名、职务和身份证号与市场监督管理机关或其他有权机关颁发的授信申请人主体资格证明记载的内容是否一致。

4）关于授权委托书。由其他人代理法定代表人处理相关授信业务的必须有授权委托书，对授权委托书要审核：①代理人的姓名、职务、身份证号是否和原件一致并留存复印件；②代理人被授权范围和期限等内容；③是否有法定代表人或主要负责人签章并加盖授信申请人公章。

（二）与金融机构合作情况审查

1. 审核账户开立情况

核查申请人的基本结算账户、一般存款账户、专项存款账户及临时存款账户开立情况，审核授信申请人的主要流水结算是否在本银行。银行授信的必要条件是申请人在本行开立基本结算账户或一般存款账户。

2. 综合查询授信申请人是否存在债务融资、对外担保和不良信用记录

（1）核查申请人已获得的融资（含直接融资）额度、用信品种、担保方式及对外担保情况。

（2）核查是否存在不良的信用记录及对外担保记录。对于存在不良信用记录的申请人应谨慎授信或不予授信；已存在债务融资的或对外担保的要考虑其资产负债率情况、被担保人违约概率情况、拟授信行在收回债权中的有利条件或优势，这些都需要在授信审查报告中进行揭示。

（三）授信申请人的股东、法定代表人及实际控制人情况审查

（1）对授信申请人的主要个人股东、法定代表人及实际控制人进行审核。

1）审核主要个人股东、法定代表人及实际控制人的资格、任职经历、从业经验、社会信誉及地位。

2）审核主要个人股东、法定代表人及实际控制人是否有兼职，所兼职企业是否有不良记录。如有不良记录，审核不良记录形成原因及解决情况。

3）审核个人股东的信用记录。利用中国人民银行征信系统，查询个人股东是否有不良记录。如有不良记录，审核不良记录形成原因。

4）审核主要股东个人财产调查是否详细、财产权属是否清晰、是否存在可供抵（质）押的财产及担保意向。

（2）授信申请人的股东为法人的，应审核股东的背景，重点审核其所有制性质、实力和在行业中的地位。

（四）集团客户审查

对集团客户除了做上述审查外，还需要审核关联或集团的认定理由、集团股权及关联架构；审核集团内业务关系、资金往来、整体融资和对外担保情况等。

三、授信政策审查

银行授信政策的审查是从下述三个层次进行的，它们构成了授信政策审查的内容：授信用途是否合乎法规，是否符合国家宏观经济政策、产业行业政策等；授信用途是否符合金融法律、法规、制度规定；授信额度、定价、期限、担保方式、支付方式等（授信方案）是否符合本银行授信的政策和制度。

课堂讨论

授信方案应包括哪些要素？

参考答案：明确的授信对象、额度、明确的用途、定价、期限、担保方式、支付方式等。

（一）授信用途是否符合国家宏观经济政策、产业行业政策规定

各银行都依据国家的宏观经济政策和产业行业政策制定本银行的授信政策，并根据国家经济政策变化情况及时进行调整。授信审批部门要按照授信银行制定的授信政策进行授信项目审核。例如，审核授信资金用途属于哪类行业、是否符合国家产业政策及行业政策的要求和规定，防止对国家明令淘汰的落后生产能力、工艺、产品和重复建设项目给予授信支持。审核客户准入及授信用途是否符合银行区域、客户、行业、产品等授信政策，防止对不符合产业布局和环境污染项目进行授信支持。

根据国家经济社会发展规划，符合国家宏观经济政策和产业政策的信贷投向为：有市场发展前景的战略性新兴产业、先进制造业、5G通信服务及相关设备制造业、现代信息技术产业，信息消费、服务业、传统产业改造升级，绿色环保、现代物流、高科技服务、海洋经济，民生如文化、卫生医疗、教育、养老、社保，绿色经济等。

国内各银行根据国家经济社会发展规划和自身优势与特色制定了本银行的授信政策。例如国内某大型银行把行业分为优先支持、选择支持和逐步退出的三类：（1）优先支持的行业，包括符合国家政策导向，处于快速发展期，市场前景广阔，该行具有传统优势的交通运输、电力、城市基础设施、通信、采矿、民生、医疗、涉农、现代服务、文化产业、战略性新兴产业、先进制造业、科技型企业、海洋经济等行业；（2）选择支持行业，包括短期风险上升，需重点优化信贷结构的制造业、批发零售、房地产、建筑业等行业；（3）逐步压缩退出行业，包括国家严格调控的产能严重过剩、高污染、高耗能的钢铁、水泥、电解铝、平板玻璃、船舶、炼焦、铁合金、电石等行业。

（二）授信用途是否符合金融法律、法规、制度规定

授信审批人员应该审查授信申报方案所提出的用途是否具体、明确、合理并且符合法规、制度要求。以生产经营贷款授信为例，对借款人直接用于生产经营的贷款，贷款项下所经营业务应在经批准的经营范围内，并且相关交易协议或合同要落实。交易对手是借款人的关系人，通过对借款人交易对手的调查以甄别交易的真实性，防止借款人虚构商品交易或资产交易而骗取银行贷款。必要时还可结合对借款人财务结构的分析，判断借款人是否存在短借长用等不合理的贷款占用，注意审查借款人是否存在以申请的生产经营贷款之名、实际用于满足在建或拟建的固定资产建设项目，导致贷款资金被挪用的情况。

审查授信用途是否符合金融法律、法规和银行总行的授信政策、制度的规定，要特别注意客户是否存在用所贷款项从事股本权益性投资或以贷款授信作为注册资本金、注册验资和增资扩股的情况；审查客户是否存在利用授信资金违反商业银行法规定从事股票、期货、金融衍生产品等的投资。

（三）授信方案审查

授信方案包括授信额度、币种、期限、利率和费率、担保方式、授信发放条件、授信支付方式等方面。

1. 授信额度的审查

授信额度应依据客户经营情况、合理需求及其承担风险的能力和银行承担风险的能力审慎确定。流动资金贷款授信需求量可参考《流动资金贷款管理暂行办法》提供的方法进行测算；固定资产贷款授信需求量可根据经审核确定的项目总投资，考虑法律法规要求的

最低资本金比例及其他资金来源构成等加以确定。授信额度除考虑客户的合理需求外，还应控制在客户承受风险能力的范围内，确保需求合理，风险可控。

2. 授信币种审查

授信币种应尽可能与授信项下交易所使用的结算币种及客户还款来源币种相匹配，并充分考虑授信币种与还款来源币种错配情况下所面临的汇率等风险及风险控制。使用外汇授信的，还需符合国家外汇管理相关规定。

银行确定授信额度的方法步骤

3. 授信期限审查

授信期限根据客户的用款周期，如生产经营周期、还款能力和客户的资金供给能力，由银行和客户双方共同商议后确定，并在授信合同中载明。

确定授信期限一般考虑如下因素：

（1）授信期限一般应控制在客户相应经营有效期限内；

（2）授信期限应与客户资产转换周期及其他特定还款来源的到账时间相匹配；

（3）授信期限应与客户的风险状况及风险控制要求相匹配；

（4）授信期限应符合相应授信品种有关期限的规定。如自营贷款授信期限最长不得超过 10 年，超过 10 年应当报当地银保监局备案。票据贴现的贴现期限最长不得超过 6 个月，贴现期限为从贴现之日起到票据到期日止。

（5）关于贷款授信展期的期限规定。对于贷款授信不能按期归还贷款的，借款人应当在贷款授信到期日之前，向贷款人申请贷款展期。是否展期由银行决定。申请保证贷款、抵押贷款、质押贷款展期的，还应当由保证人、抵押人、出质人出具同意的书面证明。已有约定的，按照约定执行。

短期贷款展期期限累计不得超过原贷款期限；中期贷款展期期限累计不得超过原贷款期限的一半；长期贷款展期期限累计不得超过 3 年。国家另有规定的除外。

借款人未申请展期或申请展期未得到批准，其贷款从到期日次日起，转入逾期贷款账户。

4. 贷款利率和其他授信费率审查

银行和借款人应当按贷款合同有关计息规定按期计收或交付利息。贷款授信的展期期限加上原期限达到新的利率期限档次时，从展期之日起，贷款利息按新的期限档次利率计收。逾期贷款按规定计收罚息。

中国人民银行在 2020 年 8 月 17 日宣布改革完善贷款市场报价利率（LPR）形成机制，并要求各银行在新发放的贷款中主要参考 LPR 定价，加紧推动 LPR 运用，不再沿用以前按中国人民银行贷款基准利率在规定幅度内上下浮动的办法。各银行贷款利率以 LPR 为基础，结合内部信贷业务关于利率的相关规定来确定每笔贷款利率。各银行在确定贷款利率时，考虑与借款人及信贷业务的风险状况相匹配，体现收益覆盖风险的原则。除此之外，还考虑所在地区同类信贷业务的市场价格水平。

承兑和担保类授信收取的承兑费和担保费应按物价部门批准的标准和有关部门的相关规定以及市场的费率水平确定费率。

5. 授信担保方式审查

（1）审查所采用的担保方式是否符合法律法规。保证人必须符合法律、法规的主体资格要求；抵押物和质押物必须是符合法律规定、真实存在的财产或财产权利，抵押人或质押人对抵押物或质押物拥有相应的所有权和处置权，且担保行为经过有权机构的批准，并按法律法规要求在有权机构办理了相应的抵（质）押登记和备案。

（2）审查抵（质）押物是否具备足值性并且易变现，保证人是否具备充足的代偿能力。

（3）审查所采用的担保方式是否具备可控性。银行在担保项下应拥有对授信对象、担保人相应的约束力，对保证人或抵（质）押物具有持续监控能力。

6. 审查授信发放条件是否明确

授信审批部门应审核授信发放的条件是否明确，授信申请人满足授信发放的条件是授信业务部门授信的依据。例如固定资产贷款和项目贷款的发放条件必须满足与贷款同比例的资本金已足额到位、项目实际进度与已完成的投资额相匹配等，授信审批部门要审核是否设置了类似的授信前提条件，而且设置得是否合理。

7. 审查授信支付方式是否明确

贷款授信的发放应符合按需放款的要求，视情况不同采取受托支付或是自主支付。采取受托支付的，审核支付管理要求是否明确；采取自主支付的，审核是否符合对自主支付金额上限的要求，超过支付上限的不得采取自主支付。

（四）几种不同授信类型的授信政策审查要点

前面所讲是各类授信在授信政策方面具有共性的审查内容，表 4－2 为几种不同授信类型在授信政策方面的审查要点。

表 4－2　几种不同授信类型的授信政策审查要点

<table>
<tr><th>授信类型</th><th colspan="2">审查要点</th></tr>
<tr><td>流动资金贷款</td><td colspan="2">1. 是否真正用于生产经营，要防止挪用于项目建设和对外投资。
2. 是否真正用于本企业生产经营，要防止转借其他企业使用（集团公司实行统贷统还的除外）或代其他企业融资。
3. 是否用于短期生产资金周转，不能作为铺底流动资金长期占用。
4. 贷款期限与企业生产经营周期是否匹配。审核借款人是否存在以申请短期流动资金周转贷款为名实为长期占用，即短借长用，增加授信风险的现象。</td></tr>
<tr><td rowspan="2">项目贷款</td><td>1. 项目建设是否合乎规定。</td><td>（1）项目产品是否在国家产业政策支持范围之内和本行授信政策优先支持或选择支持的范围内；
（2）项目建设是否经有权部门批准立项或核准，可行性研究报告是否已获有权部门批准；
（3）项目环境评价报告是否已获有权部门审批通过；
（4）项目占用土地的审批是否符合法律法规，建设用地是否符合国家相关规定；
（5）其他按规定需由有权部门批准的事项是否已获审批。</td></tr>
<tr><td>2. 项目资金来源落实情况。</td><td>（1）项目评估总投资及自筹资金比例是否符合国家规定；
（2）项目自筹资金到位情况、到位计划及出资能力分析和其他银行融资落实情况（如有）；
（3）加工项目铺底流动资金是否落实，主要看借款人自有资金来源是否稳定、充足；
（4）借款人是否存在通过关联关系虚假出资或抽回投资现象。</td></tr>
</table>

续表

<table>
<tr><th>授信类型</th><th colspan="2">审查要点</th></tr>
<tr><td rowspan="3"></td><td>3. 项目建设条件是否具备。</td><td>(1) 项目建设用地及水、电、气供应是否落实，交通设施能否满足项目建设需要；
(2) 工艺技术是否成熟、可靠；
(3) 主要生产设备来源及设备先进程度是否可靠合理，项目关键设备研制或引进情况是否可行；
(4) 项目建成后主要原材料供应渠道及可靠性；
(5) 专业机构或其他中介机构对项目评估情况。</td></tr>
<tr><td>4. 产品市场及竞争能力分析。</td><td>(1) 国际、国内市场供求、价格变动等情况分析是否合理；
(2) 项目产品目标市场供求状况分析是否合理；
(3) 本项目产品替代产品的发展情况及趋势判断是否合理；
(4) 主要竞争对手情况及与本企业、本项目竞争能力比较是否合理。</td></tr>
<tr><td>5. 项目效益测算及偿债能力分析。</td><td>(1) 项目效益及投资回收期预测是否合理；
(2) 偿债能力测算是否合理。</td></tr>
<tr><td>银行承兑汇票</td><td colspan="2">1. 有无真实贸易（商品交易及服务）背景。
(1) 审核判断签发的银行承兑汇票有无真实的贸易背景。通过对客户经营范围、生产经营情况、行业特点、贸易销售回款等调查，判断贸易合同是否与客户经营范围相匹配，判断申请人生产情况是否与贸易合同相匹配，判断贸易周期是否与银行承兑汇票的期限相匹配。
(2) 审查判断商业单据是否与贸易活动相匹配。对于国际汇票的承兑要审查是否存在企业和上下游客户恶意串通、伪造虚假单据的欺诈行为。审查核实调查人员通过国际海事局和船运公司等外部信息渠道进行船情调查的资料，判断货物和提单的真实性；通过调查来的贸易合同、运输单据、收汇、单据寄送、结算单据、运输单据以及海关报关单等辅助信息与交易信息的逻辑合理性进行综合判断分析。
2. 承兑申请人（付款人）与收款人之间是否存在关联关系。审查是否存在通过开立银行承兑汇票套取银行资金的行为。如确认上下游交易对手的实际控制人是同一主体或具有关联关系，授信银行应重点审查是否按市场定价交易，是否存在虚假交易。
3. 是否存在滚动签发银行承兑汇票的情况。
4. 申请承兑的汇票期限是否合理。审查判断申请承兑的汇票上记载的付款期限是否与贸易收付款周期一致。</td></tr>
<tr><td>银行保函</td><td colspan="2">1. 非融资类保函申请人是否是直接从事生产经营或工程的法人。对于非直接从事生产经营或工程的法人原则上不得出具非融资类保函。
2. 非融资类保函申请人有无履行本保函项下业务的能力。
3. 审核保函是否属于融资性保函、担保所筹措资金的用途是否合规。按银行相关制度规定，有些银行允许开立融资性保函，也有一些银行禁止开立融资性保函，因此授信银行先要依据本银行是否允许开立融资性保函的规定进行审核。对于允许开立融资性保函的授信银行，还要审查保函项下资金的用途是否符合规定，禁止银行担保所筹措资金充当建设项目的资本金。</td></tr>
</table>

四、授信风险审查

银行授信审查人员在对授信申请人进行基本要素、主体资格和授信政策审查的基础上，还要对授信申请人的宏观经济环境风险、行业风险、生产经营和管理风险、财务风险、担保风险和信用风险等进行审查和判断。

（一）宏观经济环境风险审查

结合授信申请人的具体情况，对以下方面的宏观经济环境的风险因素选择关联度高的进行关注：

（1）通货膨胀与通货紧缩状况；

（2）社会购买力变化导致价格变化情况；

（3）汇率政策变动以及汇率变动情况；

（4）货币供应量变化；

（5）税收政策调整；

（6）政府财政支出变化；

（7）价格控制；

（8）工资调整；

（9）贸易平衡；

（10）失业率；

（11）GDP 增长；

（12）外汇来源；

（13）外汇管制规定；

（14）利率；

（15）政府的其他管制。

（二）行业风险审查

根据授信申请人所在行业的特点，确定行业风险审查应选择的具体因素，对相关因素进行分析，包括风险化解的能力，并说明得出结论的原因。行业风险审查分析的主要内容一般包括：

（1）行业特征及定位；

（2）行业成熟期分析；

（3）行业周期性分析；

（4）行业的成本及盈利能力分析；

（5）行业依赖性分析；

（6）行业竞争力及代替性分析；

（7）行业成功的关键因素分析；

（8）行业监管政策和有关环境分析。

对于银行分支行关于授信申请人的行业风险审查方法，通常依据总行制定的授信政策中对行业的划分，如优先支持、选择支持和退出三类不同的行业政策，然后对照行业目录对号入座进行审查。

（三）生产经营和管理风险审查

1. 审查授信申请人生产经营风险

审查客户生产经营过程中的风险，应对如下五个方面进行关注：

（1）原材料来源，对供应商的依赖度。

（2）是劳动密集型还是资本密集型。

（3）设备状况。

（4）技术状况。

（5）产品销售状况，包括：1）产品定位、分散度与集中度、产品研发；2）产品实际销售，潜在销售和库存变化；3）核心产品和非核心产品，对市场变化的应变能力。

重点审查是否存在经营风险的预警信号，见模块三的表 3-10。

2. 审查授信申请人管理风险

审查客户管理中存在的风险主要从以下几方面着手：

（1）组织形式及其变化。组织形式是否有变化；组织形式的变化是否能够改善客户的经营管理；是否存在通过兼并、租赁、转让、承包、分立等形式逃废债务的情况。

（2）公司治理。对于股份制公司是否建立股东大会决策机制；是否建立董事会、独立董事制度、监事会；是否建立对董事会、监事会的评价机制；是否建立对高级管理层的选聘机制和激励机制。

（3）管理层的素质和稳定性。

（4）经营理念是否稳健。

（5）关联企业对其偿还债务的影响。

（6）法律纠纷和重大事项对其偿还债务的影响。

（7）突发事件发生的可能性及对偿债的影响。

应重点审查是否存在管理风险的预警信号，见模块三的表 3-10。

（四）财务风险审查

1. 授信管理部门审查的资料

（1）授信申请人的经注册会计师审计的近 3 年的年度财务报表及其附注说明和最近一期财务报表及其附注说明。

（2）授信申请人的未来 3 年的销售收入、税后利润、折旧等的预测数据及其依据。

（3）授信申请人的应收账款账龄及集中程度分析表、存货结构变动表。

（4）授信申请人的税收优惠政策及近 3 年纳税实际数据和未来 3 年预测数据。

对于小微企业，必要时由授信业务部根据收集资料编制的财务报表，授信管理部门要对其进行审核。

2. 授信管理部门重点审查内容

审查授信申请人的偿债能力是否符合银行授信要求，依据审查结果提出相应的风险防范措施。重点审查的内容见模块三的表 3-4。

（五）担保风险审查

1. 审查保证人担保风险要点

主要审查保证人的整体实力和其相应的还款能力，具体从如下方面着手：

（1）审查保证人主体资格是否合规，保证人的信用评级是否符合银行担保制度规定。

（2）审查保证人是否承担连带保证责任。

（3）结合对应的财务指标对保证人履约偿债能力进行审查分析。

（4）审查保证人的担保意愿。

审查后对保证人的担保能力进行判断：担保实力很强、担保能力不足、根本不具备担保能力。

2. 审查抵押担保风险要点

（1）审查抵押物权利证书的真实性。

（2）审查抵押物详细清单。包括：抵押物的名称、数量、质量、状况、所在地、权属及其证明、评估价值、已为其他债权设定的抵押价值和其他事项等。

（3）审查抵押物价值确定依据。

（4）审查抵押物状况及抵押限制。

3. 审查质押担保风险要点

（1）出质人是否是依法对质押财产享有所有权或处分权的法人、其他组织或个人。

（2）出质人对质押担保动产的具体权利，是否拥有所有权或处分权。

（3）出质人质押的动产或权利是否具备真实性、完整性、合法性与有效性。

应重点审查抵押和质押风险集中点：所有权不明或者有争议的财产；法律规定禁止流通的财产；法律规定禁止作为抵押物和质物的财产。

（六）信用风险审查

1. 审查授信申请人的还款能力风险

从信用风险的角度来看，还款能力对应的是借款人的财务状况，即借款人有足够的财力按时足额偿还贷款的本息。因此还款能力取决于授信申请人的基本素质、经济实力、经营效益、发展前景等方面，授信审查时必须对其进行综合审查分析判断。

2. 审查还款意愿风险

还款意愿是指借款人对偿还银行贷款的态度。例如在具备还款能力的情况下，借款人却故意欺诈，有钱不还，赖账不还，使银行无法收回贷款本息。

在审查授信申请人还款意愿风险时，要审查其在本银行、其他银行和供应商等债权人那里的履约记录，以及通过征信系统查询其信用记录，以全面审查和准确判断客户的还款意愿。

五、提出审查结论和风险防控建议

在对授信申请人进行全面审查评价的基础上，提出明确的审查意见和风险防控建议。

（一）提出审查结论

（1）融资金额及结构。

（2）期限（项目贷款须明确是否有宽限期及从何时开始还款、提款期多长）。

（3）利率浮动方案（或收费水平）及结息方式、周期。

（4）还款计划和还款方式。超过 1 年的中长期贷款原则上要从宽限期满后实行等额还款，每半年或每季度或每月归还一次，以降低贷款集中到期的还款压力。确实无法做到等额还款的，要按评估测算的结果确定分年还款计划，但也必须坚持每半年或每季度或每月还款一次，防止贷款集中到期无足够现金流入还款。

（5）担保方式。确定采用信用授信、保证授信、质押授信、抵押授信，还是多种担保方式的综合。

（二）控制风险措施

（1）设定必要的前提条件或提款条件。

借款人只有在满足银行设定的贷款条件或提款条件后，授信业务部门和会计部门才能办理放款或提款手续。

（2）约定必要的财务限制条款及提前还款条款。

1）财务限制条款包括但不限于：①根据客户具体情况约定未经授信行允许，合同期内不得因主观原因关闭在银行开立的账户；②分红不得超过税后净收入的一定比例；③资本支出不得超过授信行要求的一定数额，不得出售特定资产（主要指固定资产）；④未经授信行同意原则上不得向其他金融机构申请授信；⑤不得更改与其他金融机构的债务条款，不得提前清偿其他长期债务；⑥不得进行兼并收购等活动；⑦不得为第三方提供额外债务担保，不得向其他债权人或授信人抵押资产等条款。

2）当借款人生产经营或财务指标发生不利于贷款安全的变化时，授信行有权宣布贷款提前到期。

（3）进行必要的风险提示，提出相关管理要求。

六、撰写授信审查报告

（一）授信审查报告主要构成要素

（1）授信申请人的基本情况。

1）授信申请人概况及资格审查；

2）授信背景及基本情况；

3）授信申请人信用状况及与金融机构合作情况。

（2）授信申请人财务、生产经营管理和市场评价。

1）财务状况评价；

2）生产经营管理情况评价；

3）产品市场评价；

4）效益评价。

（3）担保情况分析。

（4）授信风险评价和防范措施。

（5）审查结论。

提出明确的审查意见，如同意贷款应明确贷款金额、期限、利率、还款方式、担保方式和限制性条款等。

（二）授信审查报告修改

（1）授信审查报告报出后，一般不得在原稿上做原则性更改。如需做原则性更改，应另附说明。

（2）银行对发生变动或信用等级已失效的授信申请人的授信审查报告，应随时进行再审查，及时做出相应的评审意见。

（3）在授信申请人信用等级和客户授信审查报告的有效期内，对发生影响客户资信的重大事项，银行应重新进行授信审查并形成新的授信审查报告。必须形成新授信审查报告的几种情况：

1）外部政策变动；

2）客户组织结构、股权或主要领导人发生变动；

3）客户的担保超过所设定的担保警戒线；

4）客户财务收支能力发生重大变化；

5）客户涉及重大诉讼；

6）客户出现在其他银行交叉违约的历史记录。

（三）审查报告样式

公司贷款授信审查报告参考样式 4－1；个人贷款授信审查报告参考样式 4－2。

样式 4－1

关于×××公司申请××万元人民币流动资金贷款的审查报告

一、贷款（授信）方案和贷款（授信）情况

（一）贷款（授信）方案

主要阐明上报单位同意的贷款（授信）方案，包括金额、用途、期限、利率、担保方式、保证金比例、还款方式、集团客户额度切分等。

（二）贷款（授信）情况

主要说明申请人在他行和我行的授信及使用情况。

(1) 借款申请人在他行授信及用信情况。包括在他行的授信额度、用信额度、信用状况。

(2) 借款申请人在我行授信、用信情况。包括在我行的授信额度、用信额度。

(3) 单户和集团客户授信、用信是否超比率。

二、贷款（授信）资格审查

主要从申请人性质、相关证照（营业执照等）的有效性、诚信状况（包括不限于是否有不良记录，或对不良贷款作出可行的还款计划等方面）对申请人主体资格条件进行详细审查和说明。

三、贷款（授信）业务可行性审查

对调查报告中的行业分析、经营情况、财务分析、固定资产投资和建设情况着重从风险控制的角度进行分析和说明。

（一）经营情况

综合调查报告中阐述的行业分析和申请人经营状况，补充分析申请人经营行业发展趋势等相关内容。

（二）财务分析

对申请人的相关偿债指标、盈利指标、营运指标、现金获得能力测算和分析进行审核，对报告未涉及但可能影响信贷资金安全的相关指标进行补充测算和分析说明。从风险把控的角度对信贷资金安全情况进行审查分析。

（三）信贷资金安全性审查

结合调查报告中流动资金用途、借款原因、额度合理性等方面进行补充审查分析。

1. 信贷资金用途审查

结合资金使用背景，就资金投入方案、融资方案、融资能力进行合理性补充审查分析。

2. 额度合理性审查

对申请资金额度的测算进一步审查，结合自有资金情况，预测信贷资金是否与申请人的生产经营情况相符。

（四）还款来源审查

主要针对调查报告中还款来源调查预测情况进行审查分析，着重分析实现预测收益的可能性，分析还款计划的可行性和贷款期限的合理性。

（五）担保情况审查

(1) 抵（质）押方式的，对抵（质）押物的权属状况、价值是否充足、处置变现能力、担保率等情况进行详细审查和说明。

(2) 以保证方式的，对保证人的主体资格、保证能力、保证意愿等相关情况进行审查和分析。

四、贷款（授信）资料完整性审查

对贷款（授信）业务上报单位提供的申请人基本情况资料、财务资料、担保资料、还款来源和其他必须提供资料的完整性进行审查，根据需要提出材料补充意见和要求。

五、贷款（授信）流程合规性审查

(1) 根据本行的贷款操作规程或管理办法规定，审查上报业务自申请人提出申请至上报期间每个程序和办理时间是否符合要求。

(2) 审查上报业务是否符合本行信贷授权规定。

六、风险分析

(1) 根据需要，从不同角度补充分析申请人行业风险、经营风险、管理风险和信用风险等情况。

(2) 从本行信贷业务行业结构、期限结构等方面进行审查分析。

(3) 针对风险情况提出风险防控建议。

七、审查结论

(1) 对本次申报的贷款（授信）业务出具明确的意见，包括授信对象、品种、金额、利率、担保方式、保证金比例和还款方式等。

(2) 贷款发放条件，信贷资金支付要求，贷后管理要求和其他要求。

审查人：

年 月 日

样式 4-2

关于××（个人）申请××万元人民币××（贷款类型）审查报告

一、借款申请人家庭基本情况

主要包括申请人的姓名、性别、年龄、婚姻状况、职业、健康程度、家庭人口、信誉、有无不良嗜好等情况；家庭成员的相关情况；家庭资产负债情况。

二、借款申请人目前授信、用信及本次申报贷款情况

（一）借款申请人在他行授信及用信情况

（二）借款申请人在我行贷款、用信及本次申请贷款情况

三、审查内容

（一）申报业务的合规性

1. 信贷授权权限

审查信贷业务是否在申报行信贷授权范围内。

2. 贷款程序

审查信贷业务是否符合我行规定的流程和办理时限，是否存在减程序或逆程序操作问题。

3. 贷款对象主体资格和准入

审查贷款对象是否符合法律法规和我行相关规定。

4. 贷款金额

审查申报信贷业务金额是否超过风险限额；单笔贷款业务申请金额是否符合我行有关制度的规定。

5. 贷款期限

审查信贷业务期限是否符合我行有关产品制度的规定。

6. 贷款用途

审查信贷业务用途是否符合我行有关产品制度和相关法律法规的规定。

7. 贷款担保方式

审查信贷业务担保方式、担保率等是否符合我行担保管理办法和有关产品制度的规定。

8. 其他需要审查的事项

（二）申报资料及内容的完备性

(1) 审查调查报告是否对借款申请人家庭基本（经营）情况、资产负债情况、人品、职业、健康等对贷款有重要影响的要素进行准确、充分表述，有无提供必要的证明材料。

(2) 审查调查报告是否对借款申请人还款能力进行分析，分析是否充分，有无提供必要的证明材料。

(3) 审查调查报告是否对担保的有效性进行分析，分析是否充分，有无提供必要的证明材料。

(4) 审查调查报告是否对贷款用途、贷款金额、贷款期限的合理性进行分析，分析是否充分，有无提供必要的证明材料。

(5) 其他需提供的资料。

四、风险分析

对可能影响贷款回收的重要因素进行综合分析。

五、审查意见

(1) 对本次申报的贷款业务出具明确的意见，包括贷款对象、品种、金额、利率、担保方式和还款方式等。

(2) 贷款发放条件，信贷资金支付要求，贷后管理要求和其他要求。

审查人（签名）：

年　月　日

任务二　银行审批授信

【任务分析】教师结合实例讲解，指导学生了解授信审批制度、授信审批的几种结论；通过流程图分析讲解，指导学生了解贷审会的授信审批范围、审批流程和如何做出审批结论。教师结合教学内容，注意引导学生养成良好的职业道德。

一、银行授信审批制度

银行为了提高授信审批业务的工作效率和自身竞争力，建立了授权管理制度，实行分级审批。为了防范授信风险，建立了审查与授信发放相分离的管理制度。以下具体讲解授权管理制度下的分级审批和审查与授信发放相分离的管理制度。

（一）审批授信的授权管理和分级审批

审批授信的授权管理和分级审批，用一句话来概括，就是银行分支机构在上级行的授信授权范围内，按照分级审批制度对授信业务进行审查和审批。

1. 审批授信的授权管理

（1）审批授信的授权管理的概念。

审批授信的授权管理是指银行采用授权方式对授信业务审批环节进行管理。银行审批授信的授权是对其所属职能部门、分支机构和关键岗位办理授信业务权限的具体规定。

（2）审批授信的授权管理的分类。

1）依据授权的层次划分，分为直接授权和转授权。直接授权是指银行金融机构总部对相关授信业务职能部门或直接管理的经营单位授予全部或部分授信产品一定期限、一定金额内的授信审批权限。转授权是指被授权的经营单位在总部直接授权的权限内，对本级行各有权审批人、相关授信业务职能部门和所辖分支机构转授一定授信审批权限。

2）依据授权的时效划分，分为临时授权和永久授权。临时授权是在被授权者因故不能履行业务审批职责时，可以临时将自己权限范围内的授信审批权限授予其他符合条件者代为行使。永久授权与临时授权相对，永久授权是普通授权，临时授权是特殊授权。从授权时效来看，永久授权至少1年；临时授权的期限比较短，可以仅有几天时间。

3）依据授权部门层次的高低不同，分为董事会审批授权、授信委员会或高级管理层的审批授权和一般信贷员的审批授权。授权级别高低不同一般与授信额大小、授信重要程度有关，授信额越大需要的授权级别越高，越重要的授信需要的授权级别越高。

（3）审批授信的授权管理的方法。

银行对业务职能部门和分支机构的授信授权，原则上应根据其风险管理水平、资产质量、所处地区的经济环境、主要负责人的授信从业经验等因素，设置一定的权重，采用风险指标量化评定的方法合理确定。

此外，在确定授信授权时，应当考虑大型或集团公司授信、小微企业授信、个人授信的不同业务特点。

(4) 授信授权的形式。

1) 按受权人划分，授信授权可授予银行总部授信审批部门及其派出机构、银行分支机构负责人或独立授信审批人等。

2) 按授信品种风险高低不同划分，可将低风险品种进行授权审批。

3) 按行业不同进行授权。根据银行信贷行业投向政策，对不同的行业分别授予不同的权限。

4) 按客户风险评级授权。对于优良级别客户下放授信审批权。

5) 按担保方式授权。对于无风险的、全额质押担保的授信可以下放授信审批权。

2. 分级审批授信

(1) 分级审批的基础和依据。

分级审批的基础是授信授权管理模式，没有授权管理模式就没有分级审批。分级审批权限划分的主要依据是授信额度，因为授信额度大小直接反映给银行带来风险的大小，授信额度越高，风险越大，对授信审批人员的专业知识和经验要求也越高。

(2) 分级审批的业务流程。

建立分支行机构的银行，总行和各分支机构必须在权限范围内办理授信业务。

1) 权限内的授信审批流程。分支行授信管理部审查、贷审会审议、有权审批人审批。

2) 超越权限的信贷审批流程。分支行授信管理部门初审，分支行行长审核同意后，由授信管理部报有权审批的上级管理行授信管理部复审，上级行贷审会审议，有权审批人审批。

(二) 授信审查与授信发放相分离

1. 授信审查与授信发放相分离的概念

授信审查与授信发放相分离是指将授信业务办理过程中的调查、审查和发放环节进行分离，分别由不同层次机构和不同部门（岗位）承担，以实现相互制约并充分发挥授信审查人员专业优势的授信管理制度。

在这种制度下，授信调查人员负责授信调查分析，承担调查失误的责任；授信审查人员负责授信审查，承担审查失误的责任；授信发放人员负责授信限制性条件的落实和授信发放后的检查和清收，承担限制性条件落实不力、检查失误、清收不力的责任。

2. 授信审查与授信发放相分离的操作方法

(1) 授信审查与授信发放相分离的形式见表4-3。

表4-3 授信审查与授信发放相分离的形式

形式	含义
岗位分离	在基层经营单位，如授信规模较小的支行，一般设置授信业务岗和授信审查岗，由授信审查岗履行授信审查的职能。
部门分离	在分行乃至总行等较高层级的单位，设置授信业务经营部门和授信审查部门，前者履行授信前调查和授信后管理职能，后者履行授信审查职能。
地区分离	银行设立地区授信审批中心，负责某个地区辖内机构超权限的授信审批，旨在通过地区分离、异地操作来保证授信审批的独立性。

(2) 授信业务岗与授信审查岗的职责划分见表4-4。

表 4-4　授信业务岗与授信审查岗的职责划分

授信业务岗的职责	授信审查岗的职责
1. 积极拓展授信业务，搞好市场调查，优选客户，受理借款人申请。 2. 对借款人申请授信业务的合法性、安全性、盈利性进行调查。 3. 对客户进行信用等级评价，撰写调查报告，提出授信的期限、金额、利率（费率）和支付方式等明确意见。 4. 办理核保、抵（质）押登记及其他发放贷款的具体手续。 5. 授信业务办理后对客户执行授信合同的情况和经营状况进行检查和管理。 6. 督促客户按合同约定使用授信，按时足额归还贷款本息，并负责配合催收风险贷款。 7. 负责授信档案管理，确保授信档案完整、有效。 8. 授信业务岗位人员提交授信前调查报告，并承担调查失误、风险分析失误和贷后管理不力的责任。	1. 表面真实性审查。对财务报表、商务合同等资料进行表面真实性审查，对明显虚假的资料提出审查意见。 2. 完整性审查。审查授信资料是否完整有效，包括授信客户信息资料、项目批准文件以及需要提供的其他证明资料等。 3. 合规性审查。审查客户、授信用途的合规性，审查授信业务是否符合国家和本行授信政策投向政策，审查授信客户经营范围是否符合授信要求。 4. 合理性审查。审查授信行为的合理性，审查授信前调查中使用的授信材料和授信结论在逻辑上是否具有合理性。 5. 可行性审查。审查授信业务主要风险及其防范措施、偿债能力、授信安排、授信价格、授信期限、担保能力等，审查授信客户和授信业务风险。

3. 授信审查与授信发放相分离的实施要点

（1）审查人员与客户原则上不单独直接接触，以保证审查与审批的独立性。

（2）审查人员无最终决策权。授信审查只是授信审批过程中的一个环节，不是授信审批流程的终点。审查人员即使对授信发放持否定态度，也要按正常的授信流程继续进行审批。审批人参考审查人员意见，对是否批准授信提出明确意见，授信决策权由信贷审查委员会或最终审批人行使。

××银行授信审批部门各岗位职责

（3）实行集体审议决策机制。一般采取授信集体审议决策机制，多数银行通过设立信贷审查委员会的方式行使集体审议职能。

（4）按程序审批。授信审批应按规定权限、程序进行，不得违反程序、减少程序或逆程序审批授信业务。

二、银行授信审批机构

（一）贷审会的性质和作用

银行采取授信集体审议决策机制，多数银行设立各级信贷管理委员会负责授信业务审批，因此银行授信审批机构是信贷管理委员会，一般称为贷款审查委员会，简称贷审会。

贷审会的性质是董事会领导下的授信业务决策的集体议事机构，分支机构的贷审会是行长领导下的授信业务决策的集体议事机构，对最终授信决策人的审批授信业务起智力支持作用和制约作用。如贷审会投票未通过的授信事项，有权审批人不得审批同意；而贷审会通过的授信，有权审批人也可以否定。这里的有权审批人主要指董事长或行长或行长授权的副行长等。

贷审会的主要作用是对授信业务部门提出的授信申请进行审查，对是否同意某项授信申请提出意见。

（二）贷审会的职责和议事范围

1. 贷审会的职责

贷审会通过全体委员会议履行职责。凡属于贷审会审议范围内的事项必须提交贷审会会议审议。贷审会的主要职责有：

（1）审议职责范围内的授信事项。

（2）指导和协调下级行贷审会工作。如审批疑难授信，包括：上一笔贷款未按计划还清又申请下一笔贷款的；有不良记录客户的授信；分支机构与管理部门有分歧的授信。

（3）督促有关部门落实贷审会审议、董事长或行长审批的各类授信事项。

2. 贷审会的议事范围

（1）贷审会主要审议的事项：1）不超过本行审批权限的贷款、贸易融资、贴现、承兑、信用证、担保等形式的本外币授信业务和公开统一授信、可循环使用授信、贷款承诺函等。2）超过本行审批权限，按照规定需要经过贷审会审议、报请上级行审批的上述事项。3）审议董事长或行长认为有必要提交贷审会审议的特别授权、内部授信、特别授信及其他授信特别事项。4）审议按规定应由贷审会审议的客户信用等级评定。5）审议经本行贷审会审议通过、董事长或行长批准的授信业务执行情况和贷后检查报告。

（2）不经贷审会审议的事项：1）以全额保证金、存单或国债质押方式办理的贷款，银行承兑汇票，开立的信用证，投标保函。2）100％外质押的人民币贷款业务。3）银行承兑汇票质押办理承兑、贷款。4）本行已授信境外银行开立订单备用信用证项下的担保贷款。5）银行承兑汇票的贴现。6）出口信用证项下的票据贴现。7）公开统一授信项下和可循环信用证项下的短期授信业务。8）扶贫到户的贷款等业务。

（三）贷审会的成员构成

贷审会设主任委员1名，由行长担任；副主任委员由主管授信业务的副行长担任。贷审会的委员由部门委员和个人委员组成。部门委员由授信管理部门、授信业务部门、资金计划部门、风险资产管理部门、国际业务部门、法规部门的负责人担任；个人委员由具有评审能力的专职人员担任。贷审会委员不得少于7人，各级贷审会人员的组成稳定明确，并上报上级贷审会办公室备案。贷审会下设办公室，作为贷审会的具体办事机构。

（四）贷审会的工作程序

贷审会的工作程序一般包括以及几个步骤。

1. 受理

凡拟提交贷审会审议的授信业务，由授信管理部门按规定进行审查后，撰写授信审查报告，经本部门盖章、部门负责人签字后，连同授信申请报告、调查报告、评估报告（或专家咨询意见）和内部运作资料等，送贷审会办公室。

2. 要件审查

贷审会办公室按规定对拟提交审议的有关授信事项进行要件审查，对符合规范要求的授信事项及时提交贷审会审议。对不符合规范要求的，应要求提请审议的授信部门补充完善。

3. 会议准备

提请会议主持人及时召开贷审会会议，做好会议资料准备，提前至少一天将审查报告发送贷审会委员，通知贷审会委员和汇报、列席人员按时参加会议。

4. 审议

会议主持人负责组织对提交贷审会的授信事项进行审议。由审查人员向贷审会汇报授信审查报告，参加会议的委员就授信审查报告中的主要方面和突出问题进行审议后，就审议的授信事项实行投票表决。贷审会办公室根据会议记录整理成会议纪要，根据投票结果填制贷审会审议表，连同会议纪要一并呈报有权审批人审批。贷审会会议流程如图 4-1 所示。

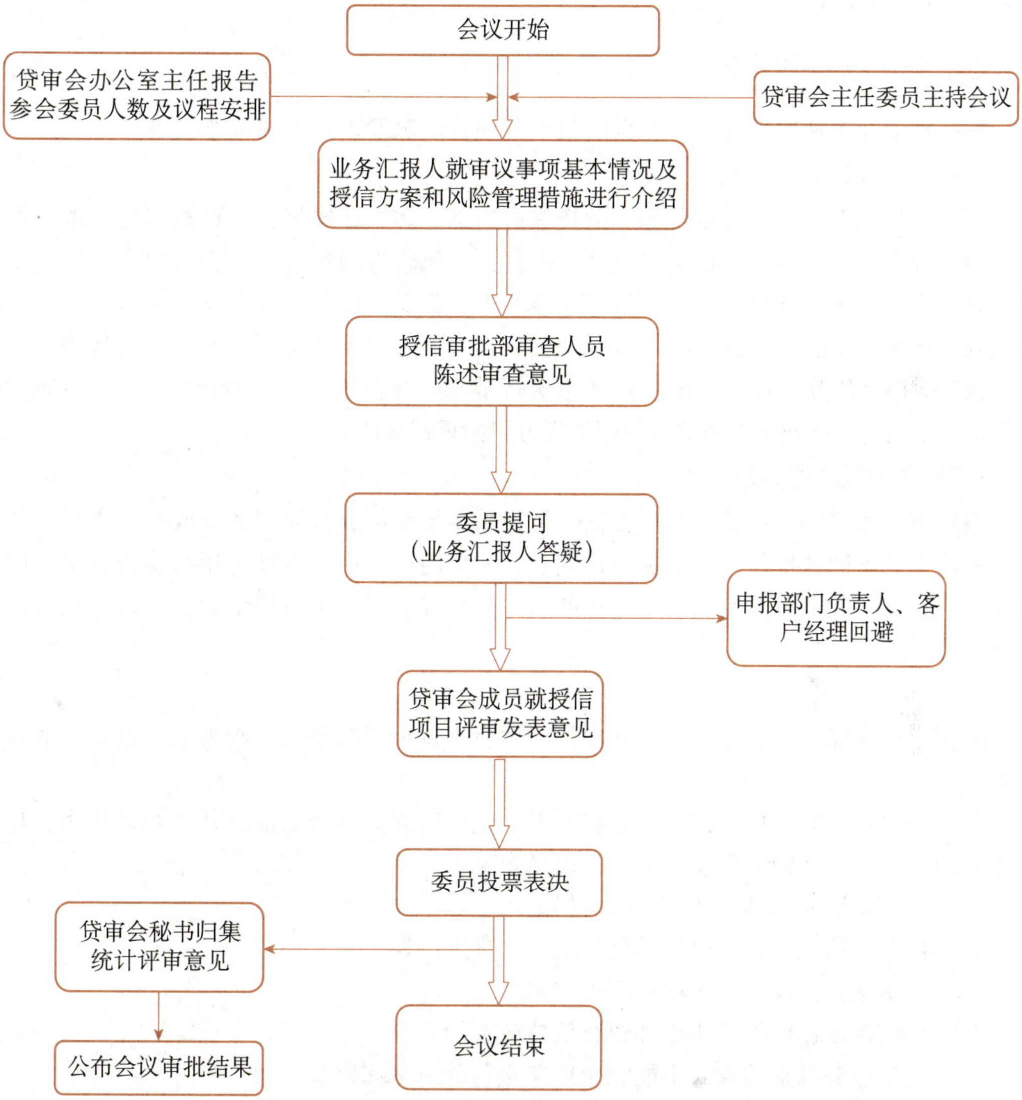

图 4-1　贷审会会议流程图

5. 审批

有权审批人在会议纪要和审议表上签署审批意见。对贷审会审议通过的授信事项，有权审批人可行使一票否决权，对经投票未通过（包括不同意和复议）的授信事项，有权审批人不得行使一票赞成权。不论投票结果如何，有权审批人均有复议决定权。

6. 批复

贷审会办公室根据有权审批人在审议表和会议纪要上的签批意见，印发“贷审会会议纪要”，依据会议纪要起草文件批复有关行。授信批复可以采取行发文件和授信审批表的方式进行。

7. 督促与检查

贷审会办公室应督促有关部门落实经贷审会审议通过、董事长或行长审批的授信事项，并对执行情况进行跟踪检查。

三、银行授信初次审批结论

银行授信业务初次审批时，根据所报审批项目情况发表以下四种意见之一。

（一）同意授信

授信审批人在审查申报单位提交的授信申请书、客户评级报告、调查报告、审查报告和所有其他资料后，经过贷审会与经营主责任人、风险管理负责人进行沟通商议后，如果信贷审批人判断申报项目符合国家法律法规、产业政策、银行信贷政策、风险管理政策及各项规章制度，授信方案建议的各项构成要素合理，还款来源充足、稳定、可实现、可执行，能有效控制风险，且办理该项业务给银行带来的收益能覆盖成本和风险，则发表“同意”的审批结论，即同意申报单位按照审批方案办理授信业务。

（二）附加条件的同意授信

授信审批人原则上或基本同意授信，但仍需申报单位进行完善和修改授信方案，如果符合提出条件就同意授信，即附加条件同意。一般附加条件是有助于银行防范风险，或有助于银行控制还款来源，或有助于在控制风险的情况下提高银行授信业务收益，或有助于银行业务发展。

（三）否决授信

授信审批人通过审查交流，判断申报的项目不符合授信条件，则发表“否决”的审批结论。

发表否决意见时，授信审批人应在审批结论中明确提出否决的具体内容及理由。出现下列情况之一的，原则上发表“否决”审批意见：

（1）授信申请人不具备授信主体资格的。

（2）授信申请人或授信申请的项目未达到准入门槛。

（3）授信项目的审批过程存在严重缺陷。

（4）授信用途违反国家法律和银行信贷政策规定。

（5）授信业务带来的收入不能完全覆盖银行的成本和风险。

（四）续议授信

续议授信是授信审批人针对授信申请资料中存在问题而表达的一种审批意见。如存在下列情况之一的：（1）授信金额不合理；（2）授信期限不合理；（3）授信申请人或保证人经营信息不充分；（4）授信申请人或保证人财务信息不充分；（5）不能有效评价还款来源；（6）不能有效评价保证人的履约能力；（7）担保物有瑕疵，对担保能力和效力产生不利影响；（8）贷后管理措施不到位、不完备、不能有效控制授信风险等情形。使授信审批人认为：(1) 申报材料不充分、汇报人回答问题不清，不能满足做出判断需要。(2) 有必要对申报方案的重要条款进行修改，需要在申报单位补充材料加以说明或对申报方案进行修改后再审议。如果符合以上两条之一的，授信审批人发表“续议授信”意见。

四、银行授信再次审批结论

(一) 变更条件的审批结论

对于初次审批结论为“同意”或“附加条件同意”的授信项目已发文后，在首次提款或开立信用证、保函、承兑前，如申报单位不能落实申报方案中的条款或审批结论附加的条件条款时，授信申报单位可申请变更申报条件审批。授信审批人应对变更的条件进行审批，根据授信审批的标准进行判断，作出同意授信或否决授信的意见。

(二) 续议授信的审批结论

对于初审结论为“续议授信”的，申报单位可以在规定时间按续议授信的要求，补充有关材料和对授信方案进行调整，然后由原审批部门再组织审批。

授信审批人应重点分析续议申请补充的相关材料、调整后的授信方案和授信申请人变更的材料，作出判断，发表审批结论。

(三) 复议审批

初次审批结论为“否决”的，申报单位可在规定时间内，按规定的审批程序向原审批单位或上级行申请复议。对于复议的授信业务，审批人仍然按照既定的授信审批标准审批作出判断，发表审批结论，但只能是“同意”或“否决”。

五、授信审查审批表的填写

授信审查及审批结论要填写在授信审查审批表上。银行分支行与总行授信业务审查审批表的格式分别如表 4-5 和 4-6 所示。

表 4-5　授信业务审查审批表 (分支行)

经办行（盖章）

信贷审查部门意见：		
经办人签字：	负责人签字：	年　月　日
风险管理部门审查意见：		
经办人签字：	负责人签字：	年　月　日
主管副行长意见：		
签字：		年　月　日
信贷审查委员会意见：		
主任签字：		年　月　日
行长审查（审批）意见：		
签字：		年　月　日

表 4-6 授信业务审查审批表（总行）

分行（总行营业部）意见 一、审查结论 二、附加条件或限制性条款 负责人签字：　　　　盖章　　年　月　日
主审查人意见 一、审查结论 二、附加条件或限制性条款 主审查人签字：　　　　年　月　日
总行信贷审批中心审查意见 部门负责人签字：　　　　年　月　日
总行信贷部总经理意见 签字：　　　　年　月　日
信贷政策委员会意见 一、审查结论 二、表决情况 信贷政策委员会　　人，出席　　，投票　　人。 表决结果：同意　　票，不同意　　票，再议　　票。 三、附加条件或限制性条款（或再议条件） 信贷政策委员会主任签字：　　　　年　月　日
主管副行长意见： 签字：　　　　年　月　日
行长意见： 签字：　　　　年　月　日

模块小结

- 银行审查和审批授信
  - 银行审查授信
    - 授信申请人和担保人基本要素审查
    - 授信申请人和保证人的主体资格审查
    - 授信政策审查
    - 授信风险审查
    - 提出审查结论和风险防控建议
    - 撰写授信审查报告
  - 银行审批授信
    - 银行授信审批制度
    - 银行授信审批机构
    - 银行授信初次审批结论
    - 银行授信再次审批结论
    - 授信审查审批表的填写

模块测评

一、单项选择题

1. 审查贷款用途是否合规合法，是否符合国家有关政策，贷款用途、期限、方式、利率等是否符合银行规定，属于（　　）。

A. 基本要素审查　　B. 主体资格审查　　C. 授信政策审查　　D. 信贷风险审查

2. 在（　　）制度下，贷款调查人员负责贷款调查分析，承担调查失误的责任；贷款审查人员负责贷款风险的审查，承担审查失误的责任；贷款发放人员负责贷款的检查和清收，承担检查失误、清收不力的责任。

A. 分级审批　　B. 审贷分离　　C. 信贷授权　　D. 集体审议

3.（　　）是商业银行信贷业务全流程的决策环节，是信贷业务执行实施的前提和依据。

A. 贷款审批　　B. 贷款担保　　C. 贷前检查　　D. 贷款项目评估

4. 票据贴现的贴现期限最长不得超过（　　），贴现期限为从贴现之日起到票据到期日止。

A. 3 个月　　B. 6 个月　　C. 9 个月　　D. 1 年

5. 银行审查部门对授信基本要素的审查，主要包括（　　）。

A. 授信申请人及保证人的资料是否齐全

B. 授信申请人的资料是否齐全

C. 授信申请人及保证人的法人代表有关证明材料是否符合规定

D. 授信申请人的信用等级是否符合本行信贷规定

6. 银行审查部门对授信主体资格审查时，仅审查以下四项中的（　　）。

A. 授信申请人及保证人的资料是否齐全

B. 授信申请人及保证人的主体资格是否符合法律规定

C. 授信用途是否符合国家行业政策

D. 授信申请人的信用等级是否符合本行信贷规定

二、多项选择题

1. 银行授信审查部门对授信申请的审查主要包括（　　）。

A. 基本要素审查　　B. 主体资格审查　　C. 授信政策审查　　D. 信贷风险审查

2. 以下对贷审会描述正确的是（　　）。

A. 其性质是在行长领导下，对是否授信进行决策的集体议事机构

B. 分支机构的贷审会受董事会领导

C. 分支机构的贷审会受分支行的行长领导

D. 贷审会投票未通过的授信事项，有权审批人不得审批同意。

3. 以下属于审贷分离形式的是（　　）。

A. 地区分离　　B. 部门分离　　C. 岗位分离　　D. 权责分离

4. 银行授信审查岗的职责包括（　　）。

A. 真实性审查　　B. 可行性审查　　C. 完整性审查　　D. 合规性审查

5. 贷款授信额度的决定因素有（　　）。

A. 申请人信贷承受能力　　B. 借款企业对借贷资金的需求

C. 贷款组合管理的限制　　D. 银行的客户政策

6. 授信授权的形式有很多，以下属于授信授权形式的有（　　）。

A. 授权给独立授信审批人　　B. 按授信申请人信用等级不同授权

C. 按担保风险大小授权　　D. 永久授权和临时授权

三、判断题

1. 授信审查是授信审批过程中的一个环节，不应成为授信审批流程的终点。（　　）

2. 授信额度要依据客户经营情况、合理需求及其承担风险的能力和银行承担风险的能力审慎确定。（　　）

3. 行长一般担任贷审会的主任委员。（　　）

4. 贷款人应当根据业务量大小、管理水平和贷款风险度确定各级分支机构的审批权限，超过审批权限的贷款，应当报上级审批。（　　）

5. 信贷审查与发放相分离即审贷分离的目的是提高信贷审批效率，增强银行竞争力。（　　）

四、实战演练

根据以下授信审查报告资料，分析审查报告由哪几个部分构成，各部分的要点是什么。

关于××股份有限责任公司申请3 000万元流动资金贷款的审查报告

一、贷款方案和授信情况

（一）贷款方案

××支行于2020年1月上报的××股份有限责任公司申请3 000万元流动资金贷款，期限1年，利率执行1年期LPR上浮10%。抵押物价值充足，担保合法真实有效。

（二）授信情况

截至2019年12月31日申请人在他行和我行（通商银行）的主要授信情况如表4-7

所示。

表 4-7　授信情况

前三名授信银行	第一名	第二名	第三名	说明
短期贷款	浦发银行 4 000 万元	通商银行 3 000 万元	交通银行、徽商银行各 1 500 万元	浦发银行为中国建材集团担保，我行（通商银行）为抵押。

二、贷款资格审查

××股份有限公司成立于 2007 年 5 月 31 日，注册资本为 10 000 万元。法定代表人：李××。公司性质为股份有限责任公司，统一社会信用代码：××××××××××，基本账户开户行：工商银行淮南蔡家岗支行，账号：130404560902011××××。现址位于淮南市××区××路，公司占地 480 亩。公司主要经营的产品和范围为建材、煤矿机械设备、化工原料、冶金、市政工程机电设备销售及技术服务。

该公司经营化工原料、建材属于环保材料，生产的矿山机械设备技术领先，属于国家优先发展行业，是我行重点支持客户，实力较强，信誉良好，符合贷款主体要求。

三、贷款业务可行性审查

对调查报告中的行业分析、经营情况分析、财务分析、固定资产投资和建设情况着重从风险控制的角度进行了审查分析。

（一）经营情况

该公司产品覆盖煤炭、矿山、冶金、建材、化工、电力、工程、环保等行业。主要产品有：系列掘进机、带式输送机、大倾角可弯曲圆管带式输送机、绞车、电动机、矿用天轮、减速器等 200 多个品种，多种产品为国内首创并获得国家级、省部级质量奖和科技进步奖。其中，AM-50 型掘进机荣获国家质量金奖；SDJ-150 型带式输送机获国家质量银奖；EBZ-160 型掘进机获国家重点新产品证书；自主开发的 EBH-120 型掘进机获得安徽省科学技术进步二等奖；引进日本专利技术、国内独家生产的大倾角可弯曲圆管带式输送机填补了国内空白，具有国内领先地位。控股股东在生产技术方面、产品研发方面和政府支持方面具有明显的优势，发展前景良好。对该公司的国家不支持的经营领域应予以关注。

（二）财务分析

从对财务报表的分析可以看出：截至 2019 年 12 月 31 日，该公司资产合计 52 319 万元，较年初 35 798 万元增加 16 521 万元。主要原因为存货增加了 1 500 万元，银行存款增加 9 878 万元，应收票据增加 5 143 万元。负债合计 37 487 万元，较年初增加 13 830.9 万元。主要原因是在中国工商银行增加 1 011 万元的国内保理，应付票据增加7 719.9 万元，应付账款增加 5 100 万元。

该公司贷款申请时流动比率为 1.17，较上年末有所下降；速动比率为 0.88，较上年末有所上升。主要因为应付账款和应付票据增加较多，短期偿债能力下降。该公司在技术研发上加大了投入，应收账款增加较多，影响了资金周转，对公司营运能力产生影响，对公司流动性影响也较大。该公司 2019 年净资产收益率为 14.32%，较前两年有大幅度提高，表明公司经营能力和盈利能力在逐渐提高，公司未来经营能力良好。

2019年全年公司实现销售收入33 027万元，较上年同期增长43%；回笼资金8 760万元，较上年同期增长36.8%；实现利润2 124万元，较上年同期增长30.2%。盈利能力的各项指标增长较快，表明公司发展势头良好，市场占有率不断提高，盈利能力增强。

该公司截至2019年12月31日贷款余额为11 497万元，其中在我行的贷款有3 000万元。每年利息支出约为619万元。2019年利息保障倍数为2.93，还息能力较有保障。

（三）信贷资金安全性审查

此笔贷款为还清再贷。从财务报表上看，该公司应收账款余额为15 117万元，对公司的流动性产生一定的影响。公司2018年4月份从我行申请流动资金贷款3 000万元，有力地保证了该公司各项生产任务的完成，现该笔贷款已还清。为缓解流动资金压力，保障公司2020年经营计划的完成，该公司再次向我行申请流动资金借款3 000万元，期限1年。继续以该公司名下的29处房产作抵押担保，符合我行的信贷要求。

（四）还款来源审查

该公司虽然资产负债率有所上升，应收账款较大，但付款方信用度高，付款能力强，回款有保障。且该公司技术研发能力较强，产品质量和市场占有率不断提升，公司盈利水平也不断提高。2020年该公司已获订单60 000万元，其中矿业集团37 000万元，窑街煤电18 000万元。2020年公司计划实现销售收入70 000万元，利润总额达到6 000万元。预计在贷款授信期间，公司经营状况将稳步上升，还款来源较有保障。

总体看来，公司经营活动能产生充足的现金流，可以满足公司日常经营和各项费用支出及偿还贷款的需求，良好的现金流对偿还我行贷款是有一定保障的。另外，该公司提供的抵押物足值，且易变现，第二还款来源有保障。

（五）担保情况审查

该公司此次申请贷款继续以其名下29处房产向我行作抵押担保。该房产经安徽×××房地产评估咨询有限公司评估价值为6 573万元整，产权清晰，地理位置优越，评估价值与实际价值相符，抵押物符合《民法典》的要求，公司申请贷款金额为3 000万元，抵押比率为45.64%，低于我行规定的抵押率。

四、贷款资料完整性审查

（1）公司的营业执照已提供。

（2）公司征信报告及法人代表个人征信报告已查询，公司及个人无不良逾期、欠息记录。

（3）借款用途资料已提供，还清贷款凭证已提供。

（4）经营场所和抵押物照片已提供。

（5）银行对账单已提供。

（6）抵押物产权证书原件已提供，评估报告已提供。

（7）股东会关于同意申请贷款的决议已提供。

材料齐全，并经客户经理审核。

五、贷款流程合规性审查

（1）根据本行的贷款操作规程或管理办法规定，审查上报业务自申请人提出申请至上报期间每个程序和办理时间符合要求。

（2）审查上报业务符合本行信贷授权规定。

六、风险分析

(1) 该公司为我市机械装备制造龙头企业，资金实力雄厚，生产经营稳定。但机械制造行业市场竞争较为激烈，同时该公司在其他金融机构授信较多。我行应时刻关注该行业变化，要求该公司生产经营资金多从我行出入，以覆盖授信额度。

(2) 我行认真贯彻国家政策，积极支持地方经济发展，对中小企业政策予以倾斜，该公司属于中型制造企业，符合本行信贷业务行业结构政策。

(3) 针对客户经理提及的市场风险、竞争风险、原材料风险应实时监控。另外，对行业风险、经营风险、管理风险、道德风险也应予以关注。

七、审查结论

(1) 同意授信业务部门意见，××股份有限公司重新申请的 3 000 万元贷款，期限 1 年，利率按 1 年期 LPR 上浮 10%执行，仍以 29 处房产作为抵押。

(2) 贷款必须在满足我行的贷款发放条件时予以发放；大额支付有交易对手时实行受托支付；贷后检查需及时，档案管理按我行要求执行。

审查人：×××

××××年××月××日

模块 五

银行签订和履行授信合同

学习目标

● 知识目标

1. 掌握银行授信合同签订前需要落实的条件；
2. 了解银行授信主合同和从合同的主要条款；
3. 掌握银行授信合同的填写规范；
4. 熟悉银行贷款发放管理的要点；
5. 掌握银行贷款发放的方式。

● 技能目标

1. 会根据银行授信审批的基本条件和限制性条件落实情况，填写“授信业务审批条件落实情况表”；
2. 能够按照相关规定填写授信合同相关内容；
3. 能够正确选择贷款资金支付方式和按银行规定发放贷款。

案例导入

落实审批条件后按用款计划发放贷款

2020 年 5 月 20 日，中国建设银行某支行与某县开发区管委会、县自然资源局、开发区 A 经济开发有限公司签订了“四方合作协议”，同意向 A 公司“提供人民币 3 500 万元的短期贷款，专项用于收储某开发区 2 500 亩工业用地征地款”，并且以该宗土地使用权作抵押。中国建设银行某支行当日以《关于 A 经济开发有限公司 3 500 万元贷款的请示》，向市分行报请审批 A 经济开发有限公司流动资金贷款 3 500 万元。

2020 年 5 月 27 日，市分行对其支行的请示给予批复，并下发“审批决策意见通知单”，有条件同意对 A 经济开发有限公司流动资金贷款 3 500 万元。条件为：一是办妥合法、有效的土地使用权抵押；二是承诺注册资本增至 2 000 万元，与贷款额度相配套，总信用量控制在 5 000 万元；三是严格控制项目资金流向，实行封闭运行。

2020 年 7 月 25 日，中国建设银行某支行落实了贷款条件后，与开发区 A 经济开发有限公司签订了贷款合同和抵押合同，并按用款计划发放贷款 3 500 万元人民币。

思考：银行应该如何落实贷款审批条件？贷款合同、担保合同的主要条款有哪些？银行签订合同时应注意哪些问题？银行放款有哪些支付方式和放款方式？

任务一　银行签订授信合同

【任务分析】知识学习方面，教师引导学生掌握在银行签订授信合同前应落实审批条件，掌握银行授信主、从合同的主要条款，银行授信合同的填写规范、填写要求以及贷款支付方式、发放方式；技能提升方面，教师引导学生模拟授信业务部客户经理角色落实授信审批条件，按照注意事项做好签订授信合同的基础工作，履行授信合同。教师结合教学内容，注意引导学生养成良好的职业道德。

一、签订合同前要落实授信审批条件

银行授信审批部门在批准授信时，明确授信的基本条件和附加条件以控制授信风险和保障银行利益。因此针对已通过审批的授信项目，授信业务部门在落实授信基本条件和附加条件后，才能签订合同。

（一）需满足授信的基本条件

（1）原应付贷款利息和到期贷款已清偿；对于未清偿的，做出银行认可的偿还计划。

（2）按市场监管部门规定进行年度报告公示。

（3）在申请授信银行已开立存款账户，业务品种另有规定的除外。

（4）有限责任公司和股份有限责任公司对外股本权益性投资累计额不超过其净资产总额的 50%，国务院另有规定的除外。

（5）借款人的资产负债率符合有关规定要求。

（6）申请固定资产贷款的，新设项目法人的所有者权益与项目总投资的比率不低于国家规定的投资项目资本金比例。

（二）落实是否完全不存在下列情况

客户若有下列情况之一的，银行授信业务部或基层经办行不能与其签订授信合同：

（1）连续 3 年亏损，或连续 3 年经营现金净流量为负的；

（2）向银行提供虚假或隐瞒重要事实的资产负债表、利润表等财务报告的；

（3）违反国家规定骗取、套取贷款，用借贷等行为以牟取非法收入的；

（4）违反国家外汇管理规定使用外币贷款的；

（5）违反国家规定用银行信用从事股本权益性投资，或从事股票、期货、金融衍生产品等投资的；

（6）生产、经营或投资国家明文禁止或严重有损于社会公益和道德的产品或项目的；

（7）项目建设或生产经营未取得土地、环保、规划等有权部门批准的；

（8）在进行承包、租赁、联营、合并（兼并）、合作、分立、产权有偿转让、股份制改造等体制变更过程中，未清偿、落实原有债务或未对其清偿债务提供足额担保的；

（9）有其他严重违法或危害银行信贷资金安全行为的；

（10）列入不良信用记录黑名单的。

（三）落实授信附加条件

对照授信审批报告，查阅授信的附加条件，一一对照落实。

二、填写“授信业务审批条件落实情况表”

银行授信审批的条件逐一落实后，授信业务部门的审核人员填写“授信业务审批条件落实情况表”，见表5-1。

表5-1 ××银行授信业务审批条件落实情况表

<table>
<tr><td>客户全称</td><td colspan="4"></td></tr>
<tr><td>申请信贷业务品种</td><td colspan="4"></td></tr>
<tr><td>信贷业务金额</td><td colspan="4"></td></tr>
<tr><td>信贷业务期限</td><td colspan="4"></td></tr>
<tr><td>审批文件文号</td><td colspan="4"></td></tr>
<tr><td rowspan="2">信贷业务审批条件</td><td colspan="3">信贷业务审批条件落实情况</td><td rowspan="2">备注</td></tr>
<tr><td>已落实</td><td>正在落实</td><td>无法落实</td></tr>
<tr><td>一、信贷业务签约条件</td><td></td><td></td><td></td><td></td></tr>
<tr><td></td><td></td><td></td><td></td><td></td></tr>
<tr><td></td><td></td><td></td><td></td><td></td></tr>
<tr><td>二、授信支用条件</td><td></td><td></td><td></td><td></td></tr>
<tr><td></td><td></td><td></td><td></td><td></td></tr>
<tr><td></td><td></td><td></td><td></td><td></td></tr>
<tr><td>三、拟争取条件</td><td></td><td></td><td></td><td></td></tr>
<tr><td></td><td></td><td></td><td></td><td></td></tr>
<tr><td></td><td></td><td></td><td></td><td></td></tr>
<tr><td colspan="5">审查结论：
□签约条件已经落实，可以进行合同合规性审查。
□签约条件没有落实，不能与客户签订信贷业务合同。
□授信支用条件已经落实，可以办理授信业务。
□授信支用条件没有落实，不能办理授信业务。
审查人（签字）：
审查时间：　　年　　月　　日</td></tr>
</table>

三、银行授信主合同

根据业务品种不同，银行授信需签订不同类型的授信合同。这些都是授信业务的主合同。最为常见的授信主合同为贷款合同，当事人的法律关系为债权债务关系。以下介绍贷款合同的概念、特征、种类和主要条款。

（一）贷款合同的概念

贷款合同是银行贷款业务的主合同，对借款人而言也称为借款合同。它是指在借用和偿还信贷资金的经济活动中，当事人依法明确各自权利义务而达成的书面协议。贷款合同以简明扼要的文字明确规定借贷双方或有关方面的权利和义务，以及违约所承担的法律责任。

（二）贷款合同的特征

1. 贷款合同的一般特征

贷款合同属于经济合同的范畴，是经济合同的一种，因此它首先具有一般经济合同所共有的特征：

（1）贷款合同是双务合同。它是银行与借款人相互享有权利，同时又相互负有义务的合同。即一方当事人权利的实现是以另一方当事人义务的履行为条件。在贷款合同中，借款人享有使用贷款的权利，同时又负有偿还贷款本金和利息的义务；银行享有收回贷款本金和利息的权利，又承担向借款人交付贷款的义务。因此可见，一方当事人不履行义务，另一方当事人的权利就无法实现。

（2）贷款合同是有偿合同。贷款合同是借款人向贷款人借款，到期返还借款并支付利息的合同。银行发放贷款的目的是获得相应的营业利润。因此借款人在获取贷款的同时，要以偿还本金和支付利息为前提条件，利息支付义务即借款人使用贷款的对价，因此贷款合同是有偿合同。

（3）贷款合同是要式合同。银行贷款合同应当采用书面形式，否则，合同不能成立。对于没有采用书面形式的，当事人双方就该合同存在与否产生异议的，视为合同关系不存在；如果双方没有异议或者一方当事人已经履行主要义务，双方接受的，合同仍然成立。

（4）贷款合同是诺成合同。银行与借款人之间的贷款合同在双方当事人协商一致时，合同关系即可成立，合同成立生效不以贷款人交付贷款作为要件。贷款合同中如果有一方是自然人的是实践合同，它是与诺成合同相对应的，即以贷款人交付贷款标的为贷款合同生效条件。民间借贷合同是实践合同。

2. 贷款合同独具的特征

贷款合同除了具备一般经济合同所共有的特征外，还有独具的特征，主要是：

（1）贷款合同的标的物只能是货币，否则不能称之为贷款合同。

（2）贷款合同的贷款方只能是依法设立的金融机构。

（3）贷款利率符合中国人民银行管理规定。

（三）贷款合同的种类

贷款合同按照不同的标准，可以分为不同的种类。

（1）按照贷款方式不同，可分为信用贷款合同和担保贷款合同。

担保贷款合同又可分为抵押担保贷款合同、质押担保贷款合同和保证担保贷款合同。

（2）按照贷款用途不同，可分为固定资产贷款合同和流动资金贷款合同。

按照具体贷款项目的不同，固定资产贷款合同又可分为：基本建设贷款合同、技术改造贷款合同和科技开发贷款合同等；流动资金贷款合同可分为：周转资金贷款合同、临时资金贷款合同、卖方信贷合同、打包贷款合同、票据贴现贷款合同等。

（3）按照贷款期限不同，可分为短期贷款合同和中长期贷款合同。

（4）按照贷款的币别不同，可分为人民币贷款合同和外币贷款合同。

（5）按照贷款合同文本格式的不同，可以分为表格式合同、条文式合同、表格与条文结合式合同。

表格式合同是通过事先拟制的表格对合同内容分项进行表述的合同。这种合同的优点是简练、一目了然，便于当事双方节省签约时间；缺点是双方的权利、义务、违约责任表述不够详细，发生纠纷时不好解决。

条文式合同是通过文字形式对合同内容分条款进行表述的合同。其优点是权利、义务关系表述详尽，发生纠纷时便于分清责任；但不足之处是内容庞杂，花费时间。

表格与条文结合式合同是指在一份合同中既有表格又有条文，集二者于一体。这是贷款合同的理想格式。

（6）按照贷款合同拟定方法不同，分为格式合同与非格式合同。

格式合同又称标准合同、制式合同，是指当事人一方预先拟定合同条款，对方只能表示全部同意或者不同意的合同。

非格式合同是指针对贷款业务的具体情况编写拟定的合同。银行贷款合同必须采用由各银行总行统一拟定的格式合同。在特殊情况下，采用非格式合同时必须由合规部或法规部拟定或审定。

随着金融体制改革的不断深入和金融业务的不断扩展，近年来又出现了一些新的贷款合同种类。例如：委托资金贷款合同、信托资金贷款合同、资金拆借合同等。贷款合同的种类将随着金融业务的发展而不断得到发展和完善。

（四）贷款合同的主要条款

1. 贷款的基本要素

贷款合同中应对贷款的基本要素进行约定，包括：

（1）贷款的用途。

（2）贷款币种与金额。

（3）贷款的种类。

（4）贷款期限。

（5）贷款利率和计息方式。

贷款人应当按照中国人民银行公布的 LPR 基础上上下浮动，确定每笔贷款的利率，并在贷款合同中载明。

2. 担保条款

贷款合同可以设置担保条款，也可以另行签订担保合同。

担保合同是借款合同的从合同。为防止担保的落空，双方可以在贷款合同或担保合同中约定，如果主合同被确认无效，从合同仍然有效。

3. 提款及还款

（1）提款。贷款合同应规定借款人提款时应具备的先决条件。贷款合同并不都是在签字后立即执行提款，有些必须达到合同规定的前提条件才可以提款，对于分次或分期提款的，通常还要求在以后每次提款时应满足一定条件，这些条件就是提款的先决条件。先决条件的内容可以因情况的不同而有所不同，一般可以分为两类：一类是涉及贷款合同项下全部义务的先决条件；另一类是涉及每一笔贷款的先决条件。

设定涉及贷款合同项下全部义务的先决条件的目的，是保证贷款人收到令人满意的书面证据和有关文件，以证实有关贷款合同的一切法律事宜已经安排妥帖，并且保证贷款人在所要求的担保落实以前，暂时停止承担给予贷款的义务。这类先决条件通常包括：1）提供借款人的公司营业执照副本和组织文件，如公司章程等。2）提供借款人关于同意借款的一切必要的文件，包括股东大会或董事会的决议、授权委托书等。3）按照约定借款人在贷款人的营业场所开立账户。4）提供有关律师意见书。5）提供有关的项目协议。6）办妥约定的担保手续、监管手续等，贷款人经核实确认担保合同的订立是担保人的真实意思表示。7）提交提款通知及提款的授权委托书。8）借款人在签订贷款合同时所作的陈述和保证，在其提取贷款之日没有发生任何实质性的不利变化。9）借款人没有发生任何违约事件，或有可能构成违约的其他事件。

上述是在合同中约定的提款的先决条件，并非合同成立的条件，即在合同订立后借款人在提款时应当具备的条件。只要借款人具备约定的提款条件，贷款人就负有放款之义务。如果贷款人不按贷款合同的规定向借款人发放贷款，借款人有权力要求给予赔偿。

贷款合同通常会规定借款人提取贷款的具体期限，并规定借款人应在提款前若干天通知贷款人。贷款合同一般规定如果借款人不在规定时间内提取贷款，借款人要向贷款人支付贷款承诺费，以补偿贷款人因所备资金闲置的损失。

（2）还款。贷款合同对借款人偿还贷款的期限和方式都有具体的规定。借款人应当按照贷款合同的规定按时、足额归还贷款本息。对于提前还款，贷款合同中规定了一些限制性条款，以保障贷款人的贷款能得到预期收益。提前还款的几种情况：1）自愿提前还款，一般适用于经双方协商一致的提前还款，根据情况贷款人可以要求借款人支付一定比例的费用以弥补提前还款造成的损失；2）强制提前还款，一般适用于因借款人违约或预期违约而实行的违约制裁；3）借款人自愿取消授信额度；4）特定原因导致的贷款人要求借款人提前还款和贷款人取消额度，如欠缴税款、市场骤变、生产或销售成本增加等。

4. 陈述与保证

借款人与借贷有关的事实，包括其法律地位、财务状况、商务活动等是贷款人评估贷款安全性和盈利性的基本依据。借款人对上述情况的任何不真实、不准确或者不完整的说明，无论是故意还是过失，都会使银行得出错误的结论，作出违反其真实意思的贷款决策。因此，在贷款合同中通常对借款人规定严格的陈述与保证义务，即要求借款人对其法律地位、签约能力和借款的授权、政府审批、诉讼状况、资产状况、财务状况、业务经营情况、项目合同情况、违约情形等多方面内容作出陈述与保证，并且该陈述与保证不仅要求在贷款合同的签署日作出，通常还要求在提款日重复作出。对于违反陈述与保证的将被视为违约事件，银行有权宣布贷款提前到期，并强制执行相关担保。

5. 违约

贷款合同中的违约分为两类：一类是违反贷款合同本身的约定，如到期不还本付息、不履行约定的义务或对事实的陈述与保证不正确等；另一类是所谓的预期违约，即从某种征兆看来，借款人已经丧失履行贷款合同项下义务的能力。预期违约主要包括：

(1) 交叉违约。其基本含义是：如果本合同项下的债务人在其他贷款合同项下出现违约，则也视为对本合同的违约。一般来说，债权人都是以当事人未履行其在本合同项下的义务为由，追究债务人的违约责任，但交叉违约条款突破了这一限制，使贷款人能够在借款人其他合同中的债务出现偿还危机之前采取拯救措施，以避免使自己处于比其他债权人更糟的处境。

(2) 借款人丧失清偿能力。凡借款人经司法程序宣告破产或无清偿能力，或明示无力清偿到期债务，或向债权人让与财产或提出让与财产的建议，即视为违约事件。

(3) 借款人发生了重大不利变化。此类条款规定，不论什么原因，如不管是借款人自愿的或者是非自愿的，或者是由于法院判决或法律规章的规定所造成的，使借款人不能偿还贷款或预期不能偿还贷款，都应视为违约。此条款可以防止借款人主张违约的发生是由于不可抗力造成的，借此逃避违约应承担的法律责任。对贷款人来说，这是一个兜底性的保护条款。

贷款人在贷款合同中约定，只要借款人有下列情形之一的，贷款人有权单方决定停止支付借款人尚未使用的贷款，并提前收回部分或全部贷款本息：1）提供虚假材料或隐瞒重要财务、生产经营事实的；2）未经贷款人同意擅自改变贷款用途，挪用贷款或用贷款从事非法、违规交易的；3）利用与关联方之间的虚假合同，以无实际贸易背景的应收票据、应收账款等债权到银行贴现或质押，套取贷款人资金或授信的；4）拒绝接受贷款人对其贷款使用情况和有关经营财务状况进行监督和检查的；5）出现重大兼并、收购重组等情况，贷款人认为可能影响贷款安全的；6）通过关联交易，有意逃废贷款人债权的。

6. 协议管辖

经双方协商一致，可以按照《民法典》的规定，对于因本合同提起的诉讼约定管辖法院。

7. 合同的生效条件

在贷款合同中，可以约定该合同的生效条件。例如担保文件的取得、担保合同的签订、抵押登记的办理、质押物的交付、公证书的出具等。

8. 关于合同术语的规定

对于合同中出现的术语，应当在附则中作出双方一致认可的定义。

（五）贷款合同示例

贷款合同示例见样式 5-1。

样式 5-1

合同编号：________年________字 第________号

固定资产借款合同

借款人（甲方）：

住所（地址）：

联系电话：

法定代表人：

贷款人（乙方）：

住所（地址）：

联系电话：

法定代表人（负责人）：

甲方因本合同第3.1条的需要，特向乙方申请借款。乙方同意向甲方提供借款。为明确双方的权利、义务，根据《民法典》《借款合同条例》《贷款通则》和其他有关法律、法规，甲、乙双方经平等协商一致，订立本合同。

第一条　甲方陈述与保证

1.1　甲方是依法设立的、具有法人资格的实体（或是经法人合法授权的分支机构），依法有权履行本合同。

1.2　本合同项下借款拟建项目已取得政府有关机关的批准。

1.3　所提供的项目借款调查、评审、管理的各类会计报表和资料真实、准确、完整。

第二条　借款种类

2.1　本合同项下的借款为固定资产借款。

第三条　借款用途

3.1　本合同项下的借款用途为：____________________

3.2　未经乙方书面同意，甲方不得改变本合同中确定的借款用途。

第四条　借款金额和期限

4.1　本合同项下的借款金额为人民币（大写）________万元，（小写）________万元（大小写不一致时，以大写为准，下同）。

4.2　本合同项下的借款期限为（大写）________个月，自（大写）________年（大写）________月（大写）________日起至（大写）________年（大写）________月（大写）________日止。

第五条　借款利率和计息

5.1　本合同项下的借款利率实行一年一定：

5.1.1　第一年的利率确定为年利率（大写）________%（含本合同生效日起一年内分笔拨付的所有借款）；

5.1.2　第二年及以后各年的利率（分笔拨付的以第一笔借款的拨付日为准），由乙方按当时相应档次的法定利率依法确定，并于利率变更之日起30日内书面通知甲方，但通知送达与否不影响执行。

5.2　本合同项下的借款按日计息，按季结息，结息日为每季末月的20日，借款到期，利随本清。

5.3　本合同项下借款从提款之日起计息。

5.4　本合同履行中如遇中国人民银行调整贷款利率并适用于本合同项下借款时，乙方无须通知甲方并依规定按调整后的贷款利率和方式计算利息。

第六条　提款条件

每次提款前，甲方应满足下列条件：

6.1 担保合同依法成立并已生效。

6.2 本合同项下借款所建项目的资本或其他应筹措资金已按规定的时间和比例足额到位。

6.3 未发生成本超支或成本超支已自筹解决。

6.4 已按计划完成工程进度。

6.5 已按合同规定向乙方办理提款手续。

6.6 未发生本合同规定的违约事件。

6.7 已按乙方要求提供办理借款的其他相关材料。

第七条 提款安排

7.1 本合同项下借款的提款方式按下列第________项的约定执行：

7.1.1 甲方于________年________月________日一次性提款，并将借款全部划入其在乙方所开立的账户；

7.1.2 甲方共分________次提款，具体提款金额和日期如下：

7.1.2.1 ________年________月________日，金额（大写）________万元（小写：________万元）；

7.1.2.2 ________年________月________日，金额（大写）________万元（小写：________万元）；

7.1.2.3 ________年________月________日，金额（大写）________万元（小写：________万元）。

7.2 甲方应按本合同第7.1条的约定提取借款，如有特殊原因，应出具书面申请，经乙方书面同意后可提前或推迟________日提款。

7.3 甲方要求取消本合同全部或部分未提款项的，应在本合同确定的提款日前30日向乙方提出书面申请，经乙方书面同意后方可取消。

7.4 本合同之具体提款日和还款日，以甲、乙双方办理的借据上所记载的实际日期为准。借据或借款支取凭证是本合同不可分割的组成部分，除日期外，其他记载事项与本合同不一致的，以本合同为准。

第八条 还款资金来源及还款

8.1 甲方偿还本合同项下借款本息的资金来源于但不限于：

8.1.1 ____；

8.1.2 ____。

8.2 无论甲方作为一方当事人的其他任何合同对甲方的还款资金来源有任何约定，该约定均不能影响甲方在本合同项下还款义务的履行。无论出现何种情况，甲方都不得援用第8.1条而拒绝履行其在本合同项下的还款义务。

8.3 甲方应按本合同约定按季足额支付利息，并按下列第________项的约定偿还借款本金：

8.3.1 一次还本，甲方应于________年________月________日偿还全部借款本金；

8.3.2 分次还本，具体还本金额和日期如下：

8.3.2.1 ________年________月________日，金额（大写）________万元（小写：________万元）；

8.3.2.2 ________年________月________日，金额（大写）________万元（小写：________万元）；

8.3.2.3 ________年________月________日，金额（大写）________万元（小写：________万元）。

8.4 甲方提前还款的，应于拟提前还款日前30日向乙方提交书面申请，并取得乙方书面同意。

8.5 甲方提前还款的，应经乙方同意，且归还本金不得少于________万元，并应是________万元的整倍数。

8.6 甲方提前归还的本金，应按本合同第8.3.2条的还款顺序倒序冲减。

8.7 甲方于本合同约定的结息日或还本日前在乙方开立的账户上备足当期应付的利息或本金，并授权乙方于约定的结息日或还本日从甲方账户上主动划收。

第九条　担　　保

9.1 本合同项下借款的担保方式为：____________________。

9.2 甲方有义务积极协助乙方并使乙方与担保人就本合同之具体担保事项签订编号为____________________的担保合同。

9.3 本合同项下之担保如发生了不利于乙方债权的变化，经乙方通知，甲方应按要求另行提供令乙方满意的担保。

第十条　双方的权利和义务

10.1 甲方的权利、义务：

10.1.1 按本合同规定期限和借款用途提取和使用借款；

10.1.2 未经乙方书面同意，不得提前归还借款；

10.1.3 自觉接受乙方对本合同项下借款使用情况的调查、了解及监督；

10.1.4 积极配合乙方对其有关生产、经营、项目建设情况和财务情况的调查、了解及监督，并有义务向乙方提供相关各期的利润表、资产负债表等报表资料；

10.1.5 积极支持乙方参与借款项目的三算审查（概算、预算、决算）、工程招标及工程竣工验收等相关事宜；

10.1.6 按本合同之约定清偿本合同项下的借款本金及利息；

10.1.7 承担本合同项下有关费用的支出，包括但不限于用于公证、鉴定、评估、登记等事项的费用；

10.1.8 对乙方向其寄出或以其他方式送达的催收函或催收文件，签收后应在3日内将回执寄出；

10.1.9 如进行承包租赁、股份制改造、联营、合并、兼并、合资、分立、减资、股权变动、重大资产转让以及其他足以影响乙方权益实现的行动时，应至少提前30日通知乙方，并经乙方书面同意，否则在清偿全部债务之前不得进行上述行为；

10.1.10 变更住所、通信地址、营业范围、法定代表人等工商登记事项的，应在有关事项变更后7日内书面通知乙方。

10.2 乙方的权利、义务：

10.2.1 要求甲方提供与本借款相关的全部资料；

10.2.2 依本合同约定或法律规定从甲方账户上划收依本合同约定甲方应偿付的借款

本金、利息、复利、罚息及所有其他应付费用；

10.2.3 对甲方逃避乙方监督、拖欠借款本金及利息或其他严重违约行为，乙方有权实行信贷制度，有权向有关部门或单位予以通报，有权通过新闻媒体实现公告催收；

10.2.4 按本合同约定按期足额向甲方提供借款（因甲方原因造成迟延的除外）；

10.2.5 对甲方提供的有关其债务、财务、生产、经营等方面的资料及情况保密，但本合同另有约定和法律法规另有规定的除外。

第十一条　违约责任

11.1 本合同生效后，甲、乙双方当事人均应履行本合同所约定的义务。任何一方不履行或不完全履行本合同所约定义务的，应当依法承担违约责任。

11.2 甲方未按本合同第 7.1 条约定办理并提取借款的，乙方有权按合同利率按日计收迟延违约金。

11.3 乙方未按本合同第 7.1 条约定办理并发放借款的，按合同利率按日支付迟延违约金。

11.4 未经乙方书面同意，甲方提前归还本合同项下借款的，乙方有权依照本合同约定的借款期限和利率计收利息。

11.5 甲方到期不偿还本合同项下借款本金及利息的，乙方有权限期清偿，有权对甲方在乙方开立的所有账户资金行使抵销权，同时对逾期借款按日计收万分之________的利息，对未支付利息计收复利。

11.6 甲方未按本合同约定用途使用借款的，乙方有权停止发放贷款，有权提前收回部分乃至全部借款或解除合同，并对甲方违约使用的借款根据违约使用天数按日计收万分之________的利息，未支付的利息计收复利。

11.7 甲方使用借款如同时出现第 11.5 条、第 11.6 条所列情形的，乙方应择其重而处罚，不能并处。

11.8 甲方有下列行为之一的，应在收到乙方通知后 7 日内予以改正并采取令乙方满意的补救措施，否则乙方有权停止或取消甲方尚未提取使用的借款，有权提前收回部分乃至全部借款，不能收回的，按逾期贷款利率按日计收违约金：

11.8.1 向乙方提供虚假的或者隐瞒重要事实的资产负债表、利润表和其他财务资料的；

11.8.2 不配合或拒绝接受乙方对其使用借款情况和有关生产经营、财务活动进行监督的；

11.8.3 未经乙方同意转让或处分、威胁转让或处分其资产重要部分的；

11.8.4 其财产的重要部分或全部被其他债权人占有，或被指定受托人、接收人或类似人员接管，或者其财产被扣押或冻结，可能使乙方遭受严重损失的；

11.8.5 未经乙方同意进行承包、租赁、股份制改造、联营、合并、兼并、合资、分立、减资、股权变动、重大资产转让以及其他足以影响乙方权益实现的行动而危及乙方债权安全的；

11.8.6 发生变更住所、通信地址、营业范围、法定代表人等工商登记事项或对外发生重大投资等情况使乙方债权实现受到严重影响或威胁的；

11.8.7 涉及重大经济纠纷或财务状况恶化等，使乙方债权实现受到严重影响或威胁的；

11.8.8　其他任何可能导致乙方借款合同项下债权实现受到威胁或遭受严重损失的。

第十二条　合同的生效、变更、解除和终止

12.1　本合同经甲、乙双方签字并盖章后生效，有担保的，自担保合同生效后生效，至本合同项下借款本金、利息、复利、罚息、违约金及所有其他应付费用偿清之日终止。

12.2　有下列情形之一的，乙方有权解除合同，并要求甲方提前归还贷款本息和赔偿损失：

12.2.1　甲方发生歇业、解散、停业整顿、被吊销营业执照或被撤销时；

12.2.2　本合同项下之担保发生了不利于乙方债权的变化，且甲方未能按乙方要求另行提供所需担保的；

12.2.3　其他严重的违约行为。

12.3　甲方如要求贷款展期，应于本合同到期日前30日向乙方提出书面申请及担保人同意继续担保的书面意见，经双方审查同意，并签订展期协议后，本合同项下借款才相应展期。在双方签订展期协议前，本合同继续执行。

12.4　本合同生效后，除本合同已有之约定外，甲、乙任何一方都不得擅自变更或提前解除本合同，如确需变更或解除本合同，应经甲、乙双方协商一致，并达成书面协议。书面协议达成之前，本合同继续执行。

第十三条　争议的解决

13.1　甲、乙双方在履行本合同过程中所发生的争议，首先应由甲、乙双方协商解决；协商不成的，则按下列第________项方式解决：

13.1.1　由____________________进行仲裁；

13.1.2　在乙方所在地法院通过诉讼方式解决。

第十四条　双方约定的其他事项

14.1　____。

14.2　____。

14.3　____。

第十五条　附　　则

15.1　本合同附件是本合同不可分割的组成部分，与本合同正文具有同等法律效力。

15.2　本合同履行中，如某个提款、还款日为非银行工作日，则顺延至下一个银行工作日。

15.3　本合同一式________份，甲方、乙方、________方各执一份，具有同等法律效力。

甲方（公章）：	乙方（公章）：
法定代表人：	法定代表人（或负责人）：
（或委托代理人）	（或委托代理人）
________年____月____日	________年____月____日

四、银行授信从合同

授信合同的从合同是指担保类合同，主要包括保证担保合同、抵押担保合同和质押担保合同，简称保证合同、抵押合同和质押合同。下面以保证合同和抵押合同为例讲解银行授信的从合同，质押合同的主要条款和内容与抵押合同类似，可借鉴。

（一）保证合同应当包括的主要内容

（1）被保证的主债权种类及数额。

（2）主合同借款人履行债务的期限。

（3）保证方式。

（4）保证范围。

（5）保证期间。

（6）双方的权利和义务。

（7）违约责任。

（8）合同的生效、变更、解除和终止。

（二）抵押合同应当包括的主要内容

（1）被担保的主债权种类和数额。

（2）主合同借款人履行债务的期限。

（3）抵押物的名称、数量、质量、状况、所在地、所有权权属或者使用权权属。

（4）抵押担保的范围。

（5）抵押物的登记与保险。

（6）双方的权利和义务。

（7）违约责任。

（8）合同的生效、变更、解除和终止。

（三）保证合同和抵押合同示例

保证合同示例见样式 5－2。

样式 5－2

合同编号：________年________字 第________号

保证合同

保证人（甲方）：

住所（地址）：

联系电话：

法定代表人：

债权人（乙方）：

住所（地址）：

联系电话：

法定代表人（负责人）：

为了确保________年________月________日________（借款人）与本合同乙方所签订的________年________字第________号贷款合同（以下简称主合同）项下借款人义务得到切实履行，甲方愿意向乙方提供保证担保。为明确双方的权利、义务，根据《民法典》和其他有关法律、法规，甲、乙双方经平等协商一致，订立本合同。

第一条　甲方陈述与保证

1.1　依据中国法律具有保证人主体资格，可以对外提供保证担保。

1.2　有足够的能力承担保证责任，并不因任何指令、财力状况的改变、与任何单位签订的任何协议而减轻或免除所承担的保证责任。

1.3　完全了解主合同借款人的借款用途，为主合同借款人提供保证担保完全出于自愿，在本合同项下的全部意思表示真实。

1.4　如借款人未按主合同约定履行偿付借款本息和相应费用的义务，乙方可直接向甲方追索，甲方授权乙方从甲方在乙方开立的账户上划收。

第二条　被保证的主债权种类及数额

2.1　本合同所担保的主债权为乙方依据主合同发放的贷款，金额为人民币（大写）________万元。

第三条　主合同借款人履行债务的期限

3.1　主合同履行期限为________个月，自________年________月________日起至________年________月________日止。如有变更，依主合同之约定。

第四条　保证方式

4.1　本合同保证方式为连带责任保证。

第五条　保证范围

5.1　本合同担保的范围包括主合同项下的借款本金、利息、复利、罚息、违约金、赔偿金、实现债权的费用和所有其他应付费用。

第六条　保证期间

6.1　本合同项下的保证期间为：自主合同确定的借款到期之次日起 2 年。

6.2　如主合同确定的借款是分批到期的，则每批借款的保证期间为每批借款到期之次日起 2 年。

6.3　如乙方根据主合同之约定提前收回贷款的，则保证期间为自乙方向借款人通知的还款日之次日起 2 年。

第七条　甲方权利和义务

7.1　根据乙方要求提供相关资料，并保证所提供资料的真实性、合法性。

7.2　对乙方发出的催收函或其他催收文件，甲方有义务签收并在签收后 3 日内寄出回执。

7.3　甲方发生下列情况之一时，应及时通知乙方：

7.3.1　经营机制发生变化，如实行承包、租赁、联营、合并、兼并、分立、股份制改造、与外商合资合作等；

7.3.2　经营范围和注册资金发生变更，股权发生变动；

7.3.3　财务状况恶化或涉及重大经济纠纷；

7.3.4　破产、歇业、解散、被停业整顿、被吊销营业执照、被撤销；

7.3.5　住所、电话、法定代表人发生变更。

7.4　发生第 7.3.1 条或第 7.3.2 条情形的，甲方应提前 30 日通知乙方；发生第 7.3 条其他情形的，应在事后 5 日内通知乙方。

7.5　乙方与借款人协议变更主合同的，除展期或增加贷款金额外，无须经甲方同意，甲方仍在原保证范围内承担连带保证责任。

7.6 在本合同有效期内，乙方将主债权转让给第三人的，甲方仍在原保证范围内继续承担连带保证责任。

7.7 在本合同有效期内，甲方如再向第三方提供任何形式的担保，均不得损害乙方的利益。

7.8 在本合同有效期内，甲方如发生分立、合并、股份制改造或其他事件时，应保证妥善落实本合同项下全部保证责任。

7.9 借款人偿清其在主合同项下全部债务后，甲方不再承担保证责任。

第八条 乙方权利和义务

8.1 有权要求甲方提供能够证明其合法身份的有关文件。

8.2 有权要求甲方提供能够反映其资信情况的财务报告及其他资料。

8.3 主债务履行期届满，乙方债权全部或部分未受清偿的，有权要求甲方按照本合同承担保证责任。

8.4 对下列情形之一，乙方有权书面通知甲方提前承担保证责任，甲方应在接到上述通知之日起10日内履行保证责任：

8.4.1 乙方依主合同约定依法解除主合同的；

8.4.2 乙方依主合同约定的其他情形提前收回贷款的。

8.5 在本合同有效期内，乙方依法将主债权转让给第三人的，应及时通知甲方。

第九条 违约责任

9.1 甲方在本合同第一条中作虚假陈述与声明，应予赔偿。

9.2 本合同生效后，甲、乙双方应全面履行本合同约定的义务。任何一方不履行或不完全履行约定义务，应当承担相应的违约责任，并赔偿由此给对方造成的损失。

9.3 因甲方过错造成本合同无效的，甲方应在保证范围内赔偿乙方全部损失。

第十条 合同的生效、变更、解除和终止

10.1 本合同经甲、乙双方签字并盖章后生效，至主合同借款人在主合同项下的借款本金、利息、复利、罚息、违约金、赔偿金、实现债权的费用和所有其他应付费用全部偿清之日终止。

10.2 本合同独立于主合同，不因主合同的无效而无效。如主合同无效，甲方仍应按本合同承担责任。

10.3 本合同生效后，任何一方都不得擅自变更或解除。如确需变更或解除，应经双方协商一致并达成书面协议。书面协议达成之前，本合同继续有效。

第十一条 争议的解决

11.1 甲、乙双方在履行本合同过程中所发生的争议，首先应由甲、乙双方协商解决；协商不成的，则按下列第________项方式解决：

11.1.1 由____________________进行仲裁；

11.1.2 在乙方所在地法院通过诉讼方式解决。

第十二条 双方约定的其他事项

12.1 ____。

12.2 ____。

12.3 ____。

第十三条 附 则

13.1 本合同一式________份，甲方、乙方、________方各执一份，具有同等法律效力。

甲方（公章）： 乙方（公章）：
法定代表人： 法定代表人（或负责人）：
（或委托代理人） （或委托代理人）
________年____月____日 ________年____月____日

抵押合同示例见样式5-3。

样式5-3

合同编号：________年________字 第________号

抵押合同

抵押人（甲方）：
住所（地址）：
联系电话：
法定代表人：
抵押权人（乙方）：
住所（地址）：
联系电话：
法定代表人（负责人）：

为了确保（大写）________年（大写）________月（大写）________日________（借款人）与本合同乙方________签订的________年________字第________号借款合同（以下简称主合同）项下借款人义务得到切实履行，甲方愿意提供抵押担保。为明确双方的权利、义务，根据《民法典》和其他有关法律、法规，甲、乙双方经平等协商一致，订立本合同。

第一条 甲方保证及声明

1.1 自己是本合同项下抵押物的完全的、有效的、合法的所有者或国家授权的经营管理者；该抵押物不存在所有权或经营管理权方面的争议。

1.2 完全了解主合同借款人的借款用途，为主合同借款人提供抵押担保完全出于自愿，在本合同项下的全部意思表示真实。

1.3 已对本合同项下抵押物的瑕疵作出充分合理说明。

1.4 本合同项下的抵押物依法可以设定抵押。

1.5 设立本合同的抵押不会受到任何限制。

1.6 本合同项下的抵押物未被依法查封、扣押或监管。

1.7 本合同项下的抵押物如已部分出租或全部出租，保证将设立抵押事宜告知承租人，并将有关出租情况书面告知乙方。

第二条 被担保的主债权种类及数额

2.1 本合同担保的主债权为乙方依据主合同发放的贷款，金额为人民币（大写）__

______万元。

第三条　主合同借款人履行债务的期限

3.1　主合同履行期限为________个月，自（大写）________年（大写）________月（大写）________日起至（大写）________年（大写）________月（大写）________日止。如有变更，依主合同之约定。

第四条　抵押担保范围

4.1　甲方抵押担保的范围包括：主合同项下全部借款本金、利息、复利、罚息、违约金、赔偿金、实现抵押权的费用和所有其他应付的费用。

第五条　抵押物

5.1　抵押物详见抵押物清单。

5.2　抵押物清单对抵押物价值的约定，并不作为乙方依本合同第九条对抵押物进行处分的估价依据，也不构成对乙方行使抵押权的任何限制。

5.3　抵押物的相关有效证明和资料由甲、乙双方确认封存后，由甲方交与乙方保管，但法律、法规另有规定的除外。

第六条　抵押登记

6.1　法律、法规规定或双方约定应当办理抵押登记的，甲、乙双方应在本合同签订后15日内到当地有关抵押登记机关办理抵押登记手续。

6.2　抵押登记事项发生变化，依法需进行变更登记的，甲、乙双方应在登记事项变更之日起15日内到有关抵押登记机关办理变更登记手续。

第七条　抵押物的占管

7.1　本合同项下的抵押物由甲方占管。甲方在占管期间应维护抵押物的完好，不得采用非合理方式使用抵押物而使抵押物价值产生减损。乙方有权检查抵押物的使用管理情况。

7.2　抵押物发生毁损、灭失的，甲方应及时告知乙方，并立即采取措施防止损失扩大，同时应及时向乙方提交有关主管机关出具的发生毁损、灭失的原因证明。

第八条　保　　险

8.1　本合同签订后15日内，甲方应到有关保险机构办理抵押物的财产保险基本险及附加险手续；保险期限不短于主合同履行期；保险金额不低于主合同贷款本息。

8.2　甲方应在保险单中注明，出险时乙方为第一受益人。保险单中不应有任何限制乙方权益的条款。

8.3　在本合同有效期内，甲方不得以任何理由中断或撤销保险。如保险中断，乙方有权代为办理保险手续，一切费用由甲方承担。

8.4　在本合同有效期内，抵押物如发生保险事件，保险赔偿金应当全额作为抵押财产提前向乙方清偿，或经乙方同意用于恢复抵押物的价值。

第九条　抵押权的实现

9.1　乙方在行使抵押权时，有权依据法律规定，经与甲方协商，对抵押物进行折价，以抵偿主合同借款人所欠债务，或对抵押物进行拍卖、变卖，以取得价款优先受偿。

9.2　乙方依据本合同第9.1条处分抵押物时，甲方应给予配合，不得设置任何障碍。

第十条　甲方的权利和义务

10.1　本合同生效后，未经乙方书面同意，保证不将本合同项下的抵押物再设立任何形式的抵押、质押，也不将抵押物出租、转让、馈赠给任何第三人。

10.2　本合同生效后，乙方依法将主债权转让给第三人的，在原抵押担保范围内继续承担担保责任。

10.3　除展期和增加贷款金额外，乙方与主合同借款人协议变更主合同，无须经甲方同意，甲方仍在本合同确定的抵押担保范围内承担抵押担保责任。

10.4　甲方的行为足以使抵押物价值减少的，应停止行为；造成抵押物价值减少时，有义务恢复抵押物的价值，或提供与减少的价值相当的担保。

10.5　甲方对抵押物价值减少无过错的，应当在所获损害赔偿的范围内向乙方提供担保。抵押物价值未减少的部分，仍作为债权的担保。

10.6　因国家建设需要征用本合同项下的抵押物时，应当以所获得的征用补偿金提前清偿所担保的主债权或向双方约定的第三人提存。

10.7　承担本合同项下有关的费用支出，包括但不限于律师服务、财产保险、鉴定、估价、登记、过户、保管及诉讼的费用。

10.8　在本合同生效后，如发生分立、合并、股份制改造等变更情形，应妥善落实本合同项下的担保义务。

10.9　在抵押权受到或可能受到来自任何第三方的侵害时，有义务通知乙方并协助乙方免受侵害。

10.10　有下列情形之一，应及时以书面形式通知乙方：

10.10.1　经营机制发生变化，如实行承包、租赁、联营、合并、分立、股份制改造、与外商合资合作等；

10.10.2　经营范围及注册资本发生变更，股权发生变动；

10.10.3　涉及重大经济纠纷诉讼；

10.10.4　抵押物权属发生争议；

10.10.5　破产、歇业、解散、被停业整顿、被吊销营业执照、被撤销；

10.10.6　住所、电话、法定代表人发生变更。

10.11　发生第10.10.1条和第10.10.2条的情形时，应提前30日书面通知乙方；发生第10.10条约定的其他情形的，应在事后5日内书面通知乙方。

10.12　主合同借款人清偿了主合同项下全部债务后，有权要求解除本合同项下抵押。

第十一条　乙方的权利和义务

11.1　主合同履行期届满，借款人未依约归还借款本金、利息及其他费用的，有权处分本合同项下的抵押物。

11.2　出现下列情形之一时，有权提前处分抵押物，并从处分所得价款中优先受偿：

11.2.1　依据主合同约定或法律规定解除主合同；

11.2.2　依据主合同约定的其他情形提前收回贷款，其主合同项下的债权未实现或未能全部实现。

11.3　有权要求甲方协助，以避免抵押权受到来自任何第三方的侵害。

11.4　在本合同有效期内，依法转让主债权的，应及时通知甲方。

11.5　实现抵押权后，应尽力配合甲方行使其对借款人的追偿权。

11.6　处分抵押物所得，在偿还本合同抵押担保范围内的全部债务后还有剩余的，将剩余部分退还甲方。

第十二条　违约责任

12.1　甲方在本合同第一条中作虚假陈述与声明，给乙方造成损失的，应予赔偿。

12.2　本合同生效后，甲、乙双方当事人均应履行合同约定的义务，任何一方不履行或不完全履行本合同所约定义务的，应当承担相应的违约责任，并赔偿由此给对方造成的损失。

12.3　如因甲方的过错造成本合同无效，甲方应在原抵押担保范围内赔偿乙方的全部损失。

第十三条　合同的生效、变更、解除和终止

13.1　本合同自甲、乙双方签字并盖章之日起生效，需办理抵押登记的，自到有关抵押登记机关办理完毕抵押登记手续之日起生效，至主合同项下借款本金、利息、复利、罚息、违约金、赔偿金、实现债权的费用和所有其他应付费用全部清偿之日终止。

13.2　本合同独立于主合同，不因主合同的无效而无效。如主合同无效，甲方仍应承担本合同项下的抵押担保责任。

13.3　本合同生效后，甲、乙双方任何一方不得擅自变更或提前解除本合同。如本合同需要变更或解除时，应经甲、乙双方协商一致，并达成书面协议。书面协议达成之前，本合同各条款仍然有效。

第十四条　争议的解决

14.1　甲、乙双方在履行本合同过程中所发生的争议，首先应由甲、乙双方协商解决；协商不成的，则按下列第________项方式解决：

14.1.1　由____________________进行仲裁；

14.1.2　在乙方所在地法院通过诉讼方式解决。

第十五条　双方约定的其他事项

15.1　____。

15.2　____。

15.3　____。

第十六条　附　　件

16.1　本合同附件是本合同不可分割的组成部分，与本合同正文具有同等法律效力。

16.2　本合同的附件包括：

附件一：抵押物清单

附件二：__________

第十七条　附　　则

17.1　本合同正本一式三份，甲方、乙方、有关抵押登记机关各执一份，具有同等法律效力。

甲方（公章）：	乙方（公章）：
法定代表人：	法定代表人（负责人）：
（或委托代理人）	（或委托代理人）
________年____月____日	________年____月____日

五、填写、审核和签订银行授信合同

（一）银行授信合同的填写要求

银行授信合同多采用格式合同。格式合同通常由银行法务部门或银行授信业务部门填写完成，在填写时需要注意的事项：

（1）选择正确的格式合同文本。

授信合同通常使用格式文本，不同授信品种使用不同的格式文本，要选择正确的格式文本类型。对单笔授信有特殊要求的，可以在合同中“其他约定事项”中加以规定。

（2）授信合同必须采用黑色签字笔或钢笔书写或打印，内容填制必须完整，正、副本的内容必须一致，重要事项不得涂改。

某银行格式授信合同的选用

（3）授信合同的授信种类、币种、金额、用途、期限、利率或费率、还款方式和担保合同应与授信审批的内容一致。关于授信方案填写的内容应注意以下几点：

1）对于年内多次授信，担保授信金额应填写累计数，填写的借款期限应短于担保合同有效期。如客户在一年内申请了几次授信，且每一次增加授信都签署担保函，则“不可撤销的担保函”中“最高债权余额”处应填写累计授信余额，而不能仅填写本次申请授信金额。借款合同中填写的借款金额及实际借款余额均不得超过在最高额保证（抵押、质押）合同中约定的最高债权额度；借款期限应控制在最高额保证（抵押、质押）合同约定的保证（抵押、质押）额度有效期内。

2）对借新还旧的借款，必须在“借款用途”一栏填写：“用于归还［××］号借款合同项下借款。”

3）合同中利率的填写要明确，对于逾期利率，由于中国人民银行利率政策的变化，一定要在合同中注明采用以什么时间的利率为基准进行罚息。

（4）需要填写空白栏且空白栏有备选项的，在横线上填好选定的内容后，对未选项的内容应划线表示删除；合同条款有空白栏且根据实际情况不准备填写内容的，可以加盖“此栏空白”字样的印章，或在空白栏划线表示此项空白。

（5）主从合同衔接填写规范。在主、从合同的连接条款中，必须准确、完整填写对应合同的编号及债务人或担保人的全称（须与企业法人营业执照或事业法人证以及身份证上记载名称一致），在担保合同中完整、准确地填写所担保主债权的种类、本金数额。

（6）关于担保事项的填写。

一份主合同项下同时对应多种担保的，除担保人提出异议外，在各担保条款中一律约定：“保证人（或抵押人、出质人）自愿对主债务人所欠银行全部债务本息承担连带共同担保责任。”

在抵押物或质押物较多时，抵押物或质押物清单不够填写的，可另外复印抵押或质押物清单粘贴在后面，并在清单与担保合同粘贴处加盖双方骑缝章。

（7）各类合同的签约时间、地点必须填写。

（二）银行授信合同的审核

授信合同填写完毕后，填写人员应及时将合同文本及相关文件资料交给审核人进行审核。填写人员与审核人不可以为同一人，审核人一般是有审核权限之人。

1. 格式合同的审核

（1）审核格式合同整体性是否需要修改、格式文本类型选择是否正确。审核所使用的格式合同制定以来，国家关于银行授信工作的法律、法规和方针政策是否有重大调整。如有重大调整的，可能带来合同条款的变化，需要整体性修改。审核所使用的格式合同是否与对应的授信种类一致。

（2）审核合同填写是否规范，包括：合同填写是否符合格式合同的使用说明；合同中空白处的内容是否填写完整；空白处后有选项的是否划线删除或加盖“此栏空白”印章。

（3）审核合同中授信方案填写与授信审批是否一致，包括：授信合同载明的授信金额、币种、期限、授信用途、利率或费率、还款方式等内容是否与授信审批表一致，是否与担保合同一致，文字表达是否清晰、完整、准确。

（4）审核主从合同及其附件是否齐全。以下情形应重点审核：1）以门面房作抵押的，若该门面房在抵押前已出租，且租赁期限到期日晚于授信到期日的，审核是否与承租人签署“若授信到期未还，则租赁合同自行终止”的承诺书。2）以在建工程抵押的，审核该在建工程的承建商是否签署放弃优先受偿权的承诺书。3）对个人创业贷款，若抵押人仅有一套住房，夫妻双方均为非行政事业单位正式员工或无稳定收入来源等不稳定高风险授信客户，审核是否有第三方签署的“同意在贵行行使抵押权后，以自有房屋供抵押人一家居住”承诺书。4）对以未成年人名下的房产办理抵押时，审核借款人是否是抵押人的父或母，禁止为第三人提供抵押。审核其父母是否同意在抵押合同中签字，其父母是否同意出具一份书面声明给银行，声明其抵押贷款是基于其子女（即房产所有人）的利益。如声明不实，应承担因此给银行造成的全部损失。5）如抵押房产的所有人有一方已死亡且未办理遗产分割的，除审核是否有该房产另一方所有人在抵押合同中签字外，还要核查是否有死亡一方的子女、父母签署的同意抵押的承诺书。6）如果有最高额担保的，审核该笔贷款的金额是否在最高额担保约定的并且尚未使用的担保金额以内，而且该笔贷款合同的签订日期和放款日期是否在最高额担保合同约定的主债权发生的期间之内。7）如有最高额抵押的，审核是否有贷款经办人出具的“已采取向抵押登记部门查询或其他方式了解抵押物状态，该抵押物未被国家有权机关采取查封措施”的书面说明。8）办理借新还旧授信的，审核是否重新设置了担保、签订了新的担保合同。9）如果从属贷款合同的担保合同、公证等合同附有生效条件的，审核生效条件是否成立。

（5）审核借款人、担保人的法定代表人或主要负责人的签章是否与市场监督管理机关或其他有权机关颁发的借款人主体资格证明的记载内容和预留印鉴一致。

（6）审核代理人的签章与授权委托书载明的代理人姓名是否一致。

（7）审核各方当事人签字、盖章是否正确齐备，合同签订的时间是否填写正确。

（8）审核合同的其他约定事项（排除适用或者修改贷款人格式合同的格式条款的除外）是否经银行法务部门审查批准并附有法律意见书。

（9）如果合同中有修改的，审核修改处是否加盖双方公章或校对章。

授信合同中签字签章的规范

2. 非格式合同的审核

如果确有不能使用贷款人格式合同的特殊原因（包括但不限于重大客户提供了格式合同，或者根据贷款业务的具体情况需要另行制定合同的），该非格式合同应当经过管辖行或直属行的法务部门审查批准并附有法律意见书。

（三）银行授信合同的签订

授信合规部门审查无误并填写“信贷业务合同合规性审查表”，将原件交授信业务部门归档留存之后，授信业务部门与借款人办理签订合同的具体手续，即与借款人（包括共同借款人）、担保人（抵押人、出质人、保证人）签订合同。签订合同时应注意以下问题。

1. 履行充分告知义务

在签订有关合同文本前，应履行充分告知义务，告知借款人（包括共同借款人）、抵押人、出质人、保证人等合同签约方，关于合同内容、权利义务、还款方式以及还款过程中应注意的问题，要特别强调合同签署方不履行合同的法律后果。必要时让合同签署方出具已完全知晓并理解合同条款规定的权利义务的承诺书。

2. 鉴证签字签章

银行授信业务部门或法务部门必须当场监督借款人、抵押人、质押人、保证人等签字签章。借款人、保证人、抵押人、质押人为自然人的，应在当面核实身份证明文件之后，由签约人当场在合同上甲方签字处签字签章。如果委托他人代签字的，签字人必须出具委托人委托其签字并经公证的委托授权书。借款人、保证人、抵押人、质押人为法人的，签字人应为其法定代表人或被委托人，在合同文本上甲方签字处签字、签章，被委托人也必须出示经公证处公证的签字授权委托书。签字、签章后，银行授信业务部门应核对预留印鉴、预留签字，确保签订的合同真实、有效。授信银行鉴证人应为两人及以上，鉴证签字、签章后在合同签字处加盖鉴证人名章或签字。

3. 有权签字人审查签章

银行授信业务部门或法务部门将签章后的合同文本、授信调查审批表、合同文本审核记录等材料送交银行有权授信签字人（银行行长）审查，审查通过后在合同上乙方签字处签字或加盖按个人签字笔迹制作的个人名章，之后按照用印管理规定加盖银行授信合同专用章。

4. 合同公证

授信银行可根据情况选择是否办理授信合同公证。

5. 合同编号管理

授信业务部门负责对信贷合同进行统一编号，并按照合同编号的顺序依次登记在信贷合同登记簿上，并将统一编制的信贷合同号对应填入相关信贷业务合同和担保合同中。主、从合同的编号必须相互衔接。

做一做

项目：银行授信合同的签订。

资料：分组搜集整理编写贷款授信案例资料。

要求：根据整理的贷款授信案例资料模拟签订贷款授信的主合同和从合同。

方式：分组分角色模拟贷款主、从合同的签订过程，展示实训过程与成果。

任务二 银行履行授信合同

【任务分析】知识学习方面，教师引导学生掌握贷款支付方式和发放方式；技能提升方面，教师引导学生模拟授信业务部客户经理办理放款业务。教师结合教学内容，注重引导学生养成良好的职业道德。

贷款授信是银行授信的重要类型。以贷款合同履行为例，讲解银行授信合同履行。贷款合同履行的核心是贷款发放，贷款发放是指银行或者其他金融机构依据法律、行政法规和贷款合同规定，向借款人发放贷款供其使用。信贷资金的投放对于贷款人而言是放款，对于借款人而言是提款。

一、银行贷款的支付方式

银保监会为银行贷款支付管理指明了方向。《流动资金贷款管理暂行办法》《个人贷款管理暂行办法》《固定资产贷款管理暂行办法》《项目融资业务指引》，是我国银行业贷款管理依据，被称作“三个办法一个指引”。“三个办法一个指引”明确规定：贷款人应按照借款合同约定，通过贷款人受托支付或借款人自主支付的方式对贷款资金的支付进行管理与控制，监督贷款资金按约定用途使用，其目的是实现实贷实付，使银行信贷资金为实体经济服务。

（一）贷款人受托支付

1. 贷款人受托支付的概念

贷款人受托支付是指银行根据借款人的提款申请和支付委托，将贷款资金支付给符合合同约定用途的借款人交易对象。其目的是减少贷款被挪用的风险。

按照贷款用途区分，贷款人受托支付可主要分为固定资产贷款受托支付、流动资金贷款受托支付、个人贷款受托支付和其他种类贷款受托支付。

2. 贷款人受托支付的标准

（1）固定资产贷款受托支付的标准。《固定资产贷款管理暂行办法》第二十五条规定：“单笔金额超过项目总投资5%或超过500万元人民币的贷款资金支付，应采用贷款人受托支付方式。”同时根据《中国银监会办公厅关于严格执行〈固定资产贷款管理暂行办法〉、〈流动资金贷款管理暂行办法〉和〈项目融资业务指引〉的通知》，在风险可控的前提下，单笔支付金额小于50万元人民币的固定资产贷款，可采取借款人自主支付方式。

（2）流动资金贷款受托支付的标准。《流动资金贷款管理暂行办法》第二十五条规定：“贷款人应根据借款人的行业特征、经营规模、管理水平、信用状况等因素和贷款业务品种，合理约定贷款资金支付方式及贷款人受托支付的金额标准。”根据第二十六条的规定，对于具有与借款人新建立信贷业务关系且借款人信用状况一般、支付对象明确且单笔支付金额较大等情形的，原则上应采用贷款人受托支付方式。

（3）个人贷款受托支付的标准。《个人贷款管理暂行办法》第三十条规定：“个人贷款资金应当采用贷款人受托支付方式向借款人交易对象支付，但本办法第三十三条规定的情形除外。”

（二）借款人自主支付

1. 借款人自主支付的概念

借款人自主支付是指贷款人根据借款人的提款申请将贷款资金发放至借款人账户后，由借款人自主支付给符合合同约定用途的交易对象。

2. 借款人自主支付的规定

（1）固定资产贷款的自主支付规定。《固定资产贷款管理暂行办法》第二十七条规定：“采用借款人自主支付的，贷款人应要求借款人定期汇总报告贷款资金支付情况，并通过账户分析、凭证查验、现场调查等方式核查贷款支付是否符合约定用途。”

在固定资产贷款发放和支付过程中，贷款人应确认与拟发放贷款同比例的项目资本金足额到位和与贷款配套使用情况。在贷款发放和支付过程中，借款人出现以下情形的，贷款人应与借款人协商补充贷款发放和支付条件，或根据合同约定停止贷款资金的发放和支付：一是信用状况下降；二是不按合同约定支付贷款资金；三是项目进度落后于资金使用进度；四是违反合同约定，以化整为零方式规避贷款人受托支付。

（2）流动资金贷款的自主支付规定。《流动资金贷款管理暂行办法》第二十八条规定：“采用借款人自主支付的，贷款人应按借款合同约定要求借款人定期汇总报告贷款资金支付情况，并通过账户分析、凭证查验或现场调查等方式核查贷款支付是否符合约定用途。”贷款支付过程中，借款人信用状况下降、主营业务盈利能力不强、贷款资金使用出现异常的，贷款人应与借款人协商补充贷款发放和支付条件，或根据合同约定变更贷款支付方式、停止贷款资金的发放和支付。

（3）个人贷款的自主支付规定。《个人贷款管理暂行办法》第三十三条规定：有下列情形之一的个人贷款，经贷款人同意可以采取借款人自主支付方式：1）借款人无法事先确定具体交易对象且金额不超过 30 万元人民币的；2）借款人交易对象不具备条件有效使用非现金结算方式的；3）贷款资金用于生产经营且金额不超过 50 万元人民币的；4）法律法规规定的其他情形的。

采用借款人自主支付的，贷款人应与借款人在借款合同中事先约定，要求借款人定期报告或告知贷款人资金支付情况。贷款人应当通过账户分析、凭证查验或现场调查等方式，核查贷款支付是否符合约定用途。

二、贷款发放时的审查

授信业务部门在贷款发放时必须做好相关审查，以控制贷款过程中的风险，它是授信风险全过程控制的重要一环。贷款发放时的审查内容主要有以下几个方面。

（一）首次放款时对合同及相关文件完备性审查

（1）再次核查贷款主合同和从合同签订是否符合规范、有效。

（2）核查放款所需文件是否已全部准备齐全。

对照贷款合同条款逐一审查放款所需文件是否全部具备。在银行贷款业务中所需文件因贷款类型不同而不同，综合各类贷款情况，一般需要核查以下文件是否齐全：

1）客户基础信息类文件。公司客户基础信息类文件：营业执照副本；公司章程；董事的名单及全体董事的签字样本；法人代表身份证复印件；担保机构基础资料（如有）；其他基础信息类资料。

2）客户授信信息类文件。公司客户授信共同具备的信息资料：授信申请书、授信审批批复、客户评级报告、客户评级审批批复、最近三年和最近一期财务报告、其他相关资料。

3）合同信息类文件。包括：正式签署的借款合同；正式签署的抵（质）押合同；正式签署的保证合同；银行之间正式签署的贷款协议（多用于银团贷款）。

4）与项目贷款相关的信息资料。包括：正式签署的合营合同；正式签署的建设合同或建造合同；正式签署的技术许可合同；正式签署的商标和商业名称许可合同；正式签署的培训和实施支持合同；正式签署的土地使用权出让合同；政府主管部门出具的同意项目开工批复；项目土地使用、规划、工程设计方案的批复文件；贷款项目（概）预算资金（包括自筹资金）全部落实的证明；有关对建设项目的投保证明；股东或政府部门出具的支持函；会计师事务所出具的验资报告和注册资本占用情况证明；其他一切必要的批文、许可或授权、委托、费用函件等。

（二）贷款担保手续审查

贷款发放时必须按照授信批复要求再次落实担保条件，重点审核担保手续是否办妥。

1. 对于抵押担保

要审核抵押物是否已办理抵押登记手续，对于无明确登记部门的抵押物是否将有关产权文件及办理转让所需要的有关文件正本交由银行保管，并将抵押合同在当地公证机关办理公证；对于附有生效前提条件的抵押合同在贷款发放时要审核生效条件是否具备。如针对具体事项审核：海关部门就同意抵押协议项下进口设备抵押出具的批复文件；房地产登记部门就抵押协议项下房地产抵押颁发的“房地产权利及其他权利证明”；市场监督管理部门就抵押协议项下机器设备抵押颁发的“企业动产抵押物登记证”；车辆管理部门就抵押协议项下车辆抵押颁发的车辆抵押登记证明文件；保险权益转让的文件。

2. 对于质押担保

要审核质押物是否办理了备案手续以及把质押物和其产权文件、办理转让所需要的有关文件正本交由银行保管；需要公证的质押合同是否办理了公证手续。

3. 对于保证担保

要审核境内金融机构出具的不可撤销保函或备用信用证正本是否收妥；对于境外非金融机构法人、组织或个人提供担保的保证，要审核是否有针对保证的可行性、保证合同的有效性经授信银行认可的律师出具的法律意见书。要审核保证人所属国家主管部门就担保文件出具的同意保证人提供该担保的文件；要审核就同意签署并履行相关协议而出具的董事会决议；要审核就授权有关人士签署相关协议而出具的授权委托书以及有关人士的签字样本。

（三）提款期限审查

在长期授信项目中要审查借款人是否在规定的提款期内提款，否则，提款期过后未提足的贷款不能再发放，除非借贷双方同意延长提款期。

（四）提款申请材料审查

1. 审核提款申请书和借款凭证

银行授信业务部门应当对提款申请书中写明的提款日期、提款金额、划款路线等要素进行核查，确保提款手续正确无误。

银行授信业务部门放款时，借款人要填写和提交借款凭证。对借款凭证要审核借款人名称、提款日期、提款用途、金额、账号等各项目是否准确、完整地填写，审核印章与借款人在银行的预留印鉴是否一致。审核无误后，由有关主管签字后交由会计部门进行放款的转账处理。

除非借款合同另有规定，银行不能代客户填写借款凭证。一般情况下，应要求借款人填妥借款凭证送银行审核后办理放款转账。

2. 审核变更提款计划申请书

审核借款人改变提款计划是否符合借款合同的有关条款，是否在计划提款日以前的合理时间内向银行提出申请，是否得到银行同意。

根据我国《贷款通则》的规定，银行不得对自营贷款或特定贷款在计收利息之外收取任何其他费用。但是根据国际惯例，一般会在借款合同中规定，变更提款期应收取承担费。因此当借款人变更提款计划时，银行授信业务部门根据合同可按改变的提款计划部分的贷款金额收取承担费。借款人在提款期内如部分或全额未提款，应提未提部分可收取承担费，在提款期终了时贷款额度自动注销。

3. 审核借款人的借款用途和提款进度

监督借款人按贷款合同规定的用途用款，是保证银行贷款安全的重要环节。

基本建设贷款或固定资产投资贷款的借款人提款用途通常包括：土建费用、工程设备款、购买商品费用、在建项目进度款、支付劳务费用、其他与项目工程有关的费用、用于临时周转的款项。

基本建设贷款或固定资产投资贷款要审核提款进度与工程进度相适应。

4. 审查有关账户

银行授信业务部门要审查有关的提款账户、还本付息账户或其他专用账户是否已经开立，账户性质是否已经明确，避免出现贷款使用混乱或被挪作他用。

三、贷款发放的原则和方式

（一）贷款发放的原则

1. 按计划、按比例放款原则

对于项目贷款，必须按计划、按比例进行放款。计划是指已批准的贷款项目年度投资计划，贷款按照投资计划所规定的建设内容、费用，准确、及时地提供贷款。按照约定，借款人通过其他渠道为建设项目募集资金（如自筹资金和其他银行贷款）应与本行贷款同比例支用。

2. 按进度放款原则

在中长期贷款发放过程中，银行应按照完成工程量的多少进行放款。如果是分次发放或发放手续较复杂，银行应在计划提款日前与借款人取得联系。借款人如需变更提款计划，应于计划提款日前合理时间内，向银行提出申请，并征得银行同意。如借款人未经银行批准擅自改变款项用途的，银行有权不予支付。

3. 资本金足额原则

授信银行需审查建设项目的资本金是否已足额到位。即使因特殊原因资本金不能按时足额到位，贷款支取的数额也应同步降低，使贷款提取比例与借款人资本金到位的比例相适应。此外，贷款原则上不能用于借款人的资本金、股本金和企业其他需自筹资金的出资。

（二）贷款发放的方式

1. 贷款发放方式的概念

贷款发放方式是指根据贷款的具体情况和要求而采取的发放和收回贷款的具体方法。在具体工作中，银行贷款发放有两种方法和五种形式。两种方法为：存量控制、流量控制。五种形式为：逐笔申请、逐笔核贷；一次申请、定期调整；定期核定、周转使用；活放活收；透支。

2. 存量控制的概念

所谓存量控制，是指对一定时期的贷款占用量或贷款期末余额进行控制。只要贷款期末余额不超过规定的贷款额度，便可以周转使用。贷款额度也称贷款指标，它可分为周转性指标和一次性指标。

3. 存量控制的放款方式

（1）逐笔申请，逐笔核贷，逐笔定期限，到期收回，指标周转使用。如工商企业的周转贷款，是针对企业季节性、临时性原因引起资金占用增加而发放的。由于每笔贷款的具体原因、数量各不相同，需要逐笔申请，逐笔核贷，逐笔定期限。贷款指标是可以周转使用的，只要贷款余额不超过指标，可以借了还、还了再借。这种放款方式是与企业资金运动连续性的特点相适应的。

（2）一次申请，集中审核，定期调整。一般对属于供应链金融的结算贷款采用这种方法。由于销货方在途资金占用与购货方承付的货款在时间上、数量上大致平衡，同时又处于联行结算范围内，在银行内部统一进行调剂，所以这类贷款在一定时期内没必要受贷款指标限制和核定每笔贷款的期限。

（3）一次申请，进贷销还，指标周转使用。这种方法适用于采取活存透支账户的商业企业流动资金贷款。活存透支即企业平时将销售收入交存银行，视为活期存款，支用时，可不受存款额度限制，向银行透支。银行只要求企业按年、按季一次申请贷款需要量，银行审查后，确定透支额度，由企业在额度内周转使用。平时进货付款视为贷款，销货存款视为还款。这种方法适合从事商品流通、购销频繁，几乎每天需要贷款，又每天向银行交存销货款的企业采用。

4. 流量控制的概念

所谓流量控制，是指对贷款的供应量或贷款的累计发生额进行控制，这种方法的特点是严格控制贷款总额，贷款累计发生额不能超过限额。

5. 流量控制的放款方式

流量控制放款操作方法是逐笔申请，逐笔核贷，逐笔定期限，到期收回。贷款指标一次有效，贷款额度不允许周转使用，随用随减。固定资产贷款、项目贷款采用这种方式发放。

四、贷款发放操作程序

由于各银行各部门职责分工、内部机构设置存在差异，一般各银行都会制定符合本行实际的提款操作细则，规范贷款执行阶段的操作程序。基本操作程序如下：

（1）借款人按合同要求向银行授信业务部门提交提款申请和其他有关文件资料。

(2) 银行授信业务部门受理借款人提款申请，初步审核提款申请是否符合借款合同约定的格式要求，并加盖企业公章及法人代表签字，或在提交法人授权书的情况下由受托人签字。

(3) 按内部审批流程对借款人用款审批资料（授信合同、抵质押登记等）的完整性、规范性、合法性、有效性进行审核，经有权签字人签字同意。

(4) 借款人填写借款凭证（一式五联）、授信业务部门填写放款通知书，凭借款凭证和放款通知书到会计部门办理提款手续。

(5) 会计部门对抵押物、质押物的权利凭证作实物保管和账务处理，办理提款账务手续。

银行授信业务部门将合同、借款凭证，连同审批人的批复（或复印件）、抵押或质押的权利凭证送交和移交会计部门。

会计部门收到借款凭证（第四联）等相关资料，应对以下事项进行审查：

1) 信贷业务是否经有权审批人审批同意，借款凭证的要素是否齐全，填制内容是否符合要求；

2) 发放抵押、质押贷款的，还应审核授信业务部门出具的担保物、待处理抵债资产收妥通知书及抵（质）押协议、抵押物和质押物的保险手续是否办妥，抵押物权证、权利质押的权利凭证是否移交等。

审查无误后，办理权利凭证实物保管和账务处理及提款账务手续。

(6) 授信业务部门在借款人所提款项入账后，向会计部门索取借款凭证联（第四联），入档案卷保存。

(7) 授信业务部门建立台账并在提款当日记录，如果借款人、保证人均在同一地区，则根据中国人民银行的有关要求，在其信贷登记系统登记，经审核后进行发送。

(8) 如为自营外汇贷款还需填写“国内外汇贷款债权人集中登记表”“国内外汇贷款变动反馈表”，并向国家外汇管理局报送。

借款凭证样式及填制注意事项

模块小结

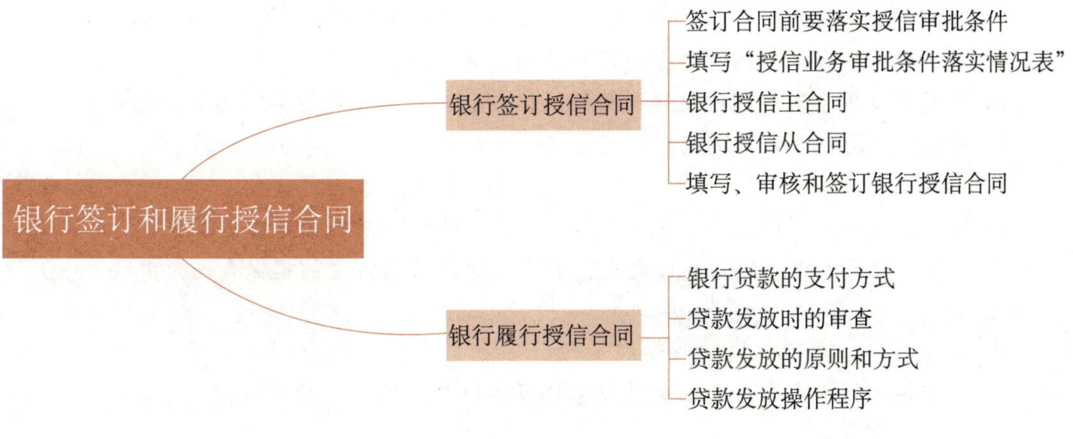

模块测评

一、单项选择题

1. 在贷款合同中一般应规定借款人提款时应具备的前提条件，在下列选项中最可能成为提款先决条件的是（　　）。

A. 办妥不动产抵押登记手续　　B. 合同成立时

C. 合同签订时　　D. 记载登记部门登记日

2. 未经保证人同意，贷款银行将主债权全部或者部分转移给第三方的法律后果是（　　）。

A. 所订保证合同有效，担保人继续承担保证合同中规定的担保责任

B. 所订保证合同无效，担保人不再承担相应的担保责任

C. 担保人不再承担原有合同的义务

D. 债权人与债务人协商确定

3. 在贷款合同中，如果涉及保证人的保证责任时，通常会约定保证人承担（　　）责任。

A. 一般保证　　B. 连带责任保证　　C. 人民法院判定　　D. 仲裁机构仲裁

4. 在保证合同中，当事人对保证担保的范围没有约定或者约定不明确的，法律后果是（　　）。

A. 保证人不承担责任　　B. 保证人应当对全部债务承担责任

C. 必须补充相应条件才能确定　　D. 由人民法院判定

5. 保证合同是贷款合同的从合同，在保证合同条款中银行会主张规定（　　）。

A. 保证合同独立于主合同，不因主合同的无效而无效

B. 保证合同独立于主合同，主合同无效则保证合同无效

C. 保证合同独立于主合同，主合同无效则保证方不再承担相应保证责任

D. 如果主合同无效，由管辖法院判决保证合同是否有效

6. 下列关于最高额抵押描述错误的是（　　）。

A. 贷款合同可以附最高额抵押合同

B. 贷款人签订的贷款合同中规定在一定期间内连续给借款人放款，可以附最高额抵押合同

C. 最高额抵押合同担保的主合同债权是不得转让的

D. 最高额抵押合同担保的主合同债权可以转让，应当把转让事项通知抵押人

7. 在抵押合同中可以设定抵押权的是（　　）。

A. 各类土地使用权　　B. 土地所有权

C. 以出让方式取得的国有土地使用权　　D. 以划拨方式取得的集体土地使用权

8. 法人或者其他组织的法定代表人、负责人超越权限订立的担保合同效力（　　）。

A. 无效

B. 有效

C. 除相对人知道或者应当知道其超越权限的以外，该代表行为有效

D. 除相对人知道或者不知道其超越权限的以外，该代表行为有效

9. 抵押合同对担保的主债权或抵押财产没有约定或者约定不明，根据主合同和抵押合同不能验证或者无法推定的，抵押合同效力（　　）。

A. 有效　　B. 不成立　　C. 由法院判定　　D. 视情况而定

二、多项选择题

1. 关于相关授信合同填写事宜，下列说法正确的有（　　）。

A. 必须使用总行示范格式合同

B. 额度协议项下贷款无须再签订相关借款合同

C. 单笔借款合同必须配套固定格式的提款申请书

D. 额度协议项下开立银行承兑汇票无须签订相关单项协议

2. 银行贷款合同签订后出现需修改情况，则下列说法正确的有（　　）。

A. 直接在错误处修改，借款人在修改处加盖公章，银行加盖校对章

B. 直接在错误处修改，银行加盖校对章即可

C. 替换修改页，企业加盖骑缝章，银行加盖业务公章骑缝

D. 替换修改页，银行加盖业务公章骑缝即可

3. 关于相关授信合同要素填写事宜，下列说法正确的是（　　）。

A. 合同签字人必须是企业法定代表人或其授权人

B. 合同签字日期应在法定代表人证明书或授权委托书的有效期内

C. 主合同签订日期必须早于或等同于从合同签订日期

D. 主合同与从合同之间相互引用的合同号必须相匹配

4. 在贷款合同中应当约定（　　）。

A. 贷款种类

B. 金额、利率、还款期限、还款方式

C. 贷款用途

D. 违约责任和双方认为需要约定的其他事项

5. 保证担保的范围包括（　　）。

A. 主债权及利息　　B. 损害赔偿金和实现债权的费用

C. 违约金　　D. 保证合同另有约定的，按照约定

6. 担保合同是贷款合同的从合同，因而如贷款合同无效，则（　　）。

A. 担保合同必然无效，担保合同中另有规定的除外

B. 担保合同无效，法律另有规定的除外

C. 一般情况下担保合同无效

D. 根据担保合同条款规定继续生效

7. 保证合同的内容应当包括（　　）。

A. 被保证的主债权种类、数额　　B. 债务人履行债务的期限

C. 保证的方式　　D. 保证担保的范围和期间

8. 贷款的担保合同中一般会规定在（　　）情形下，担保物权消灭。

A. 主债权消灭　　B. 担保物权实现

C. 贷款银行放弃担保物权　　D. 法律规定担保物权消灭的其他情形

9. 在抵押合同中一般会规定，在抵押期间，抵押财产损毁、灭失或者被征用等，按（ ）处理。

A. 抵押权人可以就获得的保险金、赔偿金或者补偿金等优先受偿

B. 该保险金、赔偿金或者补偿金可以专户存储，按约定实现抵押权

C. 立即宣布债权提前到期予以清偿

D. 债权人计提损失

10. 企业法人的分支机构未经法人书面授权或者超出授权范围与债权人订立保证合同无效，一般按下列原则来处理（ ）。

A. 该合同无效或者超出授权范围的部分无效

B. 债权人和企业法人有过错的，应当根据其过错各自承担相应的民事责任

C. 贷款合同终止

D. 债权人无过错的，由企业法人承担民事责任

11. 抵押合同应当包括（ ）等内容。

A. 被担保的主债权种类、数额

B. 债务人履行债务的期限

C. 抵押物的名称、数量、质量、状况、所在地、所有权权属或使用权权属

D. 抵押担保的范围

12. 抵押人将已出租的财产抵押的，（ ）。

A. 应当书面告知承租人

B. 应当口头告知承租人

C. 原租赁合同需要补正

D. 原租赁合同继续有效

13. 抵押权与债权的关系是（ ）。

A. 抵押权不得与债权分离而单独转让

B. 抵押权不得与债权分离而作为其他债权的担保

C. 抵押权与其担保的债权同时存在

D. 债权消灭的，抵押权也消灭

14. 出现（ ）情形时，贷款人可按约定方式或其他法定方式处分抵押物。

A. 抵押贷款合同期满，借款人未按期归还贷款本金和利息的

B. 借款人存在交叉违约，贷款人需依法提前收回贷款的

C. 借款人被宣告破产的

D. 借款人死亡而无继承人履行合约的

三、判断题

1. 银行贷款合同签订日就是借款人提款日。（ ）

2. 银行授信合同必须采用由总行统一制定的格式合同，除非特殊业务格式合同不适用的，可以由授信业务部门统一制定。（ ）

3. 交叉违约是指在本合同项下的债务人在其他行的贷款出现违约，则也视为对本合同违约。交叉违约的借款人在本合同项下的借款并未到期。（ ）

4. 银行放款的原则有按计划、按比例原则，按进度原则，资本金足额原则，按审批的用款计划原则。（ ）

5. 银行贷款是采用受托支付还是自主支付的方式，由银行来决定，原则是尽可能采

用自主支付方式，以减少银行的放款工作量。(　　)

6. 银行贷款发放可以采用存量控制方法，也可以采用流量控制方法。(　　)

四、实战演练

红光商场 100 万元贷款变不良贷款

红光商场是一家民营企业，注册资本金 500 万元。王××出资 200 万元，是商场法人代表和总经理。2020 年 3 月，红光商场以采购一批紧俏商品为由，向××银行贷款 100 万元，贷款期限为 3 个月，采用抵押担保方式，担保物为红星机械厂的办公大楼，并出具该厂同意担保的承诺书。××银行公司业务部为红光商场办理了放款手续，把 100 万元一次性转入红光商场在其银行的存款账户。2020 年 6 月，贷款到期。红光商场因管理不善，加之购进了假冒伪劣商品，无力还款。

××银行到管辖法院进行起诉，要求行使对红星机械厂办公大楼的抵押权。经法院审理发现：红星机械厂为镇属集体企业，抵押担保书只盖有该厂印鉴，并没有镇政府同意抵押的文件，此抵押无效。

问题：结合案例，分析××银行在签订贷款合同、放款条件落实和支付方式方面存在哪些问题，应怎样避免出现这样的失误。

五、信贷业务操作

利用智盛云平台上的授信业务及风险管理模拟系统，完成授信合同签订业务操作。

模块 六

银行授信后管理

学习目标

● 知识目标

1. 掌握授信后管理的内容；
2. 了解授信后管理岗位及其职责；
3. 掌握授信后管理的方法、授信后检查的主要内容；
4. 熟悉授信资产风险的分类；
5. 了解授信风险预警的概念和流程。
6. 掌握授信到期处理的方法。

● 技能目标

1. 能够对授信客户进行跟踪监管；
2. 能够对客户进行授信后调查，摸清客户情况；
3. 能够及时发现客户违约的潜在风险因素；
4. 会对授信资产进行风险分类；
5. 会处理授信到期的各类业务。

案例导入

山西××高新材料股份有限公司流动资金贷款4 000万元

山西××高新材料股份有限公司成立于1983年，注册资金500万元人民币。主营业务是化工、特种纤维、建材产品生产，现具有年产25万吨聚乙烯醇（PVA）、1.5万吨高强高模PVA纤维、300万吨环保水泥及熟料、6万吨差别化聚酯切片、1.5万吨聚醋酸乙烯乳液（白乳胶）、热电联产年自发电量4.5亿千瓦时的生产能力。2019年，公司完成了股份制改造，注册资本已达到10 000万元人民币。公司市场销售非常好，获得大批订单，出于扩大生产的需要，2020年5月9日，向中国建设银行××分行申请4 000万元人民币流动资金贷款，以评估价值4 000万元人民币的房产和评估价值3 000万元人民币的机器设备作为抵押担保。银行审查审批后签订了合同，并实施放款。银行按规定对该笔贷款进行了授信后管理。

思考：银行授信后管理应从哪几个方面进行？由哪些部门参与？其各自的职责是什么？

任务一　银行授信后管理的内容与岗位设置

【任务分析】知识学习方面，教师指导学生掌握授信后管理的内容、涉及的相关部门（岗位）及其职责；技能提升方面，教师指导学生模拟授信业务部门客户经理、风险客户经理进行授信后管理。

一、银行授信后管理的概念

银行授信后管理是指银行授信实施后直到授信收回（结束）的全过程的与授信业务有关的行为总和。它包括账户监管、授信后检查、风险预警、授信资产风险分类、授信收回和总结、问题授信处理、档案管理以及客户关系维护等。

银行授信后管理是银行授信工作的重要组成部分，是对授信风险控制的延续。授信调查、审查、审批环节是从源头上控制风险，授信后管理是在信用存续期间和授信到期前的时间段进行风险控制。银行授信后管理工作是否到位直接影响授信后风险控制与防范，对保证银行持续经营发挥着重要作用。

二、银行授信后管理的内容

广义的银行授信后管理的内容包括资金账户监管、授信后检查、授信风险预警、授信资产风险分类、授信到期处理、问题授信管理、档案管理等。

（一）资金账户监管

客户经理或银行信贷人员按照规定做好授信资金的用前审核和用后监督，并定期检查客户账户资金往来情况，保证客户按贷款合约使用资金，防止资金被挤占、挪用。

（二）授信后检查

授信后检查是指授信实施后要对客户及其影响授信资产安全的有关因素进行时时监控和分析，以及时发现早期预警信号，并采取相应的补救措施。

（三）授信风险预警

授信风险预警是指对授信后检查获取的信息进行综合分析，对还未明确出现风险的授信进行潜在性风险的预测，判断授信总体风险状况，上报预警。与已出现风险后的授信跟踪管理不同，风险预警需要在大量的不确定性信息中去发现那些对授信安全有潜在影响的因素，需要客户经理有高度的责任感、敏锐的洞察力、通畅的信息渠道及准确的职业判断。

（四）授信资产风险分类

授信资产风险分类是指银行按照风险程度将授信资产分为不同档次的资产的过程，也就是判断授信客户及时足额履行偿还债务责任的可能性大小的过程。

（五）授信到期处理

授信到期处理是指授信偿还或授信结束时的处理方式。如正常收回、提前归还和展期等，都是到期处理的方式。

（六）问题授信管理

问题授信管理是指对授信客户未按授信合同偿还本息或履行义务，或者已有迹象表明授信客户不能按授信合同偿还本息或履行义务的授信的管理。按照授信风险五级分类，关注、次级、可疑、损失均为问题授信（具体内容详见模块七）。

（七）档案管理

档案管理是指对确定借贷双方法律关系的重要凭证和相关资料的管理。如实记录、正确保管和规范使用授信档案是加强授信管理、保护授信安全的重要基础（具体内容详见模块九）。

三、银行授信后管理部门（岗位）及其职责

从各银行授信后管理的实际来看，银行授信后的管理分为管理行的授信后管理和经营行或基层行的授信后管理两个层级。授信后管理涉及前台、中台和后台所有部门。一般经营行或基层行负责辖区内授信客户的授信后管理的组织实施、风险控制、监测客户用信、定期风险分析、沟通传递风险信息、牵头处理风险事项等工作。管理行负责本级行直接授信客户的授信后管理的组织实施、总体风险控制、监测客户整体用信、定期风险分析、沟通传递风险信息、牵头处理风险事项等工作。银行授信后管理的部门（岗位）及其职责见表6-1。

表6-1 银行授信后管理部门（岗位）及其职责

行级	部门（岗位）	序号	授信后管理职责
经营行（基层行）	授信业务岗	1	制定管理方案，即根据客户风险特点和管理要求，按户制定授信后管理方案，一户一案，实行差别化管理。
		2	资金账户监管。定期检查客户账户资金往来情况，防止客户挪用授信资金或改变授信资金用途。
		3	现场检查。定期检查客户生产经营及承兑汇票保证金和审批要求的落实情况，检查保证人或担保物的情况。
		4	日常跟踪监管。通过多渠道搜集行业、市场、客户公开信息，走访客户，跟踪客户和保证人的情况。
		5	风险预警。发现风险信号及时提出处理建议并进行报告，实施化解风险措施。
		6	对授信客户的信息进行更新与维护。及时搜集并分类整理客户基本信息资料、档案资料以及贷款利息、本金收回情况，并将授信客户的信息录入银行信贷管理系统。
		7	撰写报告。在资金账户监管、现场检查、日常跟踪管理、风险预警等工作的基础上，定期分析客户的授信后风险状况，撰写授信后管理报告。
		8	汇报。向本级行长、管理例会、上级管理行授信业务部门汇报管理情况。

续表

行级	部门（岗位）	序号	授信后管理职责
	授信管理岗	1	实时监测。通过风险管理系统实时监测客户用信及风险情况。
		2	风险分析及预警。对授信业务风险状况进行分析，发现异常及时预警，督促授信业务岗进行处理。
		3	在线检查。通过授信后管理子系统实时监督授信业务岗的授信后管理工作。
		4	现场检查。对授信业务岗的授信后管理情况定期进行现场检查，经所在部门负责人同意，也可延伸到对授信客户进行现场检查。
		5	督促整改。对在线检查和现场检查发现的问题，要求授信业务岗及时整改。
		6	汇报。向本级行长、授信后管理例会、上级授信管理部门报告风险监控情况，向上级行授信业务部门报告辖内授信后管理工作的监督检查情况。
管理行	授信业务部	1	对辖内本业务条线授信后管理工作承担系统管理职责，指导和监督本业务条线下级行授信业务部门的授信后管理工作。
		2	对本行直接授信客户制定整体授信后管理方案。
		3	对本行直接授信客户建立定期联系协调机制，搜集、沟通行业和客户信息。
		4	对本行直接授信客户组织基层行进行资金账户监管。
		5	通过银行管理系统监测客户用信情况，组织和参加现场检查。
		6	牵头处理预警信号并组织实施风险化解措施，在问题授信移交前制定清收方案并组织实施。
		7	定期分析客户授信后管理情况，向行长、授信管理例会汇报。
	授信管理部	1	通过银行管理系统重点监控本级行直接管理客户和本级行审批业务的风险变动情况。
		2	对授信业务风险状况进行分析，发现异常及时进行风险预警。
		3	监督和检查本级行授信业务部门和下级行的授信后管理工作，发现问题督促整改。
		4	负责实施辖区和行业的信用风险限额和组合管理，组织报告有关风险事项，对本级行直接授信客户进行授信资产风险分类和客户信用等级评定工作。指导辖区行授信资产风险分类和客户信用等级评定工作。与内控合规部门协调对授信后管理工作进行内部评价和再监督。与科技部门协调共同为授信后管理电子化提供支持。
		5	向本级行长和授信后管理例会报告授信业务风险监控情况、对授信业务部门及下级行授信后管理工作的监督检查情况。
	其他相关部门	1	运营管理部或会计部配合授信业务部制定资金监督办法和流程。会计人员根据授信客户日常经营的资金需求量，在结息日和授信到期前，当授信客户账户余额不足时，及时提示客户经理；发现授信客户资金账户往来异常的，及时向客户经理通报信息；按合同扣划到期贷款本息；根据客户经理需要提供授信客户资金明细账供查阅。
		2	资产处置部负责制定不良授信资产的处置政策和制度，对资产处置业务进行管理指导；制订不良资产处置计划，并对计划的实施进行监测与考核；对下级行的资产处置项目进行审查与监督；按规定集中处置授信业务部移交的不良贷款资产。
		3	法律事务部为授信后管理提供法律支持，开展授信后相关法律风险的管理。

一般而言，制定授信后管理方案的流程如图 6-1 所示。

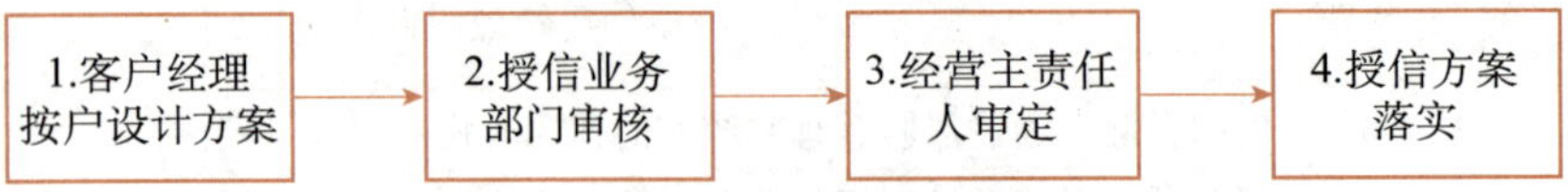

图 6-1 制定授信后管理方案的流程

(1) 授信业务部门客户经理根据客户特点（自身特点、行业特点、信贷产品风险特点）结合尽职调查情况，按户设计方案（见表 6-2），在方案中突出检查重点和关键风险点，并考虑综合授信、信用额度、单笔信用业务审批批复意见等情况。

表 6-2 授信后管理方案

<table>
<tr><td colspan="4">客户名称：
客户编号：
重检时间：××××年××月××日
填报机构：××一级分行××二级分行××支行（部门）</td></tr>
<tr><td colspan="4">一、授信持续性条件</td></tr>
<tr><td>编号</td><td colspan="2">授信持续性条件类别
（如信用等级、资产负债率等）</td><td>具体条件</td></tr>
<tr><td>1</td><td colspan="2"></td><td></td></tr>
<tr><td>2</td><td colspan="2"></td><td></td></tr>
<tr><td>…</td><td colspan="2"></td><td></td></tr>
<tr><td colspan="4">二、日常检查差异化安排</td></tr>
<tr><td>检查类别</td><td>是否选择</td><td colspan="2">检查方式（是否进行现场检查）</td></tr>
<tr><td>首次检查</td><td>必选</td><td colspan="2"></td></tr>
<tr><td>月度检查</td><td>可选</td><td colspan="2"></td></tr>
<tr><td>季度检查</td><td>必选</td><td colspan="2"></td></tr>
<tr><td>年度检查</td><td>必选</td><td colspan="2"></td></tr>
<tr><td>编号</td><td>日常检查内容</td><td colspan="2">检查频率</td></tr>
<tr><td>1</td><td></td><td colspan="2"></td></tr>
<tr><td>2</td><td></td><td colspan="2"></td></tr>
<tr><td>…</td><td></td><td colspan="2"></td></tr>
<tr><td>是否要求现场影像资料</td><td>是□　　否□</td><td>财务报表搜集频率</td><td></td></tr>
<tr><td colspan="4">三、关键风险点及防控预案</td></tr>
<tr><td>编号</td><td colspan="2">关键风险点</td><td>防控预案</td></tr>
<tr><td>1</td><td colspan="2"></td><td></td></tr>
<tr><td>2</td><td colspan="2"></td><td></td></tr>
<tr><td>…</td><td colspan="2"></td><td></td></tr>
<tr><td colspan="4">四、其他安排</td></tr>
<tr><td colspan="4">五、方案执行人员及工作内容</td></tr>
<tr><td>姓名</td><td>岗位</td><td>联系方式</td><td>工作内容</td></tr>
<tr><td></td><td></td><td></td><td></td></tr>
<tr><td></td><td></td><td></td><td></td></tr>
</table>

续表

六、意见
客户经理签名： 日期：
授信业务部门审核意见：   签名： 日期：
经营主责任人审定意见：   签名： 日期：

（2）授信业务部门审核授信后管理方案报经营主责任人审定。他们共同对方案的可操作性及有效性进行审核和负责。对于新客户，在授信业务发放前就要审定授信后管理方案；对于存量客户，要及时制定和审定授信后管理方案。

（3）经营主责任人所属机构为总行的，可以指定下级分行的分管行长或部门负责人审定；经营主责任人所属机构为分行的，可以指定分管行长审定。

（4）方案落实是指客户经理、风险经理等相关人员按照审定后的方案完成规定项目，经营主责任人侧重从审核、决策层面推进并负责方案的落实。授信后管理方案在年度检查结束后应至少重新检查一次。

任务二　银行授信后监控

【任务分析】知识学习方面，教师指导学生掌握授信后监控的对象、方法、内容；技能提升方面，教师指导学生模拟授信业务部门客户经理对授信客户进行监控。

一、银行授信后监控的概念

授信后监控是以借款人、保证人、抵（质）押物、合作开发商及项目为对象，通过客户提供、访谈、实地检查、行内资源查询等途径获取信息，对影响授信资产质量的因素进行持续跟踪调查、分析，判断借款人的风险状况，提出相应的预防或补救措施。

二、银行授信后监控的方法

授信后监控是授信发放后对客户情况进行多种形式的检查，及时发现影响授信资产安全的预警因素，并采取相应的措施消除风险和控制风险的扩大。授信后监控是客户经理在授信后管理中最基础性的工作。按照检查地点划分，分为非现场检查和现场检查。

（一）非现场检查

1. 搜集信息，发现预警信号

通过多种渠道，如市场监管部门、税务部门、借款人及担保人和相关的竞争对手、上级主管部门、中国人民银行征信系统、金融同业、新闻媒介等方面获取信息，及时发现预警信号。

2. 利用信贷监控系统，发现预警信号

通过授信的台账、客户账户管理系统、资金流向监控表和中国人民银行征信系统，每日监测客户贷款账户往来、贷款出账、额度使用情况，密切关注异常变化，及时发现预警信号。

课堂讨论

进行非现场检查的渠道有哪些？

参考答案：（1）电话等通信方式访谈；

（2）视频远程监控；

（3）查询国家行政、司法机关，行业协会，公用事业单位等信息平台；

（4）查询媒体、互联网信息；

（5）向客户上下游进行电话访谈或询证；

（6）通过社会关系搜集信息；

（7）查询银行内部信息系统信息；

（8）其他非现场方式。

（二）现场检查

通过走访查看借款人及保证人或利益相关方的主要办公、生产或经营场所、建设工地、押品保管地等，与其主要负责人、财务主管直接接触和交流，以及查阅会计账册、会计凭证、存货等方法，对发现的主要风险点和预警信号进行实地验证核查。

课堂讨论

现场检查的工作方式有哪些？

参考答案：（1）与管理人员、财务人员、普通工作人员面谈，主要了解股权结构、管理人员、关联企业的变动情况、生产经营情况、融资与对外担保情况以及金融需求等。

（2）查看库存变化，与账簿中“存货”对照。

（3）查看生产、经营情况，如生产设备开工运转、产能利用、员工数量增减等。

（4）收集信贷资金用途延伸核查资料、财务报表等资料。如有必要，调阅客户的会计账簿、记账凭证等核查财务数据。

（5）查看项目建设进度等。

（6）查看抵押品保管情况，了解使用、出租情况等。

1. 现场检查的类别

现场检查包括日常检查、专项检查和新发放贷款的重新检查。

（1）日常检查。是常规、持续性检查。按照检查内容及检查频次的不同，分为首次检查、月度检查、季度检查和年度检查，其具体检查频次、时间、对象与内容如表 6－3 所示。

表 6－3　日常检查频次、时间、对象与内容

检查频次	时间	对象	内容
首次检查	业务发生后的 5 个工作日内	新授信的客户	重点延伸核查本笔授信业务资金用途，检查客户与授信业务发生前是否发生明显异常变化、是否有新的金融服务需求等。
月度检查	在结息日前、跟踪例会前	有授信余额的客户，仅限于信用风险较高或风险分类级别较高的，或者信用等级或风险分类发生变化的客户	检查客户的管理层或实际控制人、股权结构、生产经营情况、账户行为等是否发生明显异常变化，是否发生重大信用风险事项，付息意愿及可能性，以及是否有新的金融服务需求等。
季度检查	风险分类前	与月度检查对象相同，仅办理低信用风险业务的客户除外	侧重于检查授信持续性条件、信贷资金用途、生产经营状况、财务状况、融资信用状况、账户行为、关联交易、担保等方面的变化，是否发生重大信用风险事项，是否有新的金融服务需求等。
年度检查	风险分类前	与月度检查对象一致	对照本任务中“三、银行授信后监控的内容”进行全面检查

（2）专项检查。发现重大信用风险事项或相关信贷系统出现预警信号，或监管机构、上级行、经营主责任人等要求进行风险排查的，应及时进行专项检查。如有些银行规定，客户出现授信风险分类形态向下演变的情况时应立即进行现场检查，具体的情况如：1）贷款发生欠息、展期、逾期及或有资产到期垫付；2）授信客户出现停产、半停产状况；3）授信客户发生可能影响信贷资产安全的投资活动、体制改革、债权债务纠纷、事故与赔偿等重大事项。

（3）新发放贷款的重新检查。一般每年上半年集中时间组织开展新发放贷款的重新检查，分为经办行自查和总分行抽查与评价两个阶段进行。新发放贷款的重新检查的工作内容是排查新发放贷款的风险状况，包括客户生产经营、财务、信用、管理人员的变化情况，信贷资金实际用途，担保落实情况等，查找内部管理的薄弱环节。

2. 现场检查的流程

现场检查的流程见图 6－2。

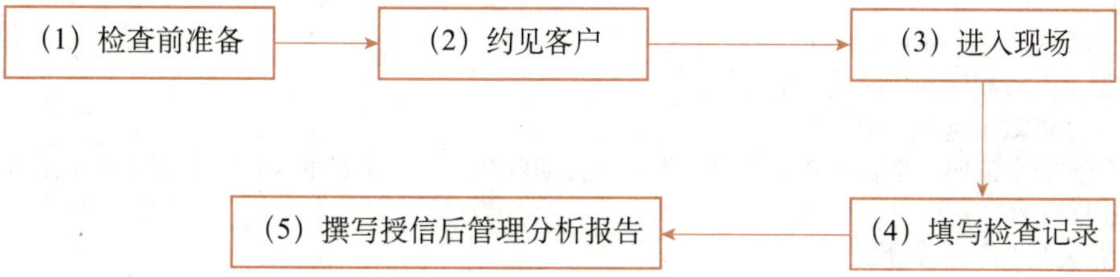

图 6－2　现场检查流程

（1）检查前准备。1）拟订授信客户检查计划。计划包括检查的依据、时间、对象、事项和方式等，并要准备好检查所需的文件资料。2）确定检查的主要内容。一般是对借款人生产经营状况、管理状况、财务状况、融资能力和还款能力等进行检查。但每次检查时，常常将一个或几个方面作为重点检查内容，因此一般还要确定当次检查的重点内容。3）确定检查的方式。依据检查的重点和检查的目的，确定检查的方法和参加检查的人员。例如是由客户经理检查还是由团队或部门管理人员检查，还是多部门联合检查。如果是多部门联合检查，还要确定牵头部门。

（2）约见客户。即采取适当方式通知授信客户此次检查的范围、内容和时间以及要求客户做好哪些准备。

（3）进入现场。1）查阅资料。检查人员要告知客户的权利与义务，检查方法是查阅、审核、复制客户的相关资料。2）与客户面谈。进入现场后，检查人员一定要与客户的一般职工和管理人员面谈，落实非现场检查和查阅资料获得的信息，以摸清客户的真实情况，如原材料和主要产品市场、生产技术和组织管理、经营计划和管理人员变动、经济纠纷、与其他债权人的往来、对外担保、关联企业及关联交易情况。

（4）填写检查记录。检查人员在检查完成后，应填写检查记录，形成检查报告单（公司客户和个人客户贷款授信后检查报告单样式分别见表 6－4、表 6－5）。检查记录除全面反映客户生产经营、资产负债、内部管理变化情况及担保落实情况外，还要对客户的发展前景、偿还授信能力及授信风险因素进行分析、预测，提出切实可行的意见、建议，报主管领导审批后归档保管。

表 6－4　××银行××公司××贷款授信后检查报告单

关于________公司________万元贷款　第________期检查报告

为确保________（行）信贷资金的正确使用，防止出现违规行为，____市____区____（行）客户经理________于________年____月____日对________公司贷款进行了授信后检查，现将检查结果报告如下：

一、基本情况

________公司于________年____月____日，向____市____区____（行）申请贷款（含表外敞口、商票贴现）________万元，用途为：________（具体与调查报告、借款合同一致）。

公司实际办公地点：

联系人员：

联系电话：

授信额度：________万元　　　授信期限：________年____月____日至________年____月____日

担保方式：□抵押　□质押　□保证　　　担保人名称（含抵押人、质押人）：

用信额度：________万元　　　月利率：____%　用信期限：________年____月____日至____年____月____日

（用信逐笔填写）

二、授信后检查的主要项目

1. 批复中限制性条款的执行情况

2. 实际借款用途与使用效率

3. 贷款资金流向（是否与贷款约定一致，并注明收款人；与上报的大额支付是否一致；资金的运用有无违规行为）

4. 借款人生产经营情况

5. 借款人管理情况

续表

6. 银行账户往来情况 7. 财务分析 8. 非财务分析 9. 担保情况分析 10. 借款人信贷档案分析 11. 授信后的信用情况 12. 分期还款计划执行情况 13. 借款人承诺兑现情况 14. 借款人对授信后检查的配合情况 15. 其他 三、附件 (一) 主要经营指标分析 1. 五大经营指标分析 (1) 销售利润率指标分析 (2) 存货周转率指标分析 (3) 销售收入增长率指标分析 (4) 应收账款周转率指标分析 (5) 净资产增长率指标分析 2. 两大经营资金指标情况分析 (1) 销售收入指标分析 (2) 应收账款变化情况分析（前 10 位客户变化情况分析、账龄分析、坏账分析等） (二) 借款人偿债能力分析 1. 五大财务指标分析 (1) 资产负债率指标分析 (2) 流动比率指标分析 (3) 或有负债指标分析 (4) 总资产周转率指标分析 (5) 现金流量分析 2. 三大资金分析 (1) 货币资金分析（白条抵库、现金流向、存款金额和结构、存款来源） (2) 固定资产和无形资产变化情况分析 (3) 其他应收账款情况分析（分析最大 5 位客户的情况、是否与注册资金有关） 四、检查结论 1. 对借款人生产经营情况的评价 2. 对借款人财务状况的评价 3. 对借款人管理情况的评价 4. 对借款人发展前景的评价 5. 对借款人贷款风险状况的评价 五、建议采取的措施 □继续支持借款人 □退出借款人 □按常规实施授信后管理和检查 □帮助借款人改善经营管理 □要求借款人提出更详细的还款计划 □列为特殊关注对象，加大授信后检查频率 □从严核定最高综合授信额度，控制对借款人的融资总量 □更换担保人，补足抵（质）押物

续表

□不再办理收回再贷业务 □停止发放新贷款 □提前收回借款人未使用的贷款 □落实专人负责清收 □追索保证人连带责任 □依法处置抵押物、质押物、质押权利 □与借款人协商以物抵贷 □依法提起诉讼 □提请法院宣告借款人破产还债 □其他措施
授信后检查客户经理意见： 客户经理（签名） 年　月　日
授信后检查部门意见： 总经理（签名） 年　月　日

表 6－5　××银行××（客户姓名）贷款授信后检查报告单

借款人		借款时间			
贷款金额		贷款余额		发放时间	
贷款形态	□正常　□违约	违约期数（月）		检查方式	
借款人及贷款重大变化情况： 1.□借款人未按合同约定的日期和金额归还贷款本息 2.□借款人有违法、违纪等不良行为，受到法律、行政、经济制裁或处罚 3.□借款人职业处于不稳定状态，收入明显下降 4.□借款人健康状况严重恶化或遭受重大人身伤害，丧失或部分丧失劳动能力 5.□借款人死亡、宣告失踪及丧失民事行为能力，且无合法继承人、受遗赠人或法定继承人拒绝履行合同 6.□借款人有套取银行信用、挪用银行贷款的行为 7.□借款人所购的房屋及其他财产遇不可抗拒的自然灾害或社会灾难，导致毁损或灭失 8.□借款人或抵押人未经银行同意，擅自将抵押物或质押的财产或权益拆迁、出租、出售、转让、馈赠或重复抵押 9.□借款人拒绝或阻挠银行的授信后检查，或提供虚假材料和信息 10.□借款人居所和联系方式经常变动，银行不能有效判断借款人情况和贷款实际使用情况 11.□抵（质）押物贬值，其价值低于贷款本息之和；或抵（质）押物受到损害，抵（质）押权难以或不能实现 12.□期房项目未按正常进度完工，或在约定时间内未能办妥房地产产权证进行有效抵押 13.□保证人的保证能力和资格出现问题 14.□新法律、法规使借款合同出现法律方面的缺陷和问题 15.□贷款手续及信贷档案不齐全，主要文件或凭证遗失，对债权有实质性影响 16.□贷款人已要求履行保证、保险责任及诉诸法律的借款案由 17.□其他					

续表

授信后检查客户经理意见： 签名： 年　月　日
授信业务部门主任意见： 签名： 年　月　日

经检查，授信客户有下列情况之一的，经认定后将其列为有不良记录的客户：1）向银行提供虚假财务报告或情况的；2）未经银行同意，擅自处理抵押物或质押物的；3）故意拖欠到期贷款本息或利息的；4）通过各种形式逃废银行债务的。对有不良记录的客户，要向中国人民银行报告，并在辖区内通报，停止对其进行一切授信业务。

（5）撰写授信后管理分析报告。授信后检查人员综合资金账户监管、现场检查、日常跟踪、风险预警等情况，对授信客户进行综合分析，撰写授信后管理分析报告，至少每半年撰写一次。授信后管理分析报告包括“分析”和“建议与措施”两大部分。授信后管理分析报告的构成示例如表 6－6 所示。

表 6－6　××银行××（公司名称）××（类型）贷款授信后管理分析报告的构成

序号	分析部分	序号	建议与措施
1	对借款人生产经营情况评价	1	继续支持借款人
2	对借款人财务情况评价	2	不再办理收回再贷款的业务
3	对借款人管理情况评价	3	退出借款人
4	对借款人发展前景评价	4	停止发放新授信
5	对借款人授信风险状况的总体评价	5	按常规实施授信后管理
		6	提前收回借款人未使用的授信
		7	帮助借款人改善经营管理
		8	实施专人负责清收
		9	要求借款人提出更详细的还款计划
		10	追索保证人的连带责任
		11	列为特殊关注对象，加大授信后检查的频率
		12	依法处置授信抵押物、质押物和质押权利
		13	与借款人协商以物抵贷
		14	从严核定最高综合授信额度，控制对借款人的融资总量
		15	提请法院宣告借款人破产还债
		16	依法提起诉讼
		17	更换保证人，补足抵押物或质押物
		18	其他措施

三、银行授信后监控的内容

（一）对公司客户授信后的监控

1. 行业风险的监控

（1）授信客户的宏观经济环境变化情况。调查与授信客户相关的国家产业、税收等政策环境及外部经济环境是否发生重大变化，对其影响程度。

（2）授信客户所处行业的市场状况的变化情况。调查授信客户所在行业的发展状况、未来发展趋势、行业周期；调查授信客户行业地位和市场份额占有的变化，如主要竞争对手的增减及实力变化、对授信客户行业竞争能力的影响程度。

2. 授信客户经营状况的监控

（1）授信客户生产经营状况。监控内容包括：生产经营计划是否完成，产、供、销各环节的运行是否良好，其上下游企业集中程度及对它们的依赖程度，主要原材料供应渠道和销售渠道的变化情况。

（2）授信客户行业地位变动情况。监控内容包括：生产技术水平、产品研发能力和产品结构有无重大变化，是否存在技术和产品落后或被替代等情况。

3. 授信资金用途的监控

监控授信资金实际用途是否与贷款合同上约定的一致、有无改变用途的情况、授信资金的流向等。

4. 授信客户内部管理的监控

（1）法人代表及其他核心管理人员有无变化，对公司和贷款的影响程度。

（2）关键技术、生产人员有无变化，队伍是否稳定，对生产和产品的影响程度。

（3）授信客户经营方针、经营策略及管理层经营思路有无变化。

5. 授信客户财务状况的监控

（1）授信客户是否有可靠的还款来源。通过测算与比较本期与年初、上年同期资产负债表、利润表和现金流量表及主要财务比率的变化，动态评价公司的经济实力、资产负债结构、变现能力、现金流量情况，进一步判断公司是否具备可靠的还款来源和能力。

（2）固定资产贷款客户的财务评价。对固定资产贷款客户要检查项目投资和建设的进度、项目施工设计方案及项目投资预算是否变更、项目自筹资金和其他银行借款是否到位、项目建设与生产条件是否变化、配套项目建设是否同步、项目投资缺口及建设工期等。

6. 授信客户融资能力和还款能力的监控

（1）授信客户在其他银行的存贷款情况和为他人担保的情况，以及对外融资是否出现困难。

（2）外汇贷款客户的外汇收付情况是否发生变化。

（3）授信客户的还本付息能力及落实还款计划情况。

（4）授信客户或有负债情况，是否新增对外担保。

7. 授信客户关联企业的监控

对授信客户有重大影响的关联企业进行监控，重点监控其与授信客户之间是否存在不正当关联交易，是否存在对授信客户产生重大不利影响的事件从而对授信客户履约构成影响等。

（二）对个人客户授信后的监控

对个人客户授信的形式主要是贷款。小型商业银行对个人贷款在其资产业务中占比相对较高。下面以个人贷款为例讲解商业银行对个人客户授信后的监控内容。

1. 对借款人的基本监控

（1）借款人依合同约定归还贷款本息的情况。

（2）借款人是否存在骗取银行贷款的情况。

（3）借款人的品行、职业、职务、收入和住所等影响还款能力的因素是否发生变化。

2. 对借款人的特别监控

借款人或贷款出现以下情况之一时，要对借款人特别监控：

（1）借款人未按合同约定的日期和金额归还贷款本息。

（2）借款人有违法、违纪等不良行为，受到法律、行政、经济制裁或处罚。

（3）借款人的职业处于不稳定状态，收入明显下降。

（4）借款人的健康状况严重恶化或遭受重大人身伤害，丧失或部分丧失劳动能力。

（5）借款人死亡、宣告失踪及丧失民事行为能力，且无合法继承人、受遗赠人或法定继承人拒绝履行合同。

（6）借款人有套取银行信用、挪用银行贷款的行为。

（7）借款人所购的房屋及其他财产遇不可抗拒的自然灾害或社会灾难，导致毁损或灭失。

（8）借款人或抵押人未经银行同意，擅自将抵押物或质押的财产或权益拆迁、出租、出售、转让、馈赠或重复抵押。

（9）借款人拒绝或阻挠银行的授信后检查，或提供虚假材料和信息。

（10）借款人居所和联系方式经常变动，银行不能有效判断借款人情况和贷款实际使用情况。

（11）抵（质）押物贬值，其价值低于贷款本息之和；或抵（质）押物受到损害，抵（质）押权难以或不能实现。

（12）期房项目未按正常进度完工，或在约定时间内未能办妥房地产产权证进行抵押。

（13）保证人的保证能力和资格出现问题。

（14）新法律、法规使借款合同出现法律方面的缺陷和问题。

（15）贷款手续及信贷档案不齐全，主要文件或凭证遗失，对债权有实质性影响。

（三）对授信客户保证人的监控

（1）保证人的保证资格是否发生改变。

应当定期对保证人进行检查，检查保证人的经营和财务状况是否正常，资产和负债有没有重大变化，是否具备继续担保的资格，保证人代偿能力的变化如何，等等。如果保证人是企业法人，对其检查的内容与对公司客户授信后的检查内容基本一致。

（2）对不能持续经营的保证人重点监控的内容。

银行应督促保证人履行保证合同规定的各项义务，发现保证人财务状况恶化和经营管理异常情况，影响保证人履行保证责任的，如宣告撤销、破产、关停等，银行应及时采取措施，限期整改，或者督促保证人，或要求借款人提供新的担保，如果借款人不更换或拒绝提供的，贷款行有权提前收回贷款本息。

（3）贷款展期时对保证人的监控内容。

对于借款人不能按期归还贷款而要求展期的，必须取得保证人的书面同意。展期批准后，借款人、银行和保证人应重新签订保证担保合同。因此在贷款展期时，对保证人监控的重点是有没有保证人的同意书、是否重新签订了保证合同。

（4）如果保证人是自然人，要监控其工作单位、职务、工资、家庭住址、联系方式等信息是否发生变化。

（四）对抵（质）押物的监控

1. 对抵押物的监控

（1）抵押物是否安全完好。抵押人对设定抵押的财产在抵押期间必须妥善保管，负有维修、保养、保证完好无损的责任。对设定的抵押物，在贷款本息还清之前，抵押人未经抵押权人同意不得将其转让、出租、重复抵押以及用其他方式处分。有抵押权的银行应定期或不定期实地查看抵押物状态，随时对抵押物的状况进行监督检查，避免抵押物毁损、转移、转让等情况的发生。

（2）是否存在抵押物价值减少情况。若抵押人的行为足以使抵押物价值减少，银行有权要求抵押人终止该行为。抵押物价值减少时，银行有权要求抵押人恢复抵押物的价值，或提供与减少的价值相当的担保，并重新签订担保合同。

2. 对质押物的监控

（1）监控是否存在不是因为质权人的原因导致质押物的毁损或价值的明显减少，足以危害到质权人权利的情况。如有，质权人有权要求出质人另外提供相应担保；出质人不能提供时，质权人可以拍卖、变卖质押物，并与出质人协商将拍卖、变卖所得的价款提前清偿债务或者提存。

（2）监控是否存在质权人在质押期间不能妥善保管质押物的情况。质权人应当选择适宜的保管场所，提供适宜的保管条件，妥善、谨慎保管质押物以确保其安全，防止质押物毁损或灭失。质权人因保管不善造成质押物的毁损、灭失，要承担赔偿责任。

（3）监控是否存在质权人在质权存续期间，未经出质人同意擅自使用质押物或给他人使用情况。如有，造成质押物毁损、灭失的，要向出质人承担赔偿责任，并追究银行相关责任人的责任。

任务三　银行授信资产风险分类和风险预警

【任务分析】知识学习方面，教师指导学生掌握授信资产风险分类的方法和预警方法；技能提升方面，教师引导学生模拟风险客户经理，进行授信风险分类和风险预警的基础性工作。

一、银行授信资产风险分类

（一）授信资产风险分类的概念

授信资产风险分类是指银行的授信业务部门和授信管理部门综合所获得的各种信息，根据授信风险程度，按照规定标准、方法、程序，对授信资产质量进行全面、及时的评价与论证，把授信资产按风险大小划分为不同档次的过程。

授信资产风险分类既包括结果也包括过程，是动态的，即对授信资产所搜集的信息定期（通常按季度）进行分析、判断、审查，将审查结果分门别类进行管理。

（二）授信资产风险分类的标准

根据《贷款风险分类指引》（以下简称《指引》）的规定，各类商业银行、农村合作银行、村镇银行、贷款公司和农村信用社以及政策性银行和经银保监会批准经营信贷业务的其他金融机构，可参照该《指引》建立各自的分类制度，但不应低于该《指引》所提出的标准和要求。依据《指引》，按照授信资产按时足额回收的可能性大小，即风险程度，将贷款分为五级。

1. 正常类

核心定义：借款人能够履行合同，没有足够理由怀疑贷款本息不能按时足额偿还，即有充分把握能够按时足额偿还本金。

借款人能够用正常经营收入偿还贷款本息，无论从借款人本身还是从外部环境看，都不会影响贷款按时足额偿还。正常类贷款的基本特征就是“一切正常”。

2. 关注类

核心定义：尽管借款人目前有能力偿还贷款本息，但存在一些可能对偿还产生不利影响的因素。

同正常类贷款一样，借款人能够用正常经营收入偿还贷款本息，但是存在潜在的缺陷，可能影响贷款的偿还。划分时要抓住“潜在缺陷”这一基本特征。从动态的角度考虑，如果这些不利因素消失，则可以重新划为正常类；如果情况恶化，影响本息偿还，则要划为次级类。

3. 次级类

核心定义：借款人的还款能力出现明显问题，完全依靠其正常营业收入无法按时足额偿还贷款本息，即使执行担保，也可能会造成一定损失。

次级类贷款是不良贷款的分界线，划分时要格外审慎。借款人必须靠正常营业收入之外的其他来源偿还贷款本息，有可能造成一定损失的要划为次级类。次级类贷款的基本特征是“缺陷明显，可能损失”。

4. 可疑类

核心定义：借款人无法足额偿还贷款本息，即使执行担保，也肯定要造成较大损失。

可疑类贷款具有次级类贷款的所有表现，只是程度更加严重，往往是因重组或诉讼等原因，损失程度难以确定而划为可疑类。划分可疑类贷款要把握“肯定损失”这一基本特征。

5. 损失类

核心定义：在采取所有可能的措施或一切必要的法律程序之后，本息仍然无法收回，或只能收回极少部分。

损失类贷款的基本特征是“损失严重”。无论采取什么措施和履行什么程序，贷款都注定要全部损失或收回价值微乎其微，已经没有意义将其作为信贷资产在账面上保留。

需要强调的是，贷款划分为损失类只是账面的处理，是银行内部对其真实价值的确认，并不代表放弃债权，仍应继续催收。

在授信资产分类中一个重要标志是时间因素。逾期贷款中本息偿还逾期在 30 天以内的贷款可视为正常类贷款；如果发现借款人的财务状况很差，或净现金流量为负值，则贷款应划为关注类或关注类以下；贷款本息逾期 31～180 天，应至少划为关注类；逾期 181～360 天，至少划为次级类；逾期 361～720 天，至少划为可疑类；逾期 721 天以上的归为损失类。

对于消费类贷款如住房按揭贷款、家用轿车贷款、旅游贷款和助学贷款，由于借款人不编制财务报告，银行无法判断其财务状况，一般是根据还款记录、担保条件和贷款逾期情况进行分类。如住房按揭贷款如果贷款本金或利息拖欠贷款 3 次或 90 天以内，应归为关注类；拖欠贷款 4～6 次或 91～180 天，应归为次级类；拖欠贷款 7 次或 180 天以上，应归为可疑类；拖欠贷款 12 次或 360 天以上，应归为损失类。另外住房按揭贷款除考虑月供拖欠情况外，还应根据具体担保条件对其进行拆分，以便更准确地反映住房按揭贷款的损失程度。

《指引》对贷款以外的其他各类资产，包括表外项目中的直接信用替代项目，根据资产的净值、债务人的偿还能力、债务人的信用评级情况和担保情况也划分为正常、关注、次级、可疑、损失五类，其中后三类合称为不良授信资产。

银行贷款的十二级分类

损失类授信资产的特征

（三）授信资产风险分类的业务处理

银行对授信资产风险分类，一般分为公司类授信资产风险分类和零售类授信资产风险分类。这两类资产风险分类都采用直接分类和非直接分类两种方法。

1. 采用直接分类的公司类授信资产

公司类授信资产中属于低风险和符合损失类的可以采用直接分类法。低风险授信业务直接分类为正常类，符合损失类特征的信贷资产直接分类为损失类。

（1）低风险授信业务。按照银行规定条件和程序办理的低风险授信业务，且本息均未逾期，或因结算等原因出现技术性逾期的，可直接认定为正常类。

（2）符合损失类特征的授信资产。属于损失类授信资产的特征是债权不能收回，就可以直接划归到损失类。

2. 采用非直接分类的公司类授信资产

对于非直接分类的公司类授信资产分为项目法人信贷资产、小企业信贷资产和一般公司类信贷资产三种类型。采取差别化的方法确定初始分类级别，在此基础上通过风险因子调整、风险缓释措施调整、综合调整步骤实施风险分类。

银行对公司类授信资产非直接分类的工作流程和工作内容如下（见图 6－3）。

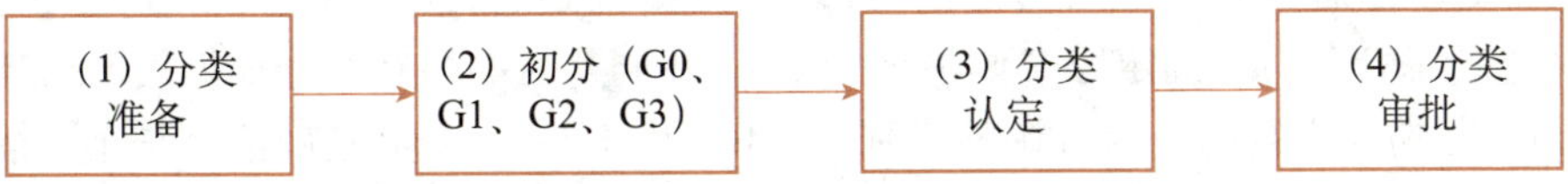

图 6-3　公司类授信资产非直接分类工作流程

（1）授信业务客户经理进行分类准备。

1）阅读授信档案。通过阅读授信档案，了解授信客户的基本信息、财务状况、重要文件、往来信函、借款人还款记录和银行催款通知书、贷款检查报告。

2）填写授信分类认定表。把阅读档案所获得的信息，填写到授信分类认定表的相应栏目。它是授信分类过程记录的载体，一切对授信客户履约还款有重要影响的因素都被记录在相应的栏目内。它贯穿授信分类过程的始终，汇集和浓缩了授信客户的相关信息。

3）完成授信资产的授信后检查。①检查授信实际用途是否与合同约定一致。②检查当前的还款来源是否与约定的一致，以及第二还款来源的可靠性和充足性，如抵押物的清偿、重新筹资及担保人偿还情况等。③检查资产转化周期是否与授信审批资料的描述相一致。资产转化周期是银行授信资金由金融资本转换为实物资本，再由实物资本转换为金融资本的过程，要审查借款人实际的资产转化周期与授信审批资料的描述是否一致。④检查还款记录情况。检查还款记录中是否有逾期，如有，要了解逾期天数及次数情况。

（2）初分（G0、G1、G2、G3）。

客户经理提出初分意见，主管对初分结果进行审核并签字确认后，将分类资料提交有权风险经理认定。

1）确定初始分类级别（G0）。①对于项目法人信贷资产，客户经理根据“项目法人信贷资产风险分类偏离值对应初始类别表”所列规则，确定初始分类级别（G0）。②对于小企业信贷资产，客户经理根据有效期内的小企业信用等级评定分值，确定初始分类级别（G0）。对于无信用等级评定结果的小企业债项，采用一般公司类信贷资产模板进行分类。③对于一般公司类信贷资产，客户经理依据组合风险管理系统计量得到的债项预期损失（债项预期损失＝借款人违约概率×债项违约损失率），系统自动生成确定初始分类级别（G0）。

2）确定初分分类级别（G1）。在初始分类级别 G0 的基础上，客户经理对重新检查期内宏观因素、借款人财务状况、信用记录、还款意愿、合同剩余期限五类风险因子进行加权调整，再依次进行现金流、重大事件、逾期状态、重组贷款、合规性等风险因子的判断和调整，相应得到风险因子调整后级别 G1。

3）确定风险缓释措施调整级别（G2）。客户经理在取得 G1 后，分析信贷资产风险缓释措施与效果，确定风险缓释措施调整级别 G2。适用于增级的风险缓释措施是银行认可的合格风险缓释措施，即有流动性和法律上的可实施性。如抵（质）押手续合法、完备、有效，抵（质）押物权属不存在争议、保存良好、易于变现，借款人的信用和抵（质）押物的价值不存在较高的正相关性，抵（质）押物不是借款人第一还款来源；保证为无条件、不可撤销保证，保证人资信良好，具有代偿能力和意愿。调整规则：G1 为不良的授信资产的，增级后最优也只能是不良级别中最好的一级；如果抵押率或保证率低于上限规定的优质质押、抵押和第三方保证的，至多可上调一级。

4）确定综合调整级别（G3）。客户经理在分类核心定义的基础上，结合风险分类特征对 G2 进行综合分析，确定综合调整级别 G3。在调整时如果有充分证据表明借款人提供的信息与实际情况不符的，综合调整级别 G3 不得优于 G2；分类基础信息与实际情况严重不符的，客户经理在综合调整时应考虑下调分类级别。经过三次调整后确定的 G3 就是公司类授信资产初分分类级别。

（3）分类认定。

授信管理部的风险经理对初分结果进行认定。对不能满足分类要求的分类资料和信息，可要求客户经理及时补充和完善。风险经理和客户经理充分交流、沟通，必要时直接走访客户，通过综合判断做出分类认定结果，报有权审批行审批。

（4）分类审批。

有权审批行风险分类审批人（专家审批）或风险管理与内控委员会（会议审批）负责对授信资产分类进行审批。在银行实务中，风险分类审批有专家审批和会议审批两种方式。

会议审批由风险管理部门负责组织、记录并整理形成会议纪要，由牵头审批人审核签发。牵头审批人一般为有权审批行风险管理与内控委员会主任、副主任及其授权人。

以下情形必须采用会议审批方式：1）最终分类结果存在重大分歧的。2）本期认定基本较上期上调一个类别以上（含）的信贷资产。3）分类认定过程中认为存在重大风险隐患或管理漏洞的。4）其他有必要采取会议审批方式的。

3. 采用直接分类的零售类授信资产

符合损失类特征的授信资产直接分类为损失类。符合一定特征的一般零售贷款可直接认定为损失类（见表 6－7）。

表 6－7　一般零售贷款直接认定损失类参照表

序号	情形	特征
1	借款人和担保人依法宣告破产、关闭、解散或撤销	（1）相关程序已终结，追偿后仍未收回的债权； （2）借款人宣告破产后 3 年以上破产程序未终结，经法院或破产管理人出具证明不能收回的债权
2	借款人死亡或依法宣告失踪或死亡的	银行对借款人财产或遗产进行清偿并对担保人进行追偿后未收回的债权
3	借款人遭受重大自然灾害或意外事故	对保险公司索赔和对其财产进行清偿及对担保人追偿后未收回的债权
4	借款人完全停止经营活动或依法被注销、吊销营业执照	对借款人和担保人进行追偿后未收回的债权
5	借款人完全停止经营活动或下落不明，未进行工商登记	对借款人和担保人进行追偿后未收回的债权
6	借款人触犯刑律受到惩处	对借款人和担保人进行追偿后未收回的债权
7	借款人、担保人有财产不偿还到期债务和无财产未能偿还到期债务	（1）银行诉诸法律，对借款人和担保人强制执行超过 2 年仍未收回的债权； （2）银行诉诸法律后进入强制执行程序，但执行困难，法院裁定终结或终止执行程序的债权； （3）借款人和担保人均无财产可执行，法院裁定终结或终止执行程序的债权

续表

序号	情形	特征
8	因借款人和担保人主体资格不符或消亡等原因被法院驳回起诉或裁定免除（部分免除）债务责任	银行无法收回的债权
9	借款合同和担保合同等权利凭证遗失或丧失诉讼时效	银行无法收回的债权
10	开立信用证、办理承兑汇票、开具保函等发生垫款	银行追偿后无法收回的垫款
11	采用打包出售、公开拍卖、转让等市场手段处置债权或股权	出售转让价格与账面价值的差额
12	贷款本息余额小于等于 10 万元人民币	经追索 2 年以上仍无法收回的债权
13	借款人、担保人或其法定代表人涉嫌违法犯罪	经公安机关立案 2 年以上，仍无法收回债权
14	单笔在 500 万元人民币（含）以下、追索 1 年以上的涉农贷款	有证据表明无法收回的农户贷款

4. 采用非直接分类的零售类授信资产

不符合直接分类的零售类授信资产采用系统自动批量分类、个别人工调整的分类方法。人工调整的因子是根据重新检查期内是否存在还款意愿、合规性、重大事项等风险，依次进行调整，确定最终分类级别。

二、银行授信资产减值损失估算及专项准备金计提

（一）银行授信资产减值损失估算及专项准备金计提的范围

银行授信资产减值损失是指银行授信资产预计未来现金流量现值低于其账面价值的差额。

授信资产专项准备金是指银行授信人员在评估授信资产减值损失的基础上按照一定标准、方法和程序计提的、专门用于弥补授信资产减值损失的准备金。

授信资产减值估算和专项准备金的计提范围是两大类：一是贷款资产，即银行用信贷资金发放的和提供信用以及承担信用风险而形成的信贷资产，具体包括各类本外币贷款、保理业务中的预付款、账户透支、国家投资债券贷款、贴现、远期信用证下汇票贴现、延期信用证下买入应收账款、信用证垫款、银行承兑汇票垫款、保证垫款等。二是部分授信类表外业务，即只包括按照风险分类等级为正常类和关注类的表外授信业务。

（二）减值损失事项

减值损失事项是指对授信资产未来现金流量产生影响，并且对该影响能够进行可靠计量的事项。当发生这类事项时就应及时评估该授信资产的减值损失。具体事项包括：

（1）借款人发生严重财务困难。

（2）借款人违反了合同条款，如偿付利息或本金发生违约或逾期等。

（3）银行出于经济或法律等方面的考虑，对发生财务困难的借款人做出让步。

（4）借款人很可能倒闭或进行其他财务重组。

（5）无法辨认一组授信资产中的某项资产的未来预计现金流量是否已经减少，但根据

公开的数据对其进行总体评价后发现，该组授信资产自初始确认以来的预计未来现金流量确已减少且可计量。如该组授信资产的借款人支付能力逐步恶化，或借款人所在区域失业率提高、担保物所在地区的价格明显下降、所处行业不景气等。

（6）借款人经营所处的技术、市场、经济或法律环境等发生重大不利变化，严重影响借款人的还债能力。

（三）减值损失估算方式

贷款减值损失估算是指按照一定标准、方法和流程，采用个别评估方式或组合评估方式，谨慎、客观、合理地估算贷款减值损失的过程。这种估算一般可分别采用个别评估方式或组合评估方式进行。

1. 个别评估方式

（1）个别评估方式适用范围。风险分类为次级类、可疑类、损失类的公司及机构贷款采用个别评估方式估算贷款减值损失。

（2）个别评估方式减值损失估算的标准。采用个别评估方式评估授信资产减值损失时，应计算评估授信资产在未来一定时期的现金流量现值，该现值低于其账面价值之间的差额初步确定为减值损失。

预计未来一定时期的现金流量时，应预计借款人偿还金额。把预计的未来一定时期的现金流量录进系统，由系统自动计算贷款减值损失。个别评估方式的贷款减值损失估算一般与风险分类同时进行，经过评估、认定和审批程序，确定贷款减值损失金额。

课堂讨论

预计现金流量时应考虑的因素有哪些？

参考答案：（1）预计变现抵质押品可能收回的金额；

（2）预计可能从保证人处收回的金额；

（3）预计可能从其他代偿人处收回的金额；

（4）预计可从其他渠道收回的金额。

2. 组合评估方式

（1）组合评估方式适用范围。风险分类为正常类和关注类的公司及机构贷款以及全部个人贷款采用组合评估方式估算贷款减值损失。

（2）组合评估方式减值损失估算的标准。采用组合评估方式评估授信资产减值损失时，构建“滚动率模型”，对违约概率和损失金额的历史趋势进行统计，并综合考虑：此资产组合的违约率和发生损失金额的历史经验；具有类似信用风险特征资产组合的违约概率和随之发生损失金额的历史经验；从出现减值情况到该减值情况被识别的时间；目前的资产管理水平、资产质量状况；当前宏观经济情况。

把预测的信息按照公司及机构客户贷款和个人贷款两个基础组合分别录进系统，由系统自动分别估算贷款减值损失。

（四）专项准备金计提的方法

贷款授信专项准备金计提的计算过程见表 6－8。

表 6-8 贷款授信专项准备金计提的计算过程

类别	期末专项准备金应保有额＝（1）＋（2）	当期专项准备金应计提额＝（1）＋（2）	当期专项准备金新增（回拨）额
个别评估方式	（1）期末所有按个别评估方式估算的减值损失金额合计	（1）当期按个别评估方式估算的专项准备金应计提额	新增：当期每笔以个别评估方式估算的贷款专项准备金较上一期增加部分合计。 回拨：当期每笔以个别评估方式估算的贷款专项准备金较上一期减少部分合计。
组合评估方式	（2）期末所有按组合评估方式估算的减值损失金额合计	（2）当期按组合评估方式估算的专项准备金应计提额	新增：按总行划分的贷款类别中每一类以组合评估方式估算的贷款专项准备金较上一期同类贷款专项准备金增加部分合计。 回拨：按总行划分的贷款类别中每一类以组合评估方式估算的贷款专项准备金较上一期同类贷款专项准备金减少部分合计。

表 6-8 中相关计算公式如下：

$$\begin{array}{c}\text{当期按个别评估方式估算的}\\\text{专项准备金应计提额}\end{array}=\sum\begin{array}{c}\text{当期每笔以个别评估方式}\\\text{估算的专项准备金新增金额}\end{array}-\sum\begin{array}{c}\text{当期每笔以个别评估方式}\\\text{估算的专项准备金回拨金额}\end{array}$$

$$\begin{array}{c}\text{当期按组合评估方式估算的}\\\text{专项准备金应计提额}\end{array}=\sum\begin{array}{c}\text{当期以组合评估方式估算的}\\\text{每类专项准备金新增金额}\end{array}-\sum\begin{array}{c}\text{当期以组合评估方式估算的}\\\text{每类专项准备金回拨金额}\end{array}$$

授信业务部和授信管理部门人员对个别评估方式贷款减值损失的估算和贷款风险分类是同时进行的。专项准备金应计提的金额，按照确定待审批贷款风险分类和减值损失估算的审批权限和审批方式，一并提交有权审批人员进行审批。

组合评估方式一般按照公司及机构客户贷款和个人贷款划分为两个基础组合分别估算减值损失，在基础组合之上再进行组合，如根据贷款所属产品类型和风险特征，公司及机构客户贷款划分为银行承兑汇票贴现贷款、非银票贴现公司及机构客户贷款两个基本组合。贷款组合的划分、调整系数、专项准备金应保有额和计提额的测算结果，需报经首席风险官批准后确定。

（五）非资金类（表外）授信业务减值计提

1. 计提方法

非资金类（表外）授信业务减值计提采用组合式计提，即对授信类非不良表外业务按照组合方式计提减值准备，也就是说根据表外业务的风险特性，将具有相同或相似风险形态的表外业务划分为同一类别，采用组合方式计提该类别表外业务的减值准备。

2. 相关数据的计算

（1）垫款率。根据各类授信类表外业务在衍化期内发生的垫款在期末的实际垫款金额，以及在相应的衍化期初的业务余额、期内累计发生的实际业务量，计算出各个衍化期内的垫款率。计算公式如下：

$$垫款率=\frac{衍化期内该类表外业务发生的垫款在衍化期末的余额}{\begin{matrix}衍化期初该类表外\\业务的业务余额\end{matrix}+\begin{matrix}衍化期内该类表外\\业务的累计发生额\end{matrix}}$$

衍化期是指授信类表外业务从出现风险迹象到该迹象被识别和确认的时间。

（2）垫款损失率。计算公式如下：

$$垫款损失率=\frac{衍化期末垫款对应的表内贷款减值准备金额}{衍化期内该类表外业务发生的垫款在衍化期末的余额}$$

表外授信业务发生垫款后就转化为银行的贷款，由表外转到表内。

（3）历史损失率。计算公式如下：

$$历史损失率=垫款率\times垫款损失率$$

根据各个不同组合的授信类表外业务的垫款率、垫款损失率，计算出每个组合相应的历史损失率。

（4）加权平均历史损失率。根据不同组合表外授信业务发生的不同期间，对历史损失率赋予不同的权重，距离报告期越近的权重越高，反之则越低。计算公式如下：

$$加权平均历史损失率=\sum 历史损失率\times相应期间的权重$$

（5）减值准备计提率的调整。计算公式如下：

$$减值准备计提率的调整=加权平均历史损失率\times调整系数$$

调整系数是根据各类授信类表外业务的历史数据、风险趋势判断等，由总行统一确定。

（6）减值准备保有额。计算公式如下：

$$减值准备保有额=调整后减值计提率\times计提时点相应表外授信业务的余额$$

根据计算出的减值准备保有额，结合期初数据，计算当期应予补提或转回的减值准备金额。

三、银行授信风险预警

（一）银行授信风险预警的概念

银行授信风险一般特指授信的信用风险。银行授信风险预警是指银行授信业务部门、风险管理部门根据非现场监管、现场检查和其他渠道获得的信息，通过一定的技术手段，采用专家判断和时间序列分析、层次分析和功效计分等模型分析方法，对客户信用风险状况进行动态监测和早期预警，实现控制风险的防错和纠错机制。

银行授信风险预警是银行对尚未出现风险损失的授信进行潜在风险的预测，需要风险专家即银行风险经理在通过对大量信息的分析，预测、发现那些对授信安全有潜在不利影响的因素。风险经理提出的风险预警，是建立在客户经理提供的授信客户信息的基础上，运用专门方法完成的。风险经理必须具备高度的责任感、敏锐度、洞察力和可靠的信息渠道。

（二）银行授信风险预警跟踪

在我国银行实际工作中，通常对 10 类客户建立预警跟踪组群，根据风险产生的原因，分三个方面进行风险预警跟踪。

1. 授信风险预警跟踪的10类客户

(1) 所有关注类授信客户和尚未移交给资产保全部门的不良授信客户。

(2) 根据授信政策纳入退出计划的退出类客户。

(3) 客户发生可能影响贷款安全和授信资产质量的重大事项，如生产经营已停止、项目已经停建、重大投资活动、体制改革、债权债务纠纷、事故与赔偿、人事调整等，以及发生上报总行的重大风险事项的客户。

(4) 客户出现非正常的、非行业性的年度亏损。

(5) 客户出现欠息或本金逾期。

(6) 贷款实际用途与合同约定用途不一致。

(7) 通过我行账户发生大额异常支出的客户。

(8) 授信方案持续性条件未落实。

(9) 按授信资产风险分类应该下调分类等级的尚未批准的客户。

(10) 总行、一级分行或外部监管部门要求予以特别关注的客户，内外部检查发现实质性风险问题要求整改尚未完成的客户。

2. 授信风险预警跟踪的三个方面

(1) 行业风险跟踪。行业风险预警属于中观层面的预警。主要包括对行业环境、行业经营风险、行业财务风险、行业重大突发事件等风险因素进行预警。

(2) 区域风险跟踪。区域风险通常表现为区域政策法规的重大变化、区域经营环境的恶化以及区域内经营管理水平下降、区域授信资产质量恶化等。区域风险预警中常用的一些主要措施包括区域风险监测与预警、建议调整区域授信政策、建议调整区域授信授权、建议调整区域资产质量计划和实施内部风险监管等。

(3) 授信客户风险跟踪。不良授信资产不是一夜之间形成的，而是渐变的。在授信资产质量恶化前，会出现许多预警信息，客户风险监测和预警就是要及时探测出这些信息并提前采取措施。授信部门客户经理和风险管理部门客户经理对客户风险监测分为财务风险监测和非财务风险监测两类。

(三) 银行授信风险预警流程

银行授信风险预警流程见图6-4。

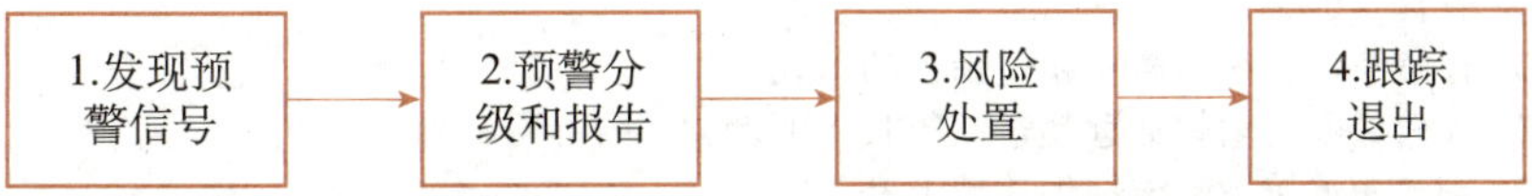

图6-4 银行授信风险预警流程

1. 发现预警信号

风险可能来自行业发展状况、地区经济发展状况、客户经营状况等，但信用风险直接来源是授信客户。授信客户风险预警信号如表6-9所示。

表 6-9　授信客户风险预警信号

信号来源	常见的早期风险预警信号
客户品质	1. 公司负责人失踪或无法联系 2. 不愿意提供与信用审核有关的文件 3. 在没有正当理由的情况下撤回或延迟提供与财务、业务、税收或抵押担保有关的信息或要求提供的其他文件 4. 资产或抵押品高估 5. 不愿意提供过去的所得税纳税单 6. 客户的竞争者、供货商或其他客户对客户产生负面评价 7. 改变主要授信银行，向许多银行借款或不断在这些银行中间借新还旧 8. 频繁更换会计人员或主要管理人员 9. 作为被告卷入法律纠纷 10. 有破产经历 11. 有些债务未在资产负债表上反映或列示 12. 客户内部或客户的审计机构使用的会计政策不够审慎
客户的银行账户	1. 在银行的头寸不断减少 2. 对授信长期占用 3. 缺乏财务计划，如总是突然向银行提出借款需求 4. 短期授信和长期授信错配 5. 在银行存款变化出现异常 6. 经常接到供货商查询核实头寸情况的电话 7. 突然出现大额资金向新交易商转移 8. 对授信的需求增长异常 9. 经常出现止付支票和退票 10. 应付票据展期过多，逾期但未赎 11. 要求借款用于偿还其他银行贷款 12. 要求借款用于炒作本公司股票或用于其他投资活动 13. 贷款需求剧增或变动异常 14. 未按要求补足抵押品的差额、拖欠税金或租金 15. 贷款的担保人突然要求解除担保责任 16. 被其他债权人追讨欠款 17. 不能按期支付利息
客户财务报告及财务状况	1. 多次延误提供财务报表及有关文件，或财务报表不完整、不连续 2. 有保留的会计师审计报告 3. 存货及应收账款增长超过销售的增长幅度 4. 经营成本的增幅远远超过销售收入的增幅 5. 销售额连续下降或损失连续上升 6. 相对于销售利润而言，总资产增长过快，流动资金占总资金的比重下降 7. 不合理地改变或违反会计准则，如折旧计提方法和存货计价法等 8. 以短期融资做长期投资 9. 呆账增加，或拒绝提取呆账及损失准备 10. 应收账款、应付账款的金额、账龄出现异常的增长

续表

信号来源	常见的早期风险预警信号
公司管理层及与银行关系	1. 董事会或其他高级管理层发生重大人事变动，影响公司运作 2. 公司主要负责人高龄或监控状况恶化，接班人不明确或接班人能力不足 3. 某负责人独断专行、刚愎自用，限制了其他负责人能力的发挥 4. 无故更换会计师或管理层人士 5. 管理层主要成员家庭出现问题 6. 与以往的合作伙伴不再进行合作 7. 不遵守授信的承诺 8. 管理层能力不足或构成缺乏代表性 9. 用人不当，各部门之间缺乏协调和配合 10. 财务计划和报告质量下降 11. 业务战略频繁变化，缺乏长远的经营策略，急功近利 12. 对竞争变化或其他外部条件变化反应迟缓，缺少对策 13. 核心盈利业务削弱和偏离 14. 对银行的态度发生变化，缺乏坦诚的合作态度 15. 在多家银行开户，或经常转换往来银行 16. 故意隐瞒与某些银行的往来关系
客户经营状况	1. 经营管理混乱，如存货大量积压、环境差、员工缺乏培训、工作纪律松弛 2. 设备陈旧、维修不善、运转率低 3. 核心业务发生变化，或无核心业务，过分追求业务多元化 4. 缺乏操作控制、程序和质量控制等 5. 销售旺季仍有存货积压 6. 失去一个或多个主要客户，或某个大客户经营状况变坏 7. 主要产品投资项目失败 8. 在激烈的市场竞争中处于不利地位 9. 市场份额下降 10. 生产规模过度扩张 11. 与主要供应商关系紧张
客户履约能力	1. 成本和费用失控 2. 现金流出现问题 3. 产品或服务的市场需求下降 4. 还款记录不正常 5. 欺诈（如在交易对方付款后故意不提供相应的产品或服务） 6. 弄虚作假（如伪造或涂改各种批准文件或相应的业务凭证） 7. 对财务分析的某些趋势未作解释（如市场份额的快速下降） 8. 公司内部谣言四起，人心涣散 9. 未按合同约定还款

预警信号的识别既有自动预警，也有人工发现预警。自动预警是指在授信业务风险监测系统中设置预警规则，对触发规则的业务自动发布预警提示。人工发现预警包括各级机构和客户经理、风险经理等人员在日常授信后管理过程中发现的预警信号，以及上级行在直接监控过程中发现的风险预警信号和定期召开的授信资产风险集中诊断会议中分析发现的风险预警信号。

2. 预警分级和报告

（1）沟通核实。客户经理对上级行提供的、授信业务风险监测系统发布的和日常授信后管理中发现的预警信号，应根据实际情况通过多种渠道（客户、银行内部人员、外部第三方等）就预警信号进行沟通与核实。

（2）红色、橙色、蓝色三级标识。经确认属实的，客户经理初步判断客户预警级别，按照风险程度从高到低分为红色、橙色、蓝色三级，按分级报告路径及时报告。

红色预警为严重预警，核心定义为：出现重大信用风险事项，需要采取以清收、资产保全等为目的的紧急风险控制措施。

橙色预警为较为严重预警，核心定义为：客户信用风险状况较为突出，对还款形成明显影响，需采取适当的风险控制措施。

蓝色预警为一般预警，核心定义为：尽管客户目前有能力归还贷款本息，但出现了明显的信用风险状况，对还款形成潜在影响，需密切关注。

（3）分级报告。对于不同级别的预警客户，按以下报告路径及时上报：1）对于红色预警客户，应按重大信用风险事项管理制度规定及时向总行报告。2）对于授信余额达到限额，如5 000万元以上的橙色预警客户，应及时报告本级行分管的行领导、经营主责任人及一级分行授信业务部、授信管理部等部门。3）对于其他橙色预警客户及蓝色预警客户，应及时报告本级行分管的行领导，视情况报告经营主责任人及上级行授信业务部、授信管理部等部门。4）预警客户在上级行直接监控范围内的，应及时报告上级行授信业务部、授信管理部等部门。

3. 风险处置

（1）制定处置化解方案。授信业务部门客户经理与风险管理部门客户经理等人员根据发现的预警信号，制定处置化解方案，并在规定的工作日内将预警信息、预警信号的跟踪类别、预警级别及解决方案等录入系统。

1）风险预警分级处置策略如表6－10所示。

表6－10　风险预警分级处置策略

预警级别	处置策略
红色预警客户	采取清收退出策略，存量业务只收不放
橙色预警客户	采取主动退出策略，存量业务多收少放
蓝色预警客户	加固担保措施，维持存量，密切关注风险变化情况

2）处置化解措施。预警客户风险处置化解措施应根据客户风险程度合理选择，包括但不限于下列措施：①加大授信后检查频率；②追加或变更担保措施；③以降低风险为目的的产品置换；④冻结额度、压缩授信余额、收回贷款；⑤展期、再融资、期限调整、变更借款人、贷款承接表外业务等；⑥查找客户、保证人等的财产线索；⑦催收、诉讼；⑧协调相关方（地方政府、监管机构、同业、借款人股东等）共同化解风险；⑨其他符合法律、法规及银行规章制度的处置化解措施。

（2）反馈意见。授信经营部门负责人、授信管理部门负责人、分管授信业务行领导、分管授信风险管理行领导等有权人员可对授信业务部门客户经理和风险管理部门客户经理提出的处置方案提出反馈意见。

（3）跟踪会议。召开预警跟踪管理会议，对预警客户进行集中诊断。跟踪管理会议包括跟踪管理例会和高层分析会，重点分析预警客户的风险状况，掌握预警客户最新情况和风险处置化解进展，商讨和确定风险处置化解方案。

4. 跟踪退出

授信业务部门客户经理应该按照集中诊断会议决议，落实风险处置化解措施并跟踪进展，直至退出预警状态。

（1）预警客户风险得到有效化解的，经集中诊断会议审议通过后，退出预警状态。

（2）风险未化解的预警客户交由资产保全部门管理，自动退出预警状态。

（四）重大信用风险事件报告和处置

1. 重大信用风险事件的概念

重大信用风险事件是指危及银行授信资产安全、造成较大实际损失或严重影响银行声誉的风险事项和突发事件。

2. 需作为重大信用风险事件向总行报告的事项

（1）涉及敏感行业、易引起纠纷、引起媒体及监管部门关注的风险事项。

（2）一级分行授信余额折合人民币达到规定金额以上（如 30 000 万元）的单一客户，或授信余额最大的前 10 家重大客户发生下列可能对偿债能力产生重大不良影响，对银行授信资产质量构成较大威胁的情形之一的：1）客户在银行授信资产当期质量分类下迁至次级及以下。2）客户存在明显逃废悬空银行债权的行为，以及因管理不善或不可抗力等原因停产、关闭、资不抵债，或实施破产、兼并、重组、拆迁、主要股权（资产）转让。3）客户主要高管人员非正常死亡、逃逸、失踪，或因涉嫌违法犯罪行为被公安、检察等司法机关调查以及被采取拘捕等强制行为，客户正常营运受到较大影响。4）客户发生死亡 3 人以上重大生产安全事故，或因发生环保事件、土地违法事件被国家主管部门通报或挂牌督办，以及上市公司因违反监管规定受到证监会调查、被公开谴责或被处以大额罚款。5）客户涉及重大诉讼或因对外担保面临索赔代偿，或在银行办理的信用证、保函等表外业务面临垫款风险，诉讼索赔金额或预计垫款金额达到规定（如 3 000 万元人民币）金额以上。

（3）银行人员涉嫌内外勾结协助客户套取银行信用，在业务办理过程中以贷谋私、违法放贷，被司法机关调查或采取强制措施；银行经营管理中存在其他重大操作风险隐患、内部管理缺陷，可能给银行造成较大负面影响和声誉风险。

（4）境内分支机构所在地区的地方政府、主管部门制定出明显违反国家金融法令，危害银行资产安全的文件或政策。

（5）一级分行所辖机构因授信业务违规，被外部监管部门处以暂停市场准入和分支机构设立审批、停办业务、罚款以及取消高管人员任职资格等行政处罚措施。

（6）子公司办理融资租赁、信托、投资银行以及资产管理、金融市场资金交易业务中，所承担信用风险敞口发生危及银行授信资产安全、造成较大实际损失或严重影响银行声誉的风险事项和突发事件，涉及金额折合人民币达到一定金额（如 3 000 万元）以上。

（7）报道内容涉及银行客户，可能对银行客户的经营或银行声誉构成重大影响的负面报道。

（8）其他一级分行认为应当报告总行的严重影响银行授信资产安全或声誉的重大信用风险事件。

3. 重大信用风险事件报告和处置的流程

（1）报告路线和形式如图 6－5 所示。

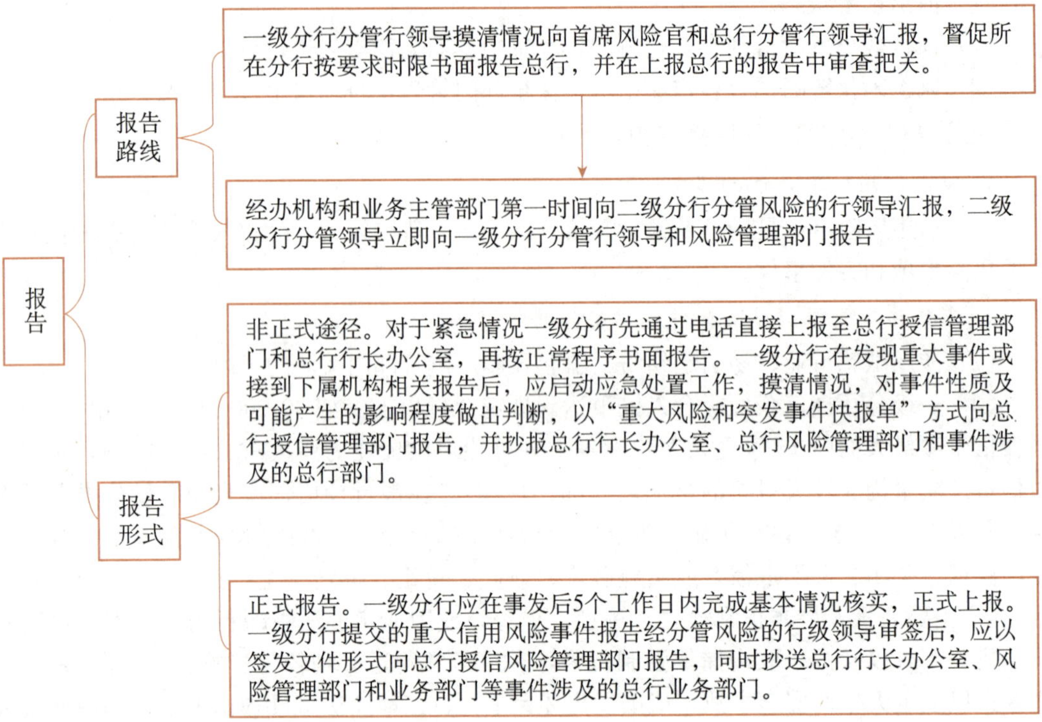

图 6－5　报告路线与形式

（2）处置。1）对涉及风险敞口超过一定金额（如 1 亿元人民币）且情节复杂、预计影响较大的重大信用风险事件，在采取临时应急处置措施后，一级分行应听取事发机构专题情况汇报，及时提出工作要求，并根据实际情况需要，由授信业务部门组织风险管理、资产保全、法律合规、纪检监察等部门参加的调查处置工作小组，开展实地调查，对风险事件进行会诊，协助、指导事发机构制定处置化解方案并督促落实。2）对总行高管层有批示要求的，总行相关部门应按照批示组成联合调查组开展实地调查处置工作，及时形成专题调查报告上报。

（3）监测。1）跟踪监测。一级分行持续跟踪监测风险事项变化，通过三方面进行：一是当事件发生重大变化或授信业务风险处置取得重大进展时及时以电子邮件形式向总行相关部门上报；二是每月初固定日期在管理系统中更新重大信用风险事件处置进展变化情况；三是一级分行应在风险管理部门设立专岗、专人建立台账，持续跟踪报告情况，直至风险事项解除。2）解除监测。重大信用风险事件在银行的风险基本化解消除或涉及授信业务余额全部结清后，事发机构应将有关情况上报一级分行，经请示总行同意后，重大信用风险事件监测方可解除，从风险管理系统日常跟踪监测中退出。

四、商机管理

（一）商机管理的概念

商机管理是指授信业务部门和相关人员在授信后管理过程中挖掘客户新的金融服务需求，进行商机维护，启动营销程序，并形成金融服务方案的过程。

（二）商机挖掘和维护

1. 商机挖掘

（1）客户经理在贷后管理中注意挖掘客户新的金融服务需求，例如通过对客户生产经营、财务状况等情况的了解，主动推介适合的金融产品。

（2）上级行在授信后管理过程中发现的商机，以及集中诊断会议认为客户存在商机的，及时提示下级行，指导商机管理。

2. 商机维护

客户经理在授信后管理中发现客户商机应及时向部门负责人汇报，并在授信管理系统中进行商机维护。

任务四 银行授信到期处理

【任务分析】知识学习方面，教师引导学生掌握授信到期处理的三种方法及工作要点；技能提升方面，教师引导学生做到期授信的业务。教师结合教学内容，注意引导学生养成良好的职业道德。

一、银行授信到期及其处理

1. 银行授信到期

银行授信到期有两种含义：一是按照合同约定授信期满；二是授信客户主动或被动提前履行还本付息义务，或者授信客户或银行提前解除授信合同而使授信到期。

2. 银行授信到期处理

银行授信到期处理是指授信到期后贷款本息偿还或其他授信期满而了结授信的有关事宜。一般分为正常回收、提前归还和授信展期三种情况。下面以贷款授信为例说明三种授信到期处理的情形。

二、正常回收

正常回收是指客户依据合同约定的偿还时间偿还贷款本息。根据国家相关法律、法规，授信客户有义务按照授信合同的约定及时清偿贷款本金和利息，一般按照合同约定银行有权从客户账户上划收贷款的本金和利息。

（一）正常回收的流程

银行办理授信正常回收的流程见图 6－6。

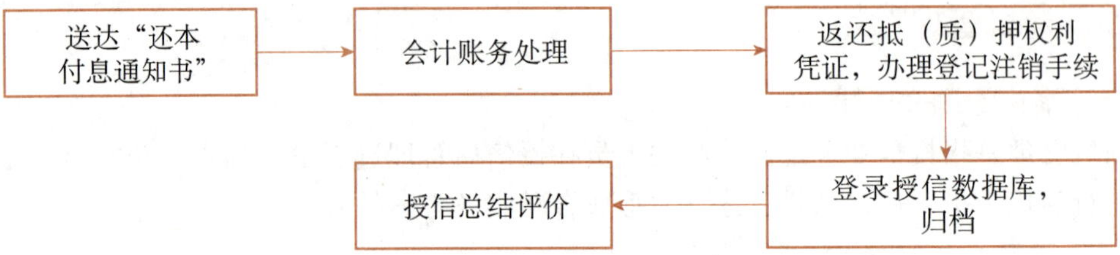

图 6-6　授信正常回收的流程

（二）正常回收的工作内容

1. 银行在贷款到期前，向借款人送达“还本付息通知书”

银行在短期贷款到期前 7 天之内、中长期贷款到期前 1 个月之内，向借款人发送“还本付息通知书”，如表 6-11 所示。

表 6-11　还本付息通知书

____________（借款人全称）：　　　　　　　　　　　　　　　　编号：

贵公司于________年____月____日由________________提供（抵、质押）担保与我行签订________号借款合同，从我行借款人民币（大写）________________，此笔借款将于________年____月____日到期。

望在收到本通知后，积极回笼资金，并于借款到期日将款项存入贵公司在我行开立的账户上，确保按合同约定期限足额还本付息。

贷款人（公章）：
送达人（签字）：
年　月　日

....

今收到____________银行（营业部）________年____月____日签发的编号为________“还本付息通知书”。

特此复函。

借款人（公章）：
签收人（签字）：
年　月　日

注：本通知书一式二份，借款人签收后退贷款银行一份作为回执，借款人留存一份。

2. 会计账务处理

贷款授信到期日，借款人应按照合同约定的还本付息方式主动还款。客户在收到“还本付息通知书”后，及时筹措资金、及时还本付息。

为方便还款，防止发生贷款逾期而被罚息和影响借款人信用，借款人一般与授信银行签订划款授权协议，便于借款人在贷款到期时自动还款。如果借款人与银行签订了“划款授权书”，授信业务部门就依照约定，在贷款到期日通知会计部门从借款人账户扣收本息。具体做法是，会计部门填制扣款凭证，通过计算机自动完成。对于本金部分：借记客户在银行的存款账户，贷记客户在银行的贷款账户；对于利息部分：借记客户在银行的存款账户，贷记应收利息。

3. 返还抵（质）押权利凭证，办理登记注销手续

借款人归还全部本金利息，或非资金授信合约到期，银行返还抵（质）押权利凭证。抵

(质)押权利凭证保管部门凭会计部门递交的还款凭证和客户提交的抵(质)押物清单，按照有关规定到会计部门办理拆包手续，返还抵(质)押权利凭证，并做签收登记。对于设定抵(质)押登记的，及时与抵押人和质押人共同到登记部门办理注销手续。如果是保证贷款或其他保证授信的，在借款人全部还本付息或其他授信到期后，保证合同自动失效。

4. 登录授信数据库，归档

授信结清后，授信业务部门应及时在本行的授信管理系统和中国人民银行的信贷登记咨询系统录入此笔授信结清的相关信息，文本资料按规定归档保存。

对于在授信到期日未结清本息的，例如在还本付息日当天营业时间结束前，借款人未向银行提交偿还贷款本息的支票(人民币)或支取凭条(外币)，并且其偿债账户或其他存款账户中的存款余额不足以让银行扣款的，该笔贷款即转为逾期贷款。授信业务部门对逾期贷款应及时填制一式三联的“逾期催收通知书”，分别发送到授信客户和担保人处进行催收。会计部门从贷款授信业务到期日的次日起计收逾期贷款利息。

对于非贷款授信业务到期时授信客户未能履行合约由银行垫款代为偿付或赔付的，将所偿付或赔付的金额转为贷款，并开始计收贷款利息。

5. 授信总结评价

授信全部结清后，客户经理应对授信项目和授信工作做全面总结，以吸取经验教训，供其他客户经理参考借鉴。总结评价的内容主要包括：

(1) 授信基本评价。主要就授信的基本情况进行分析和评价，重点从客户选择、授信综合效益分析、授信方式选择等方面进行总结。

(2) 授信管理中出现的问题和解决措施。主要分析出现的问题及其原因，说明针对问题采取的措施和最终结果，从中总结的经验教训，对避免类似问题发生提出的建议。

(3) 其他有益经验。针对管理过程中其他有助于提升授信后管理水平的经验、心得和处理方法进行总结。

三、提前归还

(一) 提前归还的概念

提前归还是指客户改变贷款授信合同约定的还款计划，提前偿还贷款的全部或部分贷款以缩短原贷款期限的行为。根据授信客户是否自愿分为：客户主动提前还款和银行要求客户提前还款或强制收回贷款两种。

(二) 客户主动提前还款

1. 客户主动提前还款的原因

(1) 流动资金借款人应收账款提前回款，销售回笼货款速度加快。

(2) 固定资产借款人或项目借款人项目提前完工并取得比预期好的经济效益，还贷能力增强。

(3) 消费贷款借款人取得额外收入。

由于以上原因，借款人为了减少利息支出，希望提前归还银行贷款，向银行提交提前还款申请。

2. 客户主动提前还款的规定

在当前银行实务中是允许客户提前还款的，为了维护借贷双方的权益，通常在贷款合同中都载明了提前还款条款。提前还款条款通常有如下规定：

（1）未经银行书面同意不得提前还款。

（2）借款人可以在贷款协议规定的最后支款日后、贷款到期日前的时间内提前还款。

（3）借款人应在提前还款日前规定的时间内以书面形式向银行递交提前还款的申请书，其中应列明借款人要求提前偿还的本金金额。

（4）借款人发出的提前还款申请书不可撤销，在银行批准提前还款申请后，借款人有义务据此提前还款。

（5）借款人可以提前偿还全部或部分本金。如果偿还部分本金，其金额应至少等于分期还款的一期还款额或为分期还款的一期还款额的整数倍，并同时偿付截至该提前还款日前一天所相应发生的利息，以及应付的其他费用。

（6）提前还款应按贷款协议规定的还款计划以倒序进行。

（7）已提前偿还部分不得要求再贷。

（8）银行对于提前偿还的部分可以收取约定的费用。

3. 客户主动提前还款的流程

借款人根据自己的需要，可以按照贷款合同规定自愿提前归还尚未到期的贷款。操作流程如图 6－7 所示。

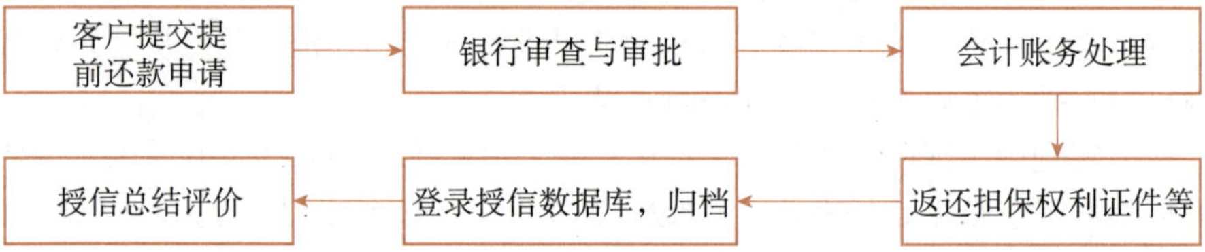

图 6－7　客户主动提前还款流程

4. 客户主动提前还款的工作要点

（1）客户向银行提交提前还款申请书。客户要求提前还款的，应于提前还款日前 10～30 天，以书面形式向银行递交提前还款申请书，主要内容包括：申请人全称、借款合同号、借款金额、提前还款原因、拟提前还款日期、提前还款金额、提前还款账号、承担提前还款违约赔偿金的意愿。

（2）银行审查与审批。客户经理在收到客户提前还款申请书后，应进行审查并提出是否同意的审查意见。客户经理需要审查的内容为：1）借款人是否已结清提前还款日之前的所有到期贷款本息；2）借款人是否同意支付一定的提前还款违约赔偿金；3）借款人提前归还部分贷款时，提前还款额是否达到银行的最低额度要求；4）合同另有约定的是否按照合同约定执行。

客户经理同意提前还款的，还需提交有权人员审批。经审批同意提前还款的，客户经理通知客户办理提前还款手续；审批未通过的，也要通知客户，并做好解释工作。

（3）银行会计部门按规定从借款人账户扣收本息。经审批同意客户提前还款的，银行会计部门即可按照约定，从借款人账户或银行卡中予以扣收贷款本金和利息。无论是借款人全额提前还款还是部分提前还款，银行均按调整后的期限选用贷款利率并计算利息，但对已归还的贷款本金部分不再重新计算利息而进行调整。

（4）返还担保权利证件，办理注销登记手续。1）全额提前还款的。银行授信业务部门返还抵（质）押人的抵（质）押权利凭证，及时与抵（质）押人共同到登记部门办理注销手续，以解除抵（质）押，并登录信贷管理数据库录入相关信息归档；如果是保证贷款，在借款人全部还本付息后，担保合同自动失效。解除抵押的具体手续参考正常回收操作步骤中的相关内容。2）部分提前还款的。若涉及解除部分抵（质）押权的，还应办理部分抵（质）押权的解除手续。

（5）登录授信数据库，归档。贷款本息全部结清后，应及时在本行的授信管理系统和中国人民银行的信贷登记咨询系统录入该笔贷款授信结清的相关信息。文本资料按规定归档保管。

（6）授信总结评价。与正常回收的操作步骤一致。

（三）银行要求客户提前还款或强制收回贷款

1. 银行要求客户提前还款

按照贷款合同规定，贷款授信期间客户有下列情形之一的，经办行有停止支付客户尚未使用的授信的权力，并要求客户提前归还已使用贷款部分：

（1）拒绝接受银行授信后检查的。

（2）提供虚假或者隐瞒重要事实的资产负债表、损益表等财务资料，拒不改正，情节严重的；挤占、挪用贷款，拒不改正的。

（3）用信贷资金在有价证券、期货等交易市场从事投机经营的。

（4）未依法取得经营房地产资格的借款人用贷款经营房地产业务的；依法取得经营房地产资格的借款人，用贷款从事房地产投机的。

（5）套取银行贷款后相互借贷，牟取非法收入的。

（6）借款人或担保人未经银行同意发生兼并、合资等，或即将停产、停止经营、解散、关闭、清理整顿、破产清算、卷入或即将卷入重大诉讼或仲裁及其他法律纠纷的。

（7）借款建设的项目被取消或缓建的。

（8）其他违法或违规行为。

2. 银行强制收回贷款的业务处理

当客户存在银行规定强制提前还款规定的情形之一时，银行有权强制要求借款人提前还款或强制收回贷款。其操作流程和工作要点参照客户主动提前还款的流程和工作要点。

四、授信展期

（一）授信展期的概念

授信展期是指客户不能按照授信协议规定的还款计划按时偿付每期应偿付的授信金额时，由客户提出申请，经银行审查同意，有限期地延长授信期限的行为。

因为授信展期或打乱了银行的资金安排（贷款授信），或增加了银行风险（非资金授信），因此客户必须提前与银行协商，经银行同意后，授信才可以展期。银行授信展期既包括贷款授信展期，也包括非资金授信展期。如担保类授信、承诺类授信都存在展期问题，在此以贷款授信展期为例，说明银行授信展期业务处理。

（二）授信展期的条件

凡符合以下条件之一者，银行可以受理借款人提出的授信展期申请：

（1）由于国家调整价格、税率、利率等因素，影响借款人经济效益，造成现金流量明显减少，还款能力下降，不能按期还款的。

（2）不可抗拒的自然灾害或意外事故造成无法按期偿还贷款的。

（3）受国家经济、金融、财政、信贷政策的影响，按照贷款合同银行应发放的贷款没有按期发放，影响借款人的生产经营，致使其不能按期还款的。

（4）借款人生产经营正常，原贷款期限约定过短，不适应借款人正常生产经营需要的。

（5）贷款本息没有逾期的。

客户经理必须了解客户展期的真正原因，并判别风险的程度。如果授信展期理由正当，可以受理；如果风险较大，应要求全部或部分偿还贷款，或要求增加抵（质）押物，或提高利率。

（三）授信展期的流程

银行贷款授信展期流程见图 6－8。

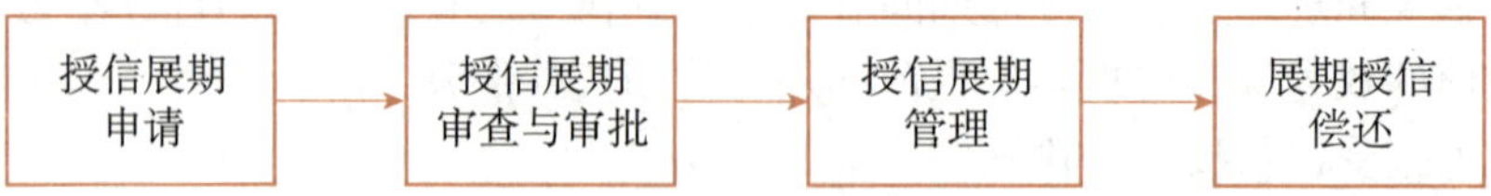

图 6－8　贷款授信展期流程

（四）授信展期的工作要点

1. 贷款授信展期申请

贷款客户不能按期偿还贷款的，应在贷款到期前 1 个月提出展期申请，填写“借款展期申请书”，说明展期理由、展期期限、展期还本付息、付费计划和采取的补救措施，并提交下列材料：

（1）财政部门核准或会计师事务所审计的上年度和最近一期的财务报表；

（2）国家调整价格、税率、税种的有关文件；

（3）有关部门出具的灾害或意外事故的证明材料；

（4）国家有关部门调整项目投资计划，批准停缓建的文件；

（5）保证人的保证意向书；

（6）产权所有人（包括全体共有人）的抵押、质押意向书；

（7）银行要求提供的其他材料。

2. 授信展期审查与审批

（1）授信展期审查与审批的程序。贷款授信展期的审查与授信审查内容基本相同，授信展期的审批与授信的审批一样，审查内容和审批程序参照授信审查与审批程序执行。

授信展期申请未被批准的，其贷款授信从到期日的次日起，转入逾期贷款。

（2）授信展期的担保审批。由于授信展期在一定程度上说明授信客户的偿还可能存在问题，银行在授信展期审批时更应注重担保问题。1）对于保证授信的展期，银行应重新确认保证人的担保资格和担保能力问题，客户申请展期前必须经过保证人的同意。担保金额除原有本息之外再加上因授信展期而增加的利息费用，担保期限因客户偿还期限的延长而延长至全部贷款本息、费用还清为止。2）对于抵押授信的展期，银行为减少授信的风险应续签抵押合同，并进行如下三方面审查：一是审查抵押物的账面净值或委托有资质的专业评估机构评定抵押物价值，并核查其抵押率是否符合规定标准；二是审核客户的授信余额是否超过应该提供的抵押物价值，抵押价值不足的，则必须要求抵押人补充抵押物，重新签订抵押合同；三是抵押授信展期后，审核是否办理了续期的抵押登记手续。

展期合同为原合同的一部分，具有同等法律效力，并归入原合同的档案中保管。

3. 授信展期管理

（1）展期期限。《贷款通则》中规定：贷款只能展期一次。短期贷款展期期限不得超过原贷款期限；中期贷款展期期限累计不得超过原贷款期限的一半；长期贷款展期期限累计不得超过 3 年。国家另有规定的除外。

《个人贷款管理暂行办法》规定：经贷款人同意，个人贷款可以展期。1 年以内的个人贷款，展期期限累计不得超过原贷款期限；1 年以上的个人贷款，展期期限累计与原贷款期限相加不得超过该贷款品种规定的最长贷款期限。

《流动资金贷款管理暂行办法》规定：流动资金贷款展期的贷款人应审核贷款所对应的资产转换周期的变化原因和实际需要，据此决定是否同意展期，并合理确定贷款展期期限，加强对展期贷款的后续管理。

（2）展期利率。贷款的展期期限加上原期限达到新的利率期限档次时，从展期之日起，贷款利息按新的期限档次利率计收。如原来贷款期限 3 个月，申请展期 3 个月，则应按 6 个月期限贷款利率档次计息，并由借款人对前 3 个月的利息补齐差额（差额＝6 个月贷款利率－3 个月贷款利率）。

4. 展期授信偿还

授信业务部门应特别关注授信展期贷款的偿还，应加强授信后管理。具体办理贷款偿还手续与贷款到期正常回收相同。

模块小结

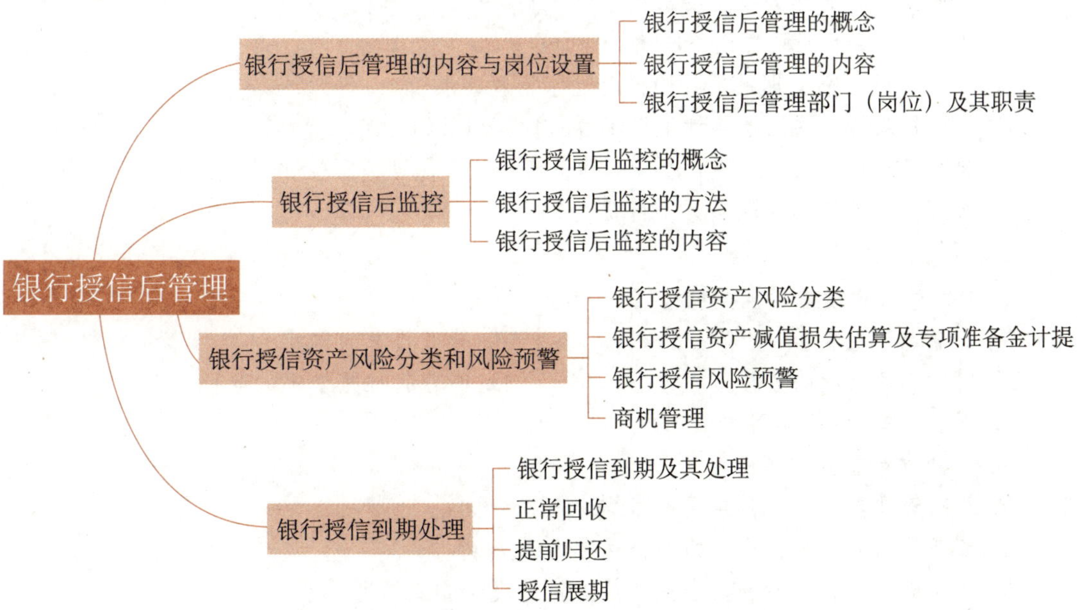

模块测评

一、单项选择题

1. 通过电话等通信方式访谈，视频远程监控，查询国家行政、司法机关、行业协会、公用事业单位等信息平台，查询媒体、互联网信息等属于授信后监控（　　）。

A. 现场检查　　B. 非现场检查　　C. 定期检查　　D. 日常检查

2. 发现重大信用风险事件或相关信贷系统出现风险预警信号，或监管机构、上级行、经营主责任人等要求进行风险排查的，应及时进行（　　）。

A. 现场检查　　B. 非现场检查　　C. 专项检查　　D. 日常检查

3. 贷款风险的预警信号系统中关于经营状况的信号不包括（　　）。

A. 丧失一个或多个财力雄厚的客户

B. 关系到企业生产能力的某个客户的订货连续下降

C. 投机于存货，使存货超出正常水平

D. 应收账款金额或其比例激增

4. 以下关于贷款偿还的描述不准确的是（　　）。

A. 贷款逾期后，银行要对应收未收的利息计收利息，即计复利

B. 对不能按贷款合同约定期限归还的贷款，应当按规定加罚利息

C. 因提前还款而产生的费用应由借款人负担

D. 银行在短期贷款到期 1 个月之前，应当向借款人发送“还本付息通知书”

5. 提前还款条款的内容不包括（　　）。

A. 未经银行书面同意，借款人不得提前还款

B. 借款人应在提前还款日前 30 天内以书面形式向银行递交提前还款的申请

C. 由借款人发出的提前还款申请是可以撤销的

D. 已提前偿还的部分不得要求再贷

6. 对贷款展期的期限表述不准确的是（　　）。

A. 短期贷款展期的期限累计不得超过原贷款期限

B. 中期贷款展期的期限累计不得超过原贷款期限的一半

C. 长期贷款展期的期限累计不得超过 3 年

D. 长期贷款展期的期限累计不得超过 2 年

二、多项选择题

1. 对借款人的授信后监控包括（　　）。

A. 经营状况的监控　　B. 管理状况的监控

C. 财务管理状况的监控　　D. 与银行往来情况的监控

2. 企业管理状况风险主要体现在（　　）。

A. 企业发生重要人事变动

B. 最高管理者独裁，领导层不团结

C. 管理层对环境和行业中的变化反应迟缓

D. 中层管理层较为薄弱，企业人员更新过快或员工不足

3. 企业的财务风险主要体现在（　　）。
A. 经营性净现金流量持续为负值
B. 流动资产占总资产比重下降
C. 应收账款异常增加
D. 银行账户混乱，到期票据无力支付
4. 企业与银行往来异常现象包括（　　）。
A. 在多家银行开户
B. 对短期贷款依赖较多，要求授信展期
C. 还款来源没有落实或还款资金为非销售回款
D. 资金回笼后，在还款期限未到的情况下挪作他用
5. 风险预警程序包括（　　）。
A. 搜集授信客户信息　　B. 风险分析
C. 风险处置　　D. 处置评价
6. 贷款风险的预警信号系统通常包含（　　）。
A. 有关财务状况的预警信号
B. 有关借款人与银行往来关系的预警信号
C. 有关经营者的信号
D. 有关经营状况的信号

三、判断题

1. 银行一定要关注借款人的管理水平、管理架构、人员变化、员工士气变化以及公司内部人员的道德风险对公司经营的影响。（　　）

2. 风险分析是指在风险警报的基础上，为控制和最大限度地消除银行风险而采取的一系列措施。（　　）

3. 按风险分类法分类，逾期、呆滞、呆账类贷款为不良贷款。（　　）

4. 银行在中长期贷款到期 1 个月之前，应当向借款人发送“还本付息通知书”。（　　）

5. 银行在短期贷款到期 1 周内，应当向借款人发送“还本付息通知书”。（　　）

6. 不良授信资产指到期未收回或预期难以收回的授信资产本金。（　　）

四、实战演练

背景资料：

蓝海生物工程股份有限公司（下简称“蓝海公司”）成立于 1989 年，注册资金 7 460 万元。公司经营范围主要为生产经营生物化学原料、制品、试剂及其他相关制品等。2018 年在××银行深圳分行贷款 900 万元人民币扩建一条新生产线。与银行签订的贷款合同约定，贷款利率在 3.75%的基础上下浮 10%，期限 1 年，还款方式为分期非等额还款；抵押物为第三方位于深圳市的某写字楼，总面积为 2 000 平方米左右，评估价值 1 900 万元。

授信后检查：新项目正式经营，最初经营尚可，但是财务管理较为薄弱。2019 年开始出现海外订单减少，蓝海公司销售回款缓慢，应收账款数额巨大，导致公司对其供货商付款迟缓，影响了公司的信誉。

完成下列任务：

(1) 说明针对蓝海公司授信后检查的岗位设置及主要工作职责，以及授信后检查的内

容和方法。

(2) 假定该笔贷款到期日为 2019 年 7 月 15 日，该公司未能如期偿还贷款本息。在 2019 年 12 月 5 日，对其按照贷款风险大小进行分类，并说明分类依据。

(3) 假定该笔贷款到期日为 2019 年 7 月 15 日，该公司如期偿还贷款本息，对银行到期回收贷款的操作流程和业务处理要点进行说明。

五、业务操作

利用智盛云平台上授信业务及风险管理模拟系统，完成授信风险业务操作。

模块七

银行不良授信资产管理及处置

学习目标

● 知识目标

1. 了解银行不良授信资产管理和处置的一般方法；
2. 熟悉不良授信资产处置的流程；
3. 掌握不良授信资产重组的方式和方法；
4. 掌握呆账的认定方法和呆账核销的流程及政策规定。

● 技能目标

1. 会进行不良授信资产重组的基础性工作；
2. 会进行不良授信资产转让和呆账核销的基础性工作；
3. 会对已核销资产进行核查、分类、监控的基础工作；
4. 会进行已核销资产处置的初级工作。

案例导入

甲公司 2 000 万元人民币贷款到期未能归还

甲公司是一家生产民用电器的中型企业，注册资本金人民币 2 000 万元，在 2001 年就与 A 银行建立了信贷关系，公司发展势头一直很好。2014 年销售收入达到人民币 35 000 万元，贷款余额人民币 5 000 万元，其中信用贷款人民币 1 000 万元，抵押贷款人民币 4 000 万元。自 2015 年以来，由于竞争激烈，公司市场份额锐减，销售收入直线下滑，到 2016 年 5 月，有 2 000 万元人民币贷款到期未能归还。银行按规定发出催收通知后，收回现金人民币 500 万元。到 2020 年 5 月，仍欠贷款本金 1 500 万元人民币、欠利息 300 万元人民币。其中 1 000 万元人民币是抵押贷款，500 万元人民币是保证贷款，200 万元人民币是抵押贷款利息，100 万元人民币是保证贷款利息。

思考：1. 这笔贷款是不良授信资产吗？是呆账贷款吗？

2. A 银行可以采取哪些方法处置这笔贷款？

任务一 银行不良授信资产管理与处置的一般方法

【任务分析】本任务主要介绍不良授信资产管理处置的一般方法。教师指导学生模拟资产保全客户经理，学习接收不良授信资产过程，掌握不良授信资产日常管理方法，了解不良授信资产处置流程。

一、不良授信资产管理与处置的概念

（一）不良授信资产

不良授信资产是指债务人不能按照贷款合同按时偿还贷款本金和利息的贷款，或不能按照合约规定履行义务，使银行发生垫款的授信，或已有迹象表明债务人不能按照贷款协议按时偿还贷款本金和利息的贷款，或不能按合约履行义务的其他授信。

按照授信风险五级分类方法，在正常、关注、次级、可疑、损失五级授信中，关注、次级、可疑、损失均为问题授信，其中次级、可疑和损失称为不良授信。因此不良授信一定是问题授信，但问题授信不一定都是不良授信，经过努力可以使一部分问题授信转化为正常授信。

（二）不良授信资产管理与处置

不良授信资产管理与处置是指不良授信资产经过资产接收、日常管理和处置等业务环节，完成其进入、处置或者出表（资产负债表）的全周期生命流程。其间可能发生风险分类变化，从而上迁到正常或者关注类授信资产；也可能经过呆账核销出表，转化为已核销资产。但大部分不良授信则通过催收、减免、重组、债权转让或者以物抵债等手段予以处置，降低风险敞口，减少债权损失，最后完成不良授信项目的清户退出。

二、不良授信资产管理与处置的流程

以公司类贷款授信为例说明不良授信资产管理与处置的流程。包括资产接收、日常管理和贷款处置三个环节。

（一）资产接收

资产接收是指资产保全部门按照不良授信资产交接规定，将不良贷款客户从原贷款业务机构接收至本部门管理处置。业务流程主要包括资产保全业务管理系统接收、档案接收、现场核查、通知借款人和担保人等环节。

1. 资产保全业务管理系统接收

（1）资产保全部门接收人员需要每日查看资产保全管理系统中“未移交客户台账”。对于新增不良贷款启动系统接收。

（2）资产保全部门接收人员联系不良授信资产原授信机构，在对公授信业务流程管理系统中设置客户保全标记。

（3）不良授信资产客户保全标记设置后 2 个工作日内，资产保全部门接收人员在资产保全管理系统中发起移交申请，录入移交项目清单，提交保全主管（一般为各级分支机构资产保全部门负责人）审定。

（4）资产保全主管审定同意后，指定 2 名客户经理负责不良授信资产客户接收及后续的管理处置。

（5）资产保全客户经理完成不良授信资产客户保全系统移交信息录入，按照客户借款合同编号逐笔核对资产保全管理系统中客户名下贷款合同与银行核心业务系统中账号关联是否正确。

2. 档案接收

（1）资产保全部门收到不良授信资产原授信机构（移交部门）提交的“贷款移交通知”和“不良授信资产交接报告”后，提交资产保全主管。

（2）资产保全主管在初步了解项目情况的基础上，指派资产保全客户经理进行不良贷款客户授信档案的接收。资产保全客户经理在接到指派任务后，在规定的工作日内（如 8 个工作日）完成不良授信资产客户授信档案的接收。

（3）资产保全客户经理与原授信机构客户经理（移交责任人）取得联系，确定贷款客户授信档案交接的具体时间、地点、方式及参与人员，并按照约定组织相关人员进行交接。

（4）资产保全客户经理对照资产保全管理系统移交确认模块项下的客户材料清单和客户合同清单，逐项核对贷款原授信机构移交的客户授信档案，逐项核对“交接项目清单”“授信档案移交表”“授信档案资料清单”等项目交接清单。

（5）交接双方对授信档案材料核对取得一致意见后，由资产保全客户经理、原授信机构客户经理、资产保全主管及原授信机构负责人，分别在“交接项目清单”“授信档案移交表”“授信档案资料清单”上签字确认交接，双方各执一份。

（6）对于移交材料不全、不完整或材料存在不合规、不合法等情况的，应要求贷款原授信机构的客户经理补齐有关手续，如经努力仍不能补齐手续的，应在“授信档案资料清单”上列明缺漏事项并附注原因，经资产保全客户经理和原授信机构客户经理及资产保全主管和原授信机构负责人签字确认。

（7）资产保全客户经理将“交接项目清单”抄送本级风险管理部门备案。

3. 现场核查

在档案资料接收完毕后的规定工作日（如 15 个工作日）内，资产保全部门与原授信机构共同派人走访借款人和担保人，对借款人、保证人及抵质押物情况进行实地检查。交接环节不涉及档案资料接收的，实地检查工作应在系统接收完毕后规定的工作日（如 15 个工作日）内完成。

（1）资产保全客户经理按照资产保全管理系统首次检查的内容事先准备拟检查事项。

（2）资产保全客户经理与贷款原授信机构客户经理一同开展实地检查工作。

（3）资产保全客户经理依据实地检查情况撰写“首次检查报告”。

（4）资产保全客户经理将“首次检查报告”报资产保全主管和提交原授信机构审定。双方对报告内容取得一致意见后，由资产保全主管及原授信机构负责人签字确认，双方各执一份。

（5）现场检查工作完毕后规定的工作日（5 个）内，资产保全客户经理完成资产保全管理系统规定首次检查的信息录入，并提交资产保全主管审核确认。

4. 通知借款人和担保人

（1）资产接收后债权关系转移的，资产保全客户经理拟定通知文件，提交资产保全主管审定。

（2）资产保全主管审定同意后，资产保全客户经理将通知文件送达贷款原授信机构和法律部门进行审核、审查。

（3）审核、审查同意后，按照有关规定需加盖授信机构公章的，资产保全客户经理送达贷款原授信机构加盖公章。

（4）资产保全客户经理和原授信机构客户经理在核查走访借款人和担保人过程中，通知其经办机构（部门）及经办人员的变更情况，送达通知文件并取得借款人和担保人签字盖章确认的通知回执，通知文件一式四份，资产保全部门、贷款原授信机构、借款人、担保人各执一份。

（5）资产保全客户经理依据客户走访情况，完成资产保全业务管理系统相关信息录入，并提交资产保全主管审核确认。

（6）资产保全客户经理整理归集不良授信资产交接过程中形成的项目交接单、不良资产交接报告、首次检查报告、通知文件及客户档案资料原件材料等，按照授信档案管理规定整理归档，移交部门档案管理人员保管。

（二）日常管理

不良授信资产日常管理是指从资产保全部门接收不良授信资产后到该不良授信资产处置完毕且不再保留追索权前各个环节的管理。主要包括资产监控、押品管理、风险分类、重大信用风险事件管理等环节。由于后两个环节已在模块六中详细介绍，下面介绍前两个环节。

1. 资产监控

资产监控包括日常检查、时效管理、存款查询和甄别及扣划三个环节。

（1）日常检查。日常检查工作事项及内容见表 7－1。

表 7－1　日常检查工作事项及内容

工作事项	工作内容
实地检查	资产保全客户经理应至少每月对借款人、担保人进行一次日常检查，实地走访、催收借款人和担保人，考察企业经营管理情况，了解财务状况变动情况。
监控重大风险事项	发现以下事项需向主管报告：（1）因不可抗力或管理等原因停产、关闭、严重资不抵债，或经批准实施破产、兼并、重组。（2）客户主要股权、固定资产发生转让、质押、抵押或租赁，影响归还贷款本息。（3）客户违规经营，被国家有关机关处罚或客户主要高级管理层人员（如董事长、总经理、副总经理、财务主管等）涉嫌经济犯罪被公安、检察等司法机关调查以及被采取拘捕等强制行为，客户经营受到较大影响。（4）客户涉及重大诉讼及发生企业形象被严重损害的重大事项。（5）具备还款能力但拒不还款且情节恶劣，以重组、兼并、分立、租赁、改制、破产、转移资产等方式逃废银行债务。（6）集团客户因经营不良发生连锁反应或财务危机。（7）客户由于严重违规经营，受到市场监管、税务、外汇管理、海关、环保或其他监管部门的处罚。（8）客户的其他债务和担保情况以及其他债权人对客户债务的追偿情况。（9）客户主体资格丧失、隐匿、转移和毁损资产。（10）客户的负面消息被新闻媒体曝光，导致其经营出现危机。

续表

工作事项	工作内容
客户催收及对账	资产保全客户经理与客户进行债权本息核对，可以采取按季寄送经资产保全主管审定并加盖部门章的逾期贷款（垫款）催收通知书或会计部门对账单，或直接上门送达的方式。已诉讼项目由资产保全客户经理在对账单上填写债权已确定意见，经过资产保全主管审核同意后交会计部门。
更新、维护系统信息	资产保全客户经理在对项目完成按月检查工作后，在资产保全管理系统中更新、维护日常监控信息，并提交资产保全主管审核确认。

（2）时效管理。时效管理方式及工作内容如表 7－2 所示。

表 7－2　时效管理方式及工作内容

管理方式	工作内容
首次催收	资产保全客户经理对新接收的不良项目，应在录入资产保全管理系统后的 15 个工作日内，填写逾期贷款（垫款）催收通知书和履行担保责任书，送达借款人、担保人并取得回执。
定期催收	资产保全客户经理每季向债务人发送逾期贷款（垫款）催收通知书和履行担保责任书并取得回执，已诉讼项目除外。如果债务人不能当面签收的，在保证时效有效的前提下，应书面说明原因并经资产保全主管确认后存档备查。
中断诉讼时效	对于无法取得回执的客户，资产保全客户经理应视情况采取扣收存款、上门催收、公证送达、起诉、申请支付令、申请仲裁、申请执行公证文书、申请破产还债等方式中断诉讼时效。

（3）存款查询和甄别及扣划。不良贷款客户的存款账户可能是睡眠类也可能是非睡眠类。对于睡眠类，一级分行资产保全部门按季逐户统计所辖不良贷款客户明细，汇总编制不良贷款客户存款信息查询表，报送同级营运管理部门查询。营运部门在规定的时间内（如 5 个工作日）反馈结果。对于非睡眠类，资产保全客户经理通过客户关系管理系统进行存款信息查询，每月不得少于一次。

对于不良贷款客户在一级分行辖区内开设的存款账户，客户经理甄别存款账户能否扣收，报资产保全主管，会商法律部门审核后实施。

对于经甄别能够直接扣收的一级分行辖区内的存款账户资金，资产保全客户经理应及时填制不良贷款客户存款资金扣收通知，经资产保全主管审核同意并加盖公章后送达存款开户行进行扣划至指定账户。

2. 押品管理

（1）押品价值重估。押品移交资产保全部门后，其价值重估分三个环节：1）首次重估。即押品由授信业务部门移交后，资产保全客户经理应对押品价值进行确认或申请本行评估机构对押品价值重新评估。2）按季检查并确认价值。即按季对押品形态进行检查并确认，如发现押品形态发生变化或市场价格趋于不利影响，要及时开展价值重估，以反映押品的公允价值。3）处置前的价值重估。不良贷款所涉押品需要处置（拍卖、变卖、以物抵债等），一般需经外部专业评估机构进行评估。

（2）押品权证管理。分移交和借用两个环节。移交时原业务经办部门客户经理制作移交明细清单，由移交双方（授信业务部门和资产保全部门）及权证保管部门（会计部门或营运管理部门）签字盖章后归档。因为银行内、外部检查及审计、诉讼等原因需要借阅使用的，应经资产保全主管批准同意并出具领用说明到保管部门办理借用手续。借用时需填写领用清单，归还时要填写归还清单，由保管人员核对移交清单与权证相符后，将权证入库妥善保管。

（3）押品注销管理。包括变更账务和注销登记两个环节。因贷款结清、重新设立担保、处置等原因，需要对押品办理全部或部分解除抵押的，由客户经理填写担保物、待处理抵债资产转出通知书，加盖部门章后提交权证保管部门，保管部门按会计核算的相关规定变更押品表外账务。与此同时，资产保全客户经理填写工作联系函，经资产保全主管同意后，出具解除抵质押所需手续，与抵押人（出质人）一起到权证保管部门办理押品权证转出手续，并协助其到原登记机关办理注销登记。

日常管理还包括对不良授信资产的风险分类和重大信用风险事件的报告和处置，均按授信后管理的相关规定执行。

（三）贷款处置

贷款处置是指银行运用常规催讨、法律追索、贷款重组、抵质押物处置、债权转让、破产重整计划草案表决、呆账核销及其他处置等方式回收不良贷款本息，控制及降低不良贷款风险敞口，减少不良贷款损失的经营管理行为。

1. 处置手段

（1）常规催收，主要适用于银行与债务人尚未达成处置方案，尚未采取司法手段或债务人尚未进入诉讼、破产重整、破产清算等法律程序的所有不良贷款。一般有电话催收、上门催收、信函催收三种方式。

（2）法律追索，是指银行作为债权人，按照法律规定，通过采取诉讼、仲裁、申请支付令、申请执行公证书、申请实现担保物权、申请债务人破产还债等方式，促使借款人、担保人偿还贷款、承担担保责任、处置抵质押物等活动，以达到清收债权、保全资产的目的。

（3）贷款重组，是指不良贷款的借款人、担保人不能按原贷款合同、担保合同的约定偿还债务或履行义务时，银行在充分评估不良贷款风险的基础上，通过与借款人、担保人或第三人达成协议或依据法院（仲裁机构）的裁决，对构成贷款的各项要素（包括借款主体、还款金额、借款期限、适用利率、担保方式、还款方式等）进行调整，以控制及降低不良贷款风险，减少不良贷款损失的资产保全方式。

（4）抵质押物处置，是指借款人、担保人以其正常经营活动无力清偿银行贷款本息，拟通过贷款抵质押物的转让、拍卖、变卖价款归还银行贷款的资产保全方式。抵质押物处置一般应采取公开方式，如果采取非公开方式处置抵质押物的，要经过资产保全授权审批。

（5）债权转让，是指将银行合法拥有的不良债权按照市场价格实行“卖断式”出让的处置方式。分为单户转让和批量转让。

（6）破产重整计划草案表决，是指债务人（借款人、担保人）进入破产重整程序，银行需对其破产重整计划草案出具表决意见。在破产重整程序中对破产重整计划草案出具表决意见前，应严格履行内部审批程序，并按照最终审批决策意见对外出具表决意见。

（7）呆账核销，是指银行对符合财政部规定的呆账认定条件的债权和股权资产，按照规定的程序，对符合财政部呆账认定条件的损失资产，通过使用呆账准备金将损失资产转为表外资产的行为。

2. 处置流程

（1）制定方案。

制定处置方案是一项由资产保全部门统领、多方参与、共同完成的复杂工作，需要在尽职调查的基础上，对不良贷款做出处置预案并与相关当事人进行谈判，请专家对处置方案进行诊断，最后形成处置方案。

1）尽职调查。①制订尽职调查工作计划。资产保全主管会同相关项目的资产保全客户经理及相关人员研究制订尽职调查工作计划，确定调查的内容、方式、时间及参加人员。必要时可委托律师、会计师、资产评估师等中介机构开展调查或聘请中介机构参与调查。在确定调查方式时，要符合银行制度规定，单户贷款本金余额在规定金额（如 1 000 万元人民币）以上的项目必须采用现场调查方式；低于规定限额以下的项目，可采取现场调查和非现场调查相结合的方式进行。但债务人出现生产经营停滞、破产重整、重大诉讼仲裁等严重影响授信资产安全的事件或者抵质押物发生毁损或灭失的风险情形时，必须及时组织现场尽职调查。在确定调查时间时，要符合银行制度规定，对于新接收项目原则上应自接收之日起 30 日内完成首次调查；存量项目原则上每年至少应组织一次尽职调查，并在 20 个工作日内完成。②组织实施调查工作。资产保全客户经理按照调查工作计划组织相关人员开展调查工作，参加现场调查人员不少于 2 个。③撰写尽职调查报告。资产保全客户经理在尽职调查基础上，撰写不良贷款客户尽职调查报告，提出初步处置意见，提交资产保全主管审定。

课堂讨论

不良贷款客户尽职调查报告应包括哪些内容？

参考答案：债务人基本情况、债务情况、债权担保情况、贷款抵质押情况；不良贷款内部移交情况；已采取的资产保全措施及效果；下一步拟采取的盘活处置措施及时间安排进度；其他相关建议。

2）方案谈判。不良资产处置谈判是指资产保全部门为了处置资产，就不良贷款处置预案以及实施中的各项具体事宜，与各方当事人反复沟通和协商的过程。①资产保全客户经理收集、整理客户信息提交保全主管审阅。客户信息包括：客户办公地址；上级主管部门；实际控制人、主要负责人、财务部门负责人名单及联系方式；客户尽职调查报告；项目处置计划方案；相关的行业、市场、资产及其他信息等。②保全主管审阅客户信息后，依据项目情况确定参加谈判的人员。参加谈判人员不少于 2 人，成员可包括资产保全主管、资产保全客户经理、贷款原经营机构负责人及客户经理、外聘律师、资产评估师或财务顾问等。③资产保全客户经理联系相关参加谈判人员，由资产保全主管牵头，研究谈判计划、明确谈判目标和谈判策略。④资产保全客户经理联系谈判对象相关人员，约定具体谈判时间、地点及参加人员等，并按照约定组织相关人员参加谈判。⑤资产保全客户经理依据谈判情况撰写谈判记录，提交资产保全主管审定同意后，将相关信息录入资产保全管理系统的相关模块中。⑥资产保全主管依据谈判结果，组织相关人员研究并安排下一步处置工作。

3）方案诊断。对于项目情况复杂、难以处置的公司类不良贷款，可提交不良资产专家诊断会议进行诊断，以提升项目处置方案的科学性、合理性及可行性。原则上不良贷款余额在规定金额（如 3 000 万元人民币含）以上的，公司类贷款应提交专家诊断会议诊断。

专家诊断会议分五个步骤：①资产保全客户经理逐户撰写公司类不良贷款诊断项目报告，提交资产保全主管审定。②公司类不良贷款诊断项目报告经资产保全主管审定同意后，提交专家诊断会议。③专家诊断会议对诊断项目进行研究，逐户提出诊断意见并形成会议纪要。④专家诊断会议秘书依据会议纪要，将项目诊断意见逐户录入资产保全管理系统相关模块。⑤资产保全客户经理依据诊断意见及资产保全主管批示意见，逐户调整落实不良贷款处置计划方案，并提交项目例会审议。

4）确定方案。①方案制定。资产保全部门对新接收的公司类不良贷款原则上自接收之日起 1 个月内制定处置计划方案。资产保全主管组织客户经理及相关人员对项目进行讨论，研究确定处置计划方案。内容包括：拟处置方式、预计处置时间、预计处置费用、预计还款来源、预计回收金额、具体实施安排、风险防范措施等。②方案审定。一级分行资产保全部门应建立不良资产项目例会制度。项目例会原则上由一级分行资产保全部门负责人主持，集体研究决定项目处置中的重要事项。③方案重检。一级分行资产保全部门按季对不良贷款处置计划方案进行重检，并根据处置计划方案执行情况及贷款项目变化情况调整、更新处置计划方案。

（2）方案申报。

方案申报是指申报行对拟申报处置方案进行集体研究讨论并统一意见后，由行领导签发正式文件连同资产保全业务申报书、客户基本资料、客户合同材料、客户内部管理材料等要件逐级上报有权审批机构。方案申报的环节如下：

1）准备申报材料。申报材料包括客户基本材料、客户合同材料、客户内部管理材料，其中既有所有项目均需提供的反应客户基本信息、合同信息、银行管理信息的共性材料，也有根据处置手段不同而需要的个性材料。

2）撰写保全业务申报书。按照业务品种不同，分别撰写保全业务申报书。项目申报书和申报材料均应提交资产保全主管审定同意后，提交主管行长审定。主管行长对申报书内容及申报材料审定同意后，在申报书对应位置签字确认。主管行长对申报材料内容的真实性、准确性、要件齐全性以及申报处置方案的合法性、合规性负责。

3）发起请示文件。资产保全客户经理根据银行公文管理规定，拟定请示文件，逐级上报有权审批机构。

4）系统发起处置方案。资产保全客户经理在管理系统的相关模块中发起项目处置方案，并录入方案内容。按照审批事项对应的申报材料要求，上传项目申报材料。

（3）方案审查与审批。

1）方案审查。①合规性初审。有权审批机构接收处置方案后，分配至合规性审查人员进行初审。主要是对申报项目方案的合规性和申报材料的完整性进行审查，如果需要补充材料的，应通知申报行的资产保全客户经理补充资料；如果申报方案不符合银行规定的，通知申报行修改；对于申报项目方案合规、申报材料完整的，填写初审意见后提交复审。②合规性复审。复审人员认为方案需要完善、材料需要补充的，填写审核意见后退回初审人员进一步审查；复审后无异议的，填写复审意见后提交审批会议审批。

2）方案审批。有权审批机构安排审批会议，对申报项目处置方案进行审批。审批会议秘书依据项目审批结论拟定审批会议纪要，经审批负责人审定同意后，将会议纪要上传至管理系统，发送至合规性审查人员。由合规性审查人员依据审批会议纪要拟定处置方案批复文件，经部门负责人审定同意后，向申报行下达批复意见，在系统内录入批复信息，提交资产保全主管审签。资产保全主管审签后，通过管理系统将处置方案批复文件发送至申报行落实执行。

（4）方案执行。

资产保全客户经理依据处置方案批复文件要求及资产保全主管意见，落实处置方案。处置方案执行的流程一般包括：

1）签订协议。资产保全客户经理依据处置方案批复拟定相关协议，提交资产保全主管审定同意后，送交同级法规部门审查。法规部门审查同意后，相关各方有权签字人签订协议。

2）敦促履约。协议签订后，资产保全客户经理督促各方当事人按照协议约定归还贷款、支付价款、办理抵质押登记等。

3）账务处理。资产保全客户经理确认借款人对应借款合同的会计流水，完成信息系统录入并上传执行材料，配合会计核算部门完成账务处理。

4）档案归档。资产保全客户经理归集相关业务资料，按照信贷档案管理规定整理归档，并移交档案管理部门保管。

任务二　不良授信资产重组、转让和呆账核销

【任务分析】重组、转让和呆账核销是不良授信资产最常用的处置手段。知识学习方面，教师指导学生模拟资产保全客户经理，掌握不良授信资产重组方法及政策规定；技能提升方面，教师指导学生模拟资产保全客户经理，进行授信资产重组、转让和呆账核销的基础性工作。

一、不良授信资产重组

不良授信资产重组是指银行将已经发生风险的问题授信，通过变更借款主体或担保主体来降低或减少原贷款的风险和损失，从而安全收回贷款。重组贷款的借款人（或担保人）与原贷款的借款人（或担保人）不一定有关联，但其借款信用等级、还款比率均应优于前者，并对此借款行为进行法律意义上的确认。它是控制及降低不良贷款风险、减少不良贷款损失的资产保全方式。不良授信资产重组操作流程如图 7－1 所示。

不良授信资产重组的手段主要包括债权减免、再融资、以物抵债、调整借款期限、变更借款人、变更担保方式、保证责任免除、抵质押解除、新增信贷投入等。综合运用多种手段对不良授信资产进行重组，应同时符合各相关重组方式的适用条件和法律、法规、规定。

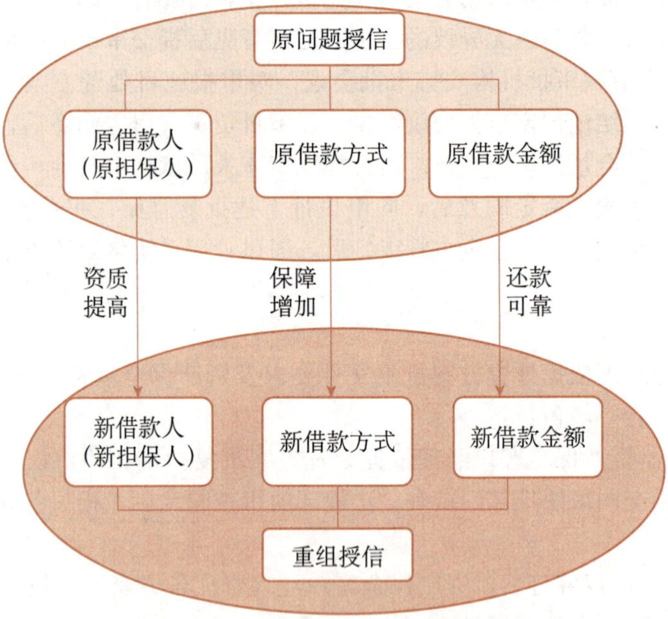

图 7-1 不良授信资产重组操作流程

（一）债权减免

1. 债权减免的概念

债权减免是指在借款人发生财务困难，无力及时足额偿还贷款本息情况下，为盘活不良贷款，最大限度收回债权，通过减免借款人部分还款义务，实现剩余债权收回的重组方式。债权减免的方式包括减免贷款本金、减免贷款利息（含表内和表外应收利息）、减免贷款本金和利息。

2. 债权减免的条件

适用债权减免的借款人必须同时具备以下条件：

（1）减免范围为列入次级、可疑或损失类以及已核销时间超过一年以上的贷款所对应的本金及利息。

（2）借款人的信用评级符合减免条件要求，例如有的银行规定借款人必须在 BB 级以下至 CC 级以上。

（3）在履行直接催收、委托第三方追偿或法律诉讼、处置抵质押物等必要追偿程序之一及以上的，借款人、担保人仍无法及时足额偿还贷款。

（4）借款人、担保人或承诺还款的第三人有还款意愿，但暂不具备全额偿债能力。

（5）实施债权减免后，借款人、担保人或承诺还款第三人可按债权减免约定偿还剩余债务。

（6）综合考虑债权回收时间、催收追偿成本等因素，实施债权减免优于其他债权收回方式，并可实现债权回收价值最大化。

3. 原则上不得实行债权减免的情况

借款人存在下列情况之一的，原则上不得实行债权减免：

（1）贷款为个人客户的。

(2) 借款人存在通过各种方式转移资产、逃废债务行为的。

(3) 查证借款人存在违法违规行为可能会对履行债权减免协议造成潜在不利影响的。

(4) 借款人被人民法院纳入失信被执行人名单的。

(5) 借款人申请债权减免存在行政干预的。

(6) 借款人是债权减免银行持股在 5%以上的股东及其关联方的。

(7) 金融监管部门认为不宜减免的其他情况。

4. 不得实行债权减免的情况

(1) 违法违规放款的不良贷款，包括未经审批放贷、超越权限审批放贷、化整为零放贷、对信贷政策禁止的项目放贷、对超授信额度的企业放贷、降低条件放贷，违规办理票据贴现，未按规定进行调查评估、客户评价和担保评价等。

(2) 在授信后管理中违规失职，造成较大损失或严重后果的，包括未按规定进行授信后检查、未跟踪贷款用途、贷款风险有所暴露时未及时采取措施、发现借款人逃废债务现象却未果断采取措施等。

5. 债权减免操作要点

(1) 债权减免的审批和实施部门应与贷款审批和发放部门分离。

(2) 借款人、担保人或承诺还款的第三人按照协议规定完全偿还减免后全部债务的，方可减免约定的贷款本息。实施债权减免，以借款人能按要求偿还未减免的全部债务为前提。在减免协议未履行完毕前，不发生债权减免的法律效力。

(3) 实施债权减免的，原则上应以现金方式受偿。确实无法以现金受偿的，为最大限度减少损失，采取以物抵债的，应符合抵债资产管理的有关规定。

(4) 实施债权减免的，应按照“先利息、后本金”“先表外利息、后表内利息”的顺序减免。

(5) 债权减免之前，经办机构必须履行必要追偿程序。如采用直接催收或委托第三方追偿的，自首次书面催收之日起，至方案申报之日止，期限不少于 1 年，并且书面催收或追偿不少于 6 次。已采取司法催收的贷款项目拟进行债权减免，不受上述催收期限和次数的限制。

(6) 有抵质押担保的债权减免，在债权减免前追偿时应优先考虑处置抵质押物。其中担保债权本金和表内利息合计金额超过规定（如 1 000 万元人民币）的抵质押物处置前，应聘请资产评估机构进行评估。如果在债权减免前不处置抵质押物的，应说明不予处置的理由，并提交相应材料说明债权减免方案优于处置抵质押物方案。

(7) 拟实施债权减免的，与借款人、担保人或承诺还款的第三人等进行协商、谈判，次数不得少于 2 次，银行参与谈判的工作人员每次不得少于 2 人。协商谈判应当形成会议纪要或会谈备忘录，记载谈判时间、地点、人员、事项等内容，必要时由谈判参与各方代表签字确认。

（二）再融资

公司类不良授信资产再融资涉及期限不匹配类的再融资和保全资产类的再融资两种类型，比照放款执行。

（三）以物抵债

1. 以物抵债的概念

以物抵债是指银行与借款人、担保人或承诺还款的第三人协商同意，或经人民法院、仲裁机构依法裁决，借款人、担保人或承诺还款的第三人以实物资产或财产权利作价抵偿银行债务的重组方式。根据抵债资产取得方式分为协议抵债和裁定抵债两种。

2. 以物抵债的适用条件

当借款人无力以现金资产偿还债务，且保证人也无现金支付能力，符合下列情形之一的，适用以物抵债：

（1）借款人生产经营已中止或建设项目处于停建、缓建状态。

（2）借款人生产经营陷入困境，财务状况日益恶化，处于关、停、并、转状态。

（3）借款人已宣告破产，银行拥有破产财产分配受偿权，拟进行实物资产分配的。

（4）对借款人进行强制执行程序却无法执行到现金资产，且执行实物资产或财产权利按照司法程序处置仍无法成交，拟被裁决以物抵债的。

（5）借款人及保证人出现只有通过以物抵债才能最大限度保全银行债权的其他情况。

（四）调整借款期限

1. 调整借款期限的概念

调整借款期限是指借款合同的借款期限或合同约定的分期还款计划与借款人实际产生现金流量或偿还能力不符，造成借款人不能按期归还贷款的情况下，经银行与借款人、担保人协商，对原借款合同的借款期限或合同约定的分期还款计划予以调整，由借款人按调整后的借款期限或分期还款计划偿还贷款的不良授信资产重组方式。

2. 调整借款期限的适用条件

采用调整借款期限方式进行重组的，应同时符合以下条件：

（1）借款人生产经营基本正常，不良授信资产主要由于借款人生产经营产生的现金流与合同约定的借款期限或还款计划不匹配造成的。

（2）借款人还款意愿比较好，不欠利息或虽欠利息但能够在不良授信资产重组时还清全部欠息的。

（3）经测算调整借款期限后，借款人能够按时支付利息并按照调整后的借款期限或还款计划偿还贷款本金的。

调整后的借款期限或还款期限应根据借款人的经营现金流量、担保人的偿还能力等因素综合确定，调整后的新的借款期限或还款期限原则上最长不超过 5 年，原则上同一笔贷款期限只能调整一次。

（五）变更借款人

1. 变更借款人的概念

变更借款人是指由于原借款人无力偿还债务，新的借款主体愿意承担还款责任时，为保全资产及降低贷款风险，经银行与原借款人、新借款人及担保人协商，由新的借款人承担原借款人全部或部分债务偿还责任的不良授信资产重组方式。

2. 变更借款人需符合的条件

（1）借款人无力偿还银行债务，第三方愿意承担借款人的全部或部分债务。

（2）新的借款人符合贷款一般主体资格要求。

（3）新借款人经过银行信用评级，评定的信用等级不低于原借款人，且偿还债务能力优于原借款人。

（4）如果新借款人属于该银行已授信客户的，新借款人承担不良债务后对其在该银行已有授信的偿还不产生实质性不利影响。

（5）落实相关担保措施。

变更借款人后如需要重新确定借款或还款期限的，调整后新的借款或还款期限原则上最长不超过5年，相关部门法律、法规、制度另有规定的除外。

（六）变更担保方式

1. 变更担保方式的概念

变更担保方式是指对没有担保、原有担保能力不足或担保存在瑕疵的不良贷款，为降低贷款风险，以新的担保方式对原有担保方式进行部分或全部调整或变更的不良授信资产重组方式。

2. 变更担保方式的方法

（1）更换保证人。

（2）追加保证人。

（3）保证方式变更为抵质押方式或保证加抵质押方式。

（4）抵质押方式变更为保证加抵质押方式，或变更为保证方式。

（5）更换抵质押物。

（6）追加抵质押物。

（七）保证责任免除

1. 保证责任免除的概念

保证责任免除是指在保证人所担保的债权清偿完毕前，经银行与保证人协商，免除保证人的部分担保责任，但银行仍保留对借款人的追索权的不良授信资产重组方式。它具体包括表外欠息保证责任免除，债权银行协商确定的保证责任免除，瑕疵保证责任免除，国家法律、法规或政策规定的保证责任免除，减免条件下保证责任免除五种类型。

2. 保证责任免除的操作要点

（1）表外欠息保证责任免除的操作要点。表外欠息保证责任免除是指保证人有还款意愿但无全额履行保证责任的能力，为盘活回收不良贷款，在保证人偿还所担保的该笔贷款本金、表内欠息的前提下，银行可免除保证人对该笔贷款表外欠息的保证责任。银行决定免除保证责任的依据是判断保证人是否符合下列条件：1）保证人有还款意愿但无能力全额履行保证责任。2）保证人按约定偿还除减免外的剩余债权本金及利息。3）免除保证责任的债权仅限于表外利息债权。4）允许银行保留对主债务人就未清偿债权的追索权。

（2）债权银行协商确定的保证责任免除的操作要点。债权银行协商确定的保证责任免除是指由保证人担保的债权所涉及的各债权银行协商，在保证人按与债权银行协商确定的比例偿还所担保的部分债权的情况下，银行免除保证人对剩余债权的保证责任。该类保证责任免除要符合下列条件：1）保证人有还款意愿但无能力全额履行保证责任。2）保证责任免除事项与所涉及的债权银行协商一致，或符合债权人会议确定的议事规则。3）保证人按协商比例偿还所担保的债权，且在同等担保条件下，偿还免除保证责任银行的比例不低于其他债权银行，或不低于按照债权人会议议事规则确定的比例。4）允许银行保留对主债务人就未清偿债权的追索权。

（3）瑕疵保证责任免除的操作要点。瑕疵保证责任免除是指因银行与保证人签订的保证合同存在瑕疵，可能导致保证人部分或全部免责的，为保全债权，在保证人部分偿还所担保的债权的条件下，银行免除保证人对剩余债权的保证责任。该类保证责任免除的前提是保证人符合下列条件：1）保证合同存在瑕疵，可能导致保证人部分或全部免责。2）保证人偿还部分所担保的债权，且偿还金额高于预计银行从瑕疵保证中依法可受偿的金额。3）同意银行保留继续对主债务人就未清偿债权的追索权。

（4）国家法律、法规或政策规定的保证责任免除。国家法律法规、行政规章、规范性文件对保证责任免除有规定的，按照规定执行。

（5）减免条件下保证责任免除的适用条件、免除额度、尽职催收与协商谈判等程序，比照债权减免执行。

（八）抵质押解除

1. 抵质押解除的概念

抵质押解除是指在抵质押物所担保的不良债权全部清偿完毕前，银行与抵质押人协商，解除抵质押物对债权担保责任的不良授信资产重组方式。抵质押解除分为抵质押全部解除和抵质押部分解除两类。

2. 抵质押全部解除的操作

抵质押全部解除是指在抵质押物所担保的不良授信资产全部清偿完毕前，银行解除该不良债权对应的全部抵质押物对其担保责任。在解除时资产保全部门要判断是否符合下列条件：

（1）抵质押人偿还部分债权作为抵质押物全部解除的对价。

（2）抵质押人偿还金额不低于经银行确认的抵质押物预计变现价值。

（3）抵质押物难于处置或预计处置变现价值低于抵质押人偿还债权的金额。

3. 抵质押部分解除的操作

抵质押部分解除是指在抵质押物所担保的不良授信资产全部清偿完毕前，银行解除该不良债权对应的部分抵质押物对其担保责任。在解除时资产保全部门要判断是否符合下列条件：

（1）抵质押人偿还部分债权作为抵质押物部分解除的对价。

（2）抵质押物部分解除对剩余抵质押物的处置不会造成不利影响。

（3）解除抵质押物部分的预计变现价值与解除前整个抵质押物的预计变现价值的比例不高于还款金额与还款前原抵质押物所担保的贷款本息金额的比例。

（4）抵质押物部分解除后，剩余债权的抵质押率不高于解除前的抵质押率。

（九）新增信贷投入

1. 新增信贷投入的概念

新增信贷投入是指对借款人发展前景好、有市场、有效益、有订单的产品或项目，通过增加新的信贷投入支持借款人进一步发展，使借款人的生产经营或项目建设转为正常，提升借款人的经济效益和扩大现金流量，提高借款人的还本付息能力，达到最终盘活或回收不良授信资产、保全授信资产目的的一种不良授信资产重组方式。

2. 新增信贷投入的操作要点

公司类不良贷款项目原则上不再增加新的信贷投入，确因不良贷款盘活或资产保全需要增加新的信贷投入的，应判断是否符合下列条件：

（1）借款人有发展前景好、有市场、有效益、有订单的产品或项目。其中的建设项目符合国家产业政策、环保政策及银行信贷政策。

（2）借款人具备持续经营条件、发展前景好。

（3）通过增加新的信贷投入能够最终盘活或回收原有不良贷款。

（4）对新增信贷资金能够实现封闭运行或银行能够采取有效措施监控资金流向。

（5）落实相关担保措施。

（6）新增信贷投入后借款人占用的授信额度应控制在对客户的基本授信额度内。

二、不良授信资产转让

（一）不良授信资产转让的概念

不良授信资产转让是指银行将合法拥有的不良授信资产按市场价格实行“卖断式”出让的处置方式。不良授信资产转让分为单户转让和批量转让。

（二）单户转让的操作要点

单户转让要同时符合以下四个条件：

（1）选择受让人时要坚持公开、公平、公正的原则；采取“卖断式”，不得有任何隐性或显性回购条款。

（2）受让方应具备从事授信业务资格，可以是政策性银行、商业银行、金融资产管理公司、信托投资公司、财务公司、金融租赁公司、汽车金融公司等。

（3）除国家政策允许折价外，严禁以低于本金的价格出让不良授信资产。

（4）政策法规或合同约定限制转让的贷款不得转让。

（三）批量转让的操作要点

1. 批量转让的概念

批量转让是指银行对一定规模或数量的不良授信资产进行组包，定向转让给资产管理公司的行为。

2. 允许批量转让的资产

批量转让的资产包括银行在经营过程中形成的不良授信资产和非授信资产，如按规定程序和标准认定的次级、可疑、损失类的授信资产，已核销的账销案存资产，抵债资产等。

3. 不得进行批量转让的资产

（1）债务人或担保人为国家机关的资产。

（2）经国务院批准列入全国企业政策性关闭破产计划的资产。

（3）国防军工等涉及国家安全和敏感信息的资产。

（4）个人贷款。

（5）在借款合同、担保合同或其他相关协议中有限制转让条款的资产。

（6）国家法律法规限制转让的资产。

（7）上一年度及本年度与银行首次发生授信关系形成的资产。

（8）转让后对转让行可能发生不利影响的资产。

4. 批量转让的原则

要坚持依法合规、公开透明、竞争择优、价值最大化原则。

三、呆账核销

（一）呆账贷款

1. 呆账贷款的概念

银行通过催收、重组、诉讼、执行追索后，仍然不能收回的贷款本息额，形成损失，称为呆账贷款。

2. 呆账贷款的认定

具备下列情况之一的贷款认定为呆账贷款：

（1）借款人和担保人被依法宣告破产，进行清偿后，未能还清的贷款。

（2）借款人死亡或者宣告失踪或死亡，以其财产或遗产清偿后，未能还清的贷款。

（3）借款人遭到重大自然灾害或意外事故，损失巨大且不能获得补偿，确实无力偿还的部分或全部贷款，或者以保险清偿后，未能还清的贷款。

（4）贷款人依法处置贷款抵押物、质押物所得价款不足补偿抵押、质押贷款的部分。

（5）贷款本金逾期 2 年，贷款人向法院申请诉讼，经法院裁判后仍不能收回的贷款。

（6）对不符合前款规定的条件，但经有关部门认定，借款人或担保人事实上已经破产、被撤销、解散在 3 年以上，进行清偿后，仍未能还清的贷款。

（7）借款人触犯刑律，依法受到制裁，处分的财产不足归还所欠贷款，又无另外债务承担者，确认无法收回的贷款。

（8）其他上级有权部门认定的呆账贷款。

3. 呆账贷款认定管理的要点

（1）检查呆账贷款划转是否及时，账、档案资料、系统登记是否相符。

（2）认定是否准确，有无将不属于呆账贷款的划为呆账贷款。

（3）是否查清了形成呆账贷款的原因，是否分清责任、吸取了教训。

（二）呆账核销的概念

呆账核销是指国有银行对符合财政部规定和呆账认定条件的债权和股权资产，按照规定的程序，对符合财政部呆账认定条件的损失资产，通过使用呆账准备金将损失资产转为表外资产的行为。其他类型银行可以参照国有银行做法，经出资人及相关部门批准办理呆账核销。

以下债权和股权不能作为呆账核销：

（1）借款人或担保人有经济偿还能力，未履行所有可能采取的措施或实施必要的程序进行追偿的债权。

（2）违反法律、法规的规定，以各种形式逃废或者悬空的债权。

（3）因行政干预造成逃废或者悬空的债权。

（4）未向借款人和担保人追偿的债权。

（5）其他不应当核销的债权或者股权。

（三）呆账核销的操作流程

1. 提出呆账核销的申请报告

授信银行对符合呆账核销条件的贷款，由其资产保全部门以书面形式向上级银行（分行）提出呆账核销申请报告。报告内容包括：呆账贷款形成的原因和经过；贷款保全化解收回过程；对借款人和担保人的追索过程；经营责任人的职责履行；形成的损失；应吸取的教训；事件处理意见。并附全部佐证材料。

2. 审查和上报

上级银行（分行）收到呆账核销申请报告后，由资产保全、稽核、计财等业务职能部门对各自分管的业务部分进行审查，提出意见。资产保全部门综合各职能部门的审查意见，做出决定并向总行提出申报。

3. 总行审核

总行对各分行上报的呆账核销材料进行审核。审核通过后，报送财政部。

4. 核销处理

经总行审核允许核销的呆账贷款，由核销行资产保全部门下单通知计财部门，核销呆账贷款。

5. 账销案存

银行建立呆账贷款核销后的资产保全和追收制度，对已核销呆账的清收处置提供制度保障，最大限度减少损失，维护资产安全。除法律法规规定债权与债务或投资与被投资关系已完全终结的情况外，银行对已核销的呆账继续保留追偿的权利，并对已核销的呆账贷款、表外应收利息以及核销后应计利息等继续催收。

国有银行呆账核销的流程见图 7-2。

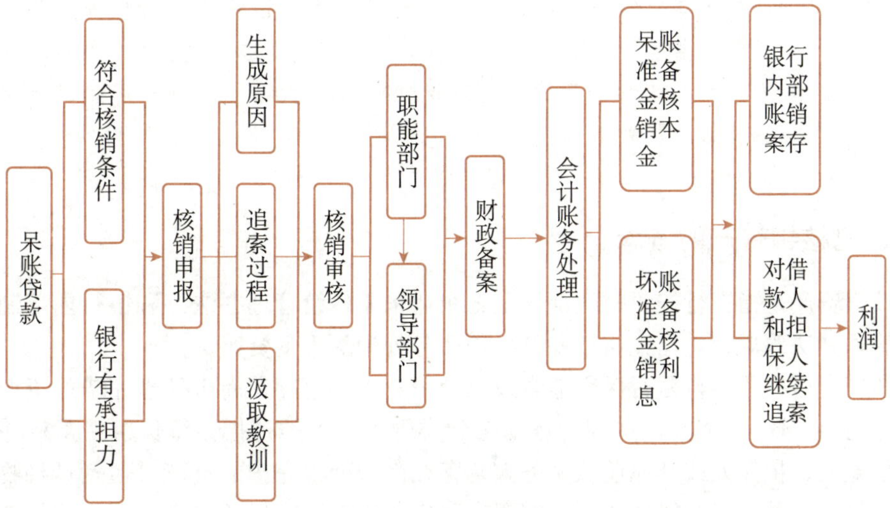

图 7-2　呆账核销的流程

（四）呆账核销的管理要点

1. 按户核销

除《金融企业呆账核销管理办法》规定可以按笔核销的中小企业和涉农不良贷款外，呆账核销在各一级分行辖内应按户申报，同一客户的各类合同应一次申报，不得分笔分次申报。同一客户的呆账资产如涉及多个经办行的，由上一级行负责合并材料后申报核销。如因特殊原因不能按户申报的，上报总行核准。

2. 申报材料真实、完整、合规

呆账核销的申报行对核销申报材料的真实性、完整性、合规性负责，上级审批行对核销材料应认真审核把关，对材料不齐全、不合规的应要求申报行及时补充完善。

3. 应核尽核

对应当核销的呆账，由于经办人、部门负责人和单位负责人的原因而不申报核销、隐瞒不报、长期挂账的，一经发现要按银行制度规定追究相关责任人责任。

4. 账销案存

对已经核销的债权或股权等资产，银行仍享有法定权益，只是在账务处理上将损失资产转为表外资产，申报行仍要做好已核销资产的管理和处置工作。

5. 对外保密

呆账核销只在内部运作，应做好呆账核销保密工作，有关情况不得对借款人和担保人披露。

任务三　已核销资产的管理

【任务分析】知识学习方面，教师引领学生模拟资产保全客户经理，掌握已核销资产的概念、与不良资产之间的关系；技能提升方面，教师引领学生按照资产保全客户经理角色，按管理规程对已核销资产进行核查、分类的基础工作，监控、处置的初级工作，使学生获取对已核销资产的初级管理能力。对已核销资产管理是政策性非常强的工作，教师需注重引导学生养成良好的职业道德。

一、已核销资产的概念

已核销资产是指银行按照财政部《金融企业呆账核销管理办法》和银行内部制定的呆账核销管理办法等规定，已经核销并且已做账务处理的不良资产。

已核销资产按照银行是否保留追索权以及债务人是否存在尚未处理完毕的资产或财产线索划分为A、B、C三类，并且实行动态分类管理。A类是指银行保留追索权并且债务人（含借款人、担保人或其他还款义务人）存在尚未处置完毕的资产（包括抵押物、质押物及查封物）或其他财产线索的已核销资产；B类是指银行保留追索权但目前暂未发现债务人有效财产线索的已核销资产；C类是指债权债务关系已经完全终结，银行不再保留追索权的已核销资产。银行针对已核销资产，建立呆账核销台账并进行表外登记，单独设立账户核算和管理，同时按档案管理的有关规定加强呆账核销的档案管理。

二、已核销资产的特征

（一）已核销资产为表外资产

按照审慎原则，已核销资产在核销前就已经全部列入损失。核销时，银行动用风险资产拨备对该项资产进行全额抵补，通过内部账务处理，将其从资产负债表内转移到表外。

（二）部分已核销资产可销案

按照银行管理制度规定，属于C类已核销资产的，可以按规定程序进行表外销案。

（三）“账销案存”

根据外部监管部门要求和银行内部管理制度规定，已核销资产仍为银行资产，除C类资产外，都应“账销案存”，银行对这类债权仍有追索权。

（四）回收可回拨等额拨备

已核销资产全额支用拨备，一旦回收即可回拨等额拨备。

三、已核销资产的管理流程

已核销资产的管理主要包括核查、分类、监控、处置等环节。

（一）已核销资产核查

已核销资产核查分为首次核查和后续核查。首次核查的目的是核实资产情况，后续核查主要目的是查找财产线索。

1. 首次核查

资产保全客户经理在已核销资产由表内转入表外后的5个工作日内，完成首次核查。核查方法主要有：

（1）通过管理系统查询。登录管理系统进入已核销模块，查询该项资产的档案、资产、账户、担保、追索以及核销处置等方面的信息。

（2）查阅档案资料。根据移交清单，逐项核对该项资产的档案资料。重点查阅“核销调查报告”、诉讼执行档案、资产权属证明、账户等档案资料。

（3）前任资产保全客户经理访谈记录。重点关注债务人基本情况；目前可供追索的资产及财产线索；与债务人的实际控制人、主要负责人、财务部门负责人的日常沟通情况；对该项资产后续管理及处置的建议等。

（4）现场核查。与前任资产保全客户经理共同前往债务人所在地，现场核查债务人的经营及财产状况。

2. 后续核查

对于A、B类已核销资产，资产保全客户经理每年至少应开展一次财产线索查找，并填写“财产线索登记表”。核查方法主要包括：

（1）内部查询。通过管理系统和档案资料查询该客户贷款信息，重点查看追索记录、法院判决书、执行书等法律性文件。

（2）外部查询。根据核销材料和项目实际情况，进行外部系统信息查询，核实相关信息。具体查询渠道有：1）工商企业信息查询系统和平台。可以利用政府建立的企业信用信息公示系统查询企业工商登记信息，对于系统未显示的企业信息，还可到市场监管局服务窗口进行查询。2）司法系统被执行人信息网。通过全国法院被执行人信息网查阅借款人、保证人及其他债务人涉及的其他案件情况。3）外部监管信息系统。通过人民银行企业信用信息基础数据库、人民银行个人信用信息基础数据库查询企业和个人的信贷信息、基本身份信息、信用信息、居住信息等。4）其他公开渠道。通过报刊、网络等公开途径了解企业及其实际控制人、主要负责人的重大变化等情况。

（3）现场核查。现场核查的事项和方法主要有：1）债务人及保证人核查。对公司类债务人及担保企业，应到其主要办公、生产或经营场所实地检查，核实企业生产经营情况及资产状况。对担保企业应了解其还款意愿、还款来源等。对个人类债务人及保证人应尽可能面谈，当面了解其从业情况、财产情况，对其还款来源做出分析判断。2）抵质押物核查。实地查看抵质押物状况，核对抵质押物数量，核查抵质押物权属情况。3）查封资产核查。了解查封资产处置情况，核实处置资金分配情况，了解未处置查封资产的查封有效期。4）其他财产核查。对实地走访过程中发现的股权、存款、房产等资产线索进行查证核实。

（二）已核销资产分类

根据已核销资产核查情况，确定已核销资产类别。

1. 资产初分

资产保全客户经理在首次核查后5个工作日内完成已核销资产的初分工作。初分流程为：

（1）资产甄别。查阅“核销调查报告”，根据已核销资产核查情况，进行资产甄别，分析汇总财产线索。

（2）填写底稿。根据已核销资产分类标准，对已核销资产进行初分，填写“已核销债权资产分类工作底稿”。

（3）审核确认。将“已核销债权资产分类工作底稿”提请资产保全主管审核确认。

（4）系统登记。将资产保全主管确认后的“已核销债权资产分类工作底稿”扫描录入管理系统，同时将原件归档。在系统相应模块中记录已核销资产初分结果信息。

2. 分类结果调整

（1）发生如下情况时，应对分类结果进行调整：1）A类资产财产线索灭失。2）B类资产发现财产线索。3）C类资产追索权发生变化。

（2）对分类结果调整的流程：1）提出建议。资产保全客户经理根据财产线索变化情况对需要调整分类的已核销资产提出分类调整建议。2）填写“已核销债权资产分类工作底稿”。3）资产保全主管对“已核销债权资产分类工作底稿”审核确认。4）资产保全客户经理录入管理系统，工作底稿原件归档。

（三）已核销资产监控

已核销资产监控包括对债务人监控、抵质押物监控、其他资产监控、存款账户监控和诉讼时效维护及档案资料管理。

1. 债务人监控

对债务人监控主要是对债务人及其住所、经营与财产、债权债务纠纷以及重大诉讼等方面的情况变化搜集整理相应信息。

(1) 债务人及其住所监控。主要监控企业实际控制人、作为担保人的自然人的行踪、住所、联系方式以及债务企业经营场所的变化情况。

(2) 经营及财产监控。主要监控借款人、担保人、其他还款义务人的企业经营、对外投资以及主要财产等方面的变化。

(3) 诉讼及纠纷监控。主要监控借款人、担保人、其他还款义务人的债权债务纠纷以及涉讼涉案情况。

2. 抵质押物监控

抵质押物监控的方法主要是权证核对、现状调查以及价值重估。

(1) 权证核对。资产保全客户经理每年至少进行一次抵质押物的权证核对，确保权证账账、账证及账实相符。

(2) 现状调查。现场调查抵质押物现状，了解抵质押物权属、价值、占用、租用、查封等方面的变化情况，识别、评估押品风险，进行风险提示和控制，对于未经银行同意，抵押人私自占用、租用、处分的行为，以及抵押物毁损、灭失等情况，应作为押品监控的重大风险事项进行报告和处置。

(3) 价值重估。按照押品管理办法，需要重新评估的要重新评估。评估主要由内部评估人员完成，必要时可以提请委托外部评估机构评估，资产保全客户经理协助评估。

3. 其他资产监控

其他资产监控是对查封资产以及债务人其他可追索资产的监控。

(1) 查封资产监控。调阅查封资产档案，现场查看资产状况，与查封资产相关利益方协商资产处置方案。

(2) 其他可追索资产监控。对于新发现的企业财产线索，权属确认后，可以先行查封、冻结、扣划。

4. 存款账户监控

主要监控债务人在本行的存款账户，如有余额及时进行甄别及扣划；对于债务人在其他银行的账户，如果具备查询条件，也应及时进行查询、甄别及扣划。

(1) 账户查询。通过内外信息系统查到债务人存款账户，监控账户余额及资金往来情况。

(2) 账户甄别。甄别存款账户应坚持审慎原则，确保扣收准确，避免因扣收给银行带来不利影响。无法确定存款账户是否可以直接扣收时，应报请同级或上级法规部门会商。

(3) 存款扣收。当账户甄别结果可以扣收时，资产保全客户经理填制“不良贷款客户存款资金扣收通知”，经主管审核后，加盖资产保全部门公章，将该通知送达债务人存款账户开户行。开户行接到通知后，由会计人员将该存款账户资金扣划至指定账户。

(4) 履行通知义务。为保证债务人的知情权，资产保全客户经理应在资金扣划的下一个工作日向被扣款人发送“扣款通知书”，或以法律认可的其他方式履行相应的通知义务，以避免出现相应的法律风险。

5. 诉讼时效维护

(1) 定期发送催收通知书。对于能够取得回执的债务人，定期发送“逾期贷款（垫款）催收通知书”并取得回执。

（2）中介送达催收通知书。对于不能取得回执的债务人，资产保全客户经理可以采取公证送达、邮寄等中介送达的方式，定期发送“逾期贷款（垫款）催收通知书”。

6. 档案材料管理

（1）收集整理。已核销资产核销后的档案资料由负责该项资产管理的资产保全客户经理负责收集，并按授信档案管理的规定进行管理。

（2）立卷归档。资产保全客户经理按户立卷，根据整理完毕的档案顺序，填写“已核销债权资产档案管理清单”，并经资产保全主管审核后移交给部门档案管理人员。

（四）已核销资产处置

已核销资产的处置方式有自行盘活、委外催收和表外销案三种。处置流程与不良资产处置流程类似。

1. 自行盘活

针对有财产线索的 A 类资产以及部分有回收价值的 B 类资产，银行相关部门按照不良资产的管理制度，依靠内部力量自行组织盘活回收。处置方式包括：常规催收、法律追索、债权减免、以物抵债、再融资、调整借款期限、变更借款人、变更担保方式、保证责任免除、抵质押解除、抵质押物处置、新增信贷投入、债权转让、破产重整等。

2. 委外催收

针对暂无财产线索的 B 类资产以及少数回收难度较大的 A 类资产，分行按照规定程序，采用风险代理的方式，委托外部合法机构，通过诉讼、仲裁、执行等司法程序以外的其他合法方式收回债权资产，可以向受托机构支付报酬。

3. 表外销案

对于债权债务关系完全终结、不再保留追索权的已核销资产，为减少无效资产占用，按照制度规定，经有权机构审核确认后，可作表外销案处理，即注销登记已核销资产台账、销记表外会计科目余额，档案移交档案管理部门。

模块小结

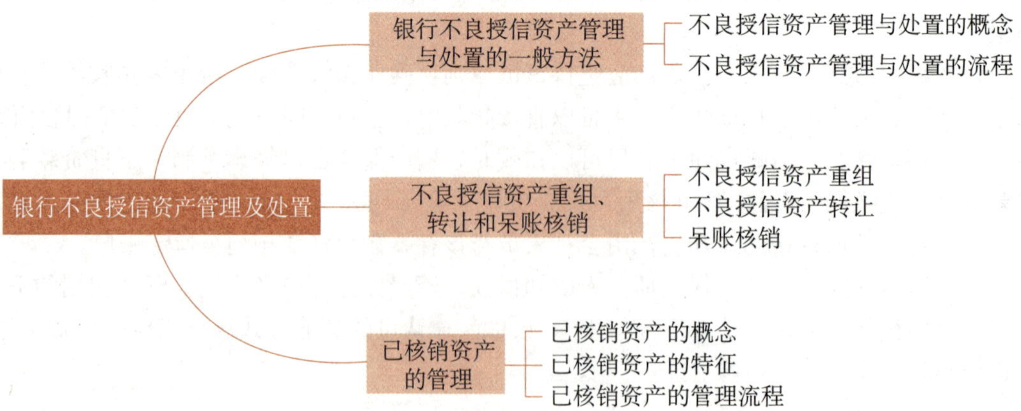

模块测评

一、单项选择题

1. 不良授信资产的处置方式不包括（　　）。

A. 现金清收　　B. 长期持有　　C. 重组　　D. 核销

2. 不良授信资产接收是不良授信资产处置的起点，资产接收环节不包括（　　）。

A. 资产保全管理系统接收　　B. 档案接收

C. 现场核查　　D. 通知客户的实际控制人

3. 因债务人（包括借款人和保证人）不能以货币资产足额偿付贷款本息时，银行根据有关法律、法规或债务人签订协议，取得债务人各种有效资产的处置权，以抵偿贷款本息的方式称为（　　）。

A. 核销　　B. 以资抵贷　　C. 重组　　D. 清收

4. 对于不良授信资产，银行在充分评估不良授信资产风险的基础上，通过与借款人、担保人或承诺还款的第三人达成协议或依据法院的裁决，对构成贷款各要素的一个或多个进行调整，以达到减少不良授信资产损失目的的资产保全方式，称为（　　）。

A. 法律追索　　B. 依法催收　　C. 以资抵贷　　D. 贷款重组

5. 对债权转让描述不正确的是（　　）。

A. 债权银行按市场价格出售，买受人保留对出售银行的追索权

B. 按照制度规定可以批量转让也可以单户转让

C. 债务人或担保人为国家机关的资产或者是个人贷款的都不得批量转让

D. 除国家政策允许折价外，严禁以低于本金的价格出售

二、多项选择题

1. 资产保全部门对抵质押品的管理包括（　　）。

A. 抵质押物价值重估　　B. 抵质押品权证管理

C. 现场检查管理　　D. 押品登记注销管理

2. 按照授信风险分类，问题授信包括（　　）。

A. 关注类授信　　B. 次级类授信

C. 呆滞和呆账贷款授信　　D. 可疑类和损失类授信

3. 银行收回不良授信资产经常采用法律手段进行追索，以下描述中属于法律追索的是（　　）。

A. 依照法律进行诉讼和仲裁　　B. 依照法律申请支付令

C. 依照法律申请实现担保物权　　D. 依照法律申请债务人破产还债

4. 银行常规催收贷款是发生在与债务人未达成处置方案和未采取司法手段前，通常使用的方法是（　　）。

A. 电话催收　　B. 信函催收　　C. 上门催收　　D. 网络催收

5. 关于呆账核销，下列选项中表述正确的是（　　）。

A. 呆账核销必须经过银行总行审核

B. 不良贷款经过催收、重组、诉讼、执行、追索仍未收回的贷款本息部分称为呆账

贷款

C. 呆账核销是账销案存，银行对已核销呆账继续保留追索权

D. 呆账核销在各一级分行辖内应按户申报、按户核销，属于同一客户的各类合同应一次申报

三、判断题

1. 不良授信资产是指银行授信风险五级分类方法中的后三类资产。（　　）

2. 监控不良授信客户重大风险事件并报告是资产保全部门日常检查工作的重要事项之一。（　　）

3. 不良授信资产重组的手段包括更换新的借款人或担保人、贷款减免、债权转让、处置抵质押。（　　）

4. 贷款债权减免客户的信用评级要在A级以上。（　　）

5. 呆账核销是银行内部的账务处理，并不视为银行放弃债权。（　　）

四、实战演练

背景资料：

2016年5月20日，广天电石公司为其全资附属子公司金都饭店向中国建设银行××支行借款2 400万元人民币提供担保。2017年5月20日，贷款到期。金都饭店因经营不善，未能按期归还该笔贷款，广天电石公司为此承担连带保证责任，但其也因经营不景气，无力为金都饭店承担全部的还贷责任。2017年6月以后，中国建设银行××支行采取了多种手段进行收贷，仍未能收回金都饭店所欠贷款本息。截至2019年12月31日，金都饭店仍欠本金1 300万元人民币、利息400万元人民币。

2020年7月15日，中国建设银行××分行资产保全部门决定采取更有效的处置措施，以减少损失。

结合案例，分析中国建设银行××分行能够采取哪些方法处置这笔不良授信资产，并简要说明所采取处置方法的工作要点。

五、业务操作

利用智盛云平台上授信业务及风险管理模拟系统，完成授信资产业务操作。

模块八

银行非贷款授信业务

学习目标

● 知识目标

1. 了解银行非贷款授信业务的品种；
2. 掌握银行担保业务的使用规则和操作流程；
3. 掌握银行承兑汇票业务和贴现业务的操作流程；
4. 了解银行非贷款授信业务风险规避的方法。

● 技能目标

1. 能识别银行担保授信适用的不同情形；
2. 会按流程处理银行担保业务；
3. 会按流程处理银行承兑汇票业务和银行承兑汇票贴现业务；
4. 具备规避银行非贷款授信风险的能力。

案例导入

A 银行于 2019 年 5 月为 C 公司 3 000 万美元借款出具保函，受益人为 B 银行，期限为 9 个月，贷款利率为 6.8%。C 公司由于投资房地产失败，导致公司负债累累，未能依约归还 B 银行贷款。2020 年 2 月，B 银行向当地人民法院起诉 C 公司和 A 银行，要求归还贷款本金及利息。当地人民法院调解如下：(1) C 公司在 2020 年 3 月 31 日之前将收回的债权 3 000 万美元用于偿还 B 银行，余款在 2020 年 9 月 30 日之前还清；(2) 如 C 公司不能履行调解书规定的责任，由 A 银行承担代偿责任。及至 2020 年 9 月 30 日，C 公司只归还了1 500 万美元，仍欠本金 1 500 万美元及相应利息未归还。鉴于此，当地人民法院执行庭多次上门要求 A 银行履行担保责任，否则将采取强制措施。为维护银行声誉，经上级行批准，A 银行向 B 银行支付了 C 公司所欠本金 1 500 万美元及应付利息。

思考：该案例中 A、B 银行分别做了什么类型的授信？

任务一 银行担保授信业务

【任务分析】知识学习方面，教师指导学生了解和掌握银行担保授信业务的基本概念和种类；技能提升方面，教师设定一个情景，指导学生模拟授信客户经理，按照银行担保授信业务的规则和操作流程处理担保业务。教师结合教学内容，注意引导学生养成良好的职业道德。

一、银行担保授信的概念

银行担保授信是指银行作为担保人，应被担保人的申请，以保函或备用信用证等书面形式向受益人承诺，当被担保人未按其与受益人签订的合同约定偿还债务或履行义务时，由银行代其履行偿付责任的法律行为。银行担保授信是以银行开立保函或开立备用信用证为表现形式的。担保授信当事人至少有担保人、担保申请人和受益人。

二、银行担保授信的分类

（一）按基础交易合同性质分类

按基础交易合同性质划分，可分为融资类担保和非融资类担保，这是银行担保授信业务的最基本分类。

1. 融资类担保

融资类担保是指银行为被担保人在融资性交易项下的责任或义务提供的担保。包括：

（1）借款担保，是指银行应借款人的申请，以资金出借人作为保函受益人所提供的担保。即保证借款人按照借款合同的要求向资金出借人支付本息，如借款人不履行义务，银行将按照银行保函约定承担赔付责任。

（2）发行有价证券担保，是指银行以人民币资金向境内债权人承诺，当有价证券发行人未按约定履行偿付义务时，由开立保函的银行履行偿付义务。有价证券包括企业普通债券、可转换债券及其他形式的有价证券，不包括股票。

（3）透支担保，是指银行接受在国外承包工程的施工企业的申请，向该工程所在地的银行保证，如该企业在银行开立透支账户后，在规定的期限内未能归还所透支款项，担保银行将根据被透支银行的索赔，按照保函约定承担还款责任。

（4）补偿贸易担保，是指银行应设备或技术引进项目贸易合同中引进方的申请，以设备或技术引进项目的供给方作为受益人提供的担保。即银行担保在引进方收到与贸易合同相符的设备或技术后，未按照合同规定将所生产产品交付供给方或其指定的第三方，又不能以现汇偿付设备或技术价款及其附加利息时，则由银行按照贸易合同金额加利息及相关费用赔付给供给方。

（5）来料加工担保，是指银行应来料加工贸易中引进方的申请，为加工装配所需原辅材料、零部件或元器件的引进以供应方作为受益人所做的担保。即银行担保在引进方收到与来料加工合同相符的加工装配所需原辅材料、零部件或元器件后，未按照合同规定将产品交付给供应方或其指定的第三方，又不能以现汇偿付加工装配所需原辅材料、零部件或元器件及其附加利息时，则由银行按照来料加工合同金额加利息及相关费用赔付给供应方。

(6) 租赁担保，是指银行应租赁合同的承租人申请，向出租人提供担保，保证承租人在租赁合同项下向出租人支付租金。如承租人违约，则银行将根据出租人的索赔书，按照银行保函的约定承担赔偿和付款责任。

(7) 票据保付担保，是指银行应贸易合同的买方或工程项目业主方（发包方）的申请，以卖方或承包方为保函收益人开立保函，保证买方或业主方对开出的以卖方或承包方为收款人的票据履行付款义务。

(8) 提货担保，是指银行应进口商的申请，向船公司出具用于提货的书面担保，提货人向船公司承诺日后补交正本提单换回相关担保书，如违反承诺，银行保证赔偿船公司遭受的一切损失。提货担保用于跟单委托书和信用证结算方式下，由于进口商未付货款，无正本提单而不能办理提货手续时。提货担保具有融资担保性质，但是如果是用于因为货物先于提单或其他物权凭证到达目的港，凭借银行提货担保办理提货手续的，具有履约担保性质。

2. 非融资类担保

非融资担保是指银行为被担保人在非融资性交易项下的责任或义务提供的担保。主要包括：

(1) 投标担保，是指银行应投标方的申请，为投标方向招标方提供担保，保证投标方履行标书中所规定的义务，并约定在一定期限内如果投标方不履行义务，则由担保银行承担一定金额的支付责任或经济赔偿责任的书面保证承诺。

(2) 履约担保，是指银行应交易合同的卖方或工程承包合同承包方的要求，向交易合同的买方或工程项下的发包方担保，保证卖方或承包方履行基础交易合同所规定的义务，并约定在一定期限内如卖方或承包方不履行义务，则由银行承担一定金额的支付责任或经济赔偿责任的书面保证承诺。

(3) 预付款担保，是指银行应交易合同的卖方或承包合同的承包方的要求，向合约关系的另一方担保，保证卖方或承包方按照约定使用预付款，否则由担保银行向买方或发包方退还预付款项及相应利息的书面保证承诺。

(4) 质量维修担保，是指银行应交易合同的卖方或承包工程项下的承包方的要求，向交易合同的买方或承包工程项下的业主担保，保证卖方或承包方对在交货后或工程交付后出现的质量问题按照基础交易合同的规定承担退换、维修义务或赔偿损失。

(5) 预留担保，也称留置金担保，是指银行应买卖合同卖方或承包工程项下承包方的申请，向买卖合同的买方或承包工程项下的业主担保，保证卖方提供的货物或承包方承包的工程符合合同规定的质量标准，否则将买方或业主预支的留置金退还。

(6) 海关免税担保，是指银行应到境外承包工程或举办展览的申请人要求，向入境国的海关出具的担保，保证申请人在施工完毕或展览结束后将全部撤离施工机械或展品，否则按照担保函的规定向海关支付相应数额的关税。

(7) 保释金担保，是指银行应船东或运输公司的要求，在因船东或运输公司的责任造成货物短缺、残损而使货主遭受损失，或因碰撞等其他事故造成货主或他人损失，在确定赔偿责任前该运输船只被当地法院或港务当局扣留，需缴纳保释金方予放行时向扣船国法院或港务当局出具的担保，保证船东或运输公司将按照双方达成的协议，或法庭的判决，或仲裁的裁决赔偿损失。

（8）付款担保，是指银行为贸易合同的买方或业主方向卖方或承包方提供担保，保证买方或业主方按照基础交易合同履行付款义务，如买方或业主方未履行义务，则由银行承担付款责任的书面承诺。

（9）一年以内延期付款担保，是指银行应贸易合同的买方或工程承包合同业主方的申请，向卖方或承包方提供担保，保证买方或业主方按照基础交易合同履行一年以内（含一年）延期付款责任。

（10）一年以上延期付款担保，是指银行应贸易合同的买方或工程承包合同业主方的申请，向卖方或承包方提供担保，保证买方或业主方在一年以上的时间内，从约定的时间开始，把基础交易合同金额分成若干等份，分次支付一定合同金额加利息，直至完全付清。

（11）费用保付担保，是指银行应贸易合同的买方或工程项目业主方的申请，向卖方或承包方提供担保，保证对于因基础交易所发生的费用买方或业主方将履行付款义务。

（二）按受益人属地分类

按受益人属地划分，可分为对内担保和对外担保。

1. 对内担保

对内担保，是指银行接受中国境内法人或其他组织的申请，向中国境内机构受益人提供的担保。

2. 对外担保

对外担保，是指外汇银行应中国境内机构申请，为其境外注册的全资附属企业或参股企业在当地融资或非融资活动提供的担保。对外担保的受益人为中国境外机构，办理境外担保业务的银行是外汇银行。

（三）按币种分类

按币种划分，可分为人民币担保和外汇担保。

1. 人民币担保

人民币担保，是指银行以人民币资金向债权人承诺，当债务人未按合同规定偿付债务时，由担保人用人民币履行偿付义务的保证。

2. 外汇担保

外汇担保，是指外汇银行以外汇资金向境外债权人或境内的外资银行、中外合资银行，或外资、中外合资非银行金融机构承诺，当担保申请人未按合同规定偿付外汇债务时，由担保人用外币履行偿付义务的保证。

三、银行担保授信业务操作

（一）开展担保授信业务的银行市场准入条件

（1）银行的县级支行（含）及以上分支机构可作为人民币担保业务经办行，根据上级行的授权具体办理人民币担保业务。经中国银行监督管理机构、国家外汇管理局和总行批准经营外汇担保业务的分支机构可办理外汇担保业务。

（2）银行总行每年根据各一级（直属）分行的经营管理水平、风险控制能力、市场需求情况等核定其担保业务审批权限，以法人授权书的形式下发。各一级（直属）分行可根据总行确定的转授权原则和范围，核定辖内分支机构的担保业务审批权限。

（3）对能够提供符合总行规定的全额低风险反担保的担保业务，经办行可不受单笔审批权限的限制。

（4）对全额提供低风险反担保、保证期间在 5 年（含）以内的对外保函，可由一级（直属）分行直接审批，不受单笔审批权限的限制。

（5）担保业务纳入统一授信管理。办理担保业务时，最高综合授信额度不足的，对提供保证金的部分，可直接追加相应的最高综合授信额度，担保到期后相应调减。

（6）由总行审批的客户授信额度项下的担保业务，经办行可不受一级（直属）分行单笔审批权限制；由一级（直属）分行审批的客户授信额度项下的担保业务，经办行可不受二级分行单笔审批权的限制。

（7）总行对担保业务实行总量控制，分别核定各一级（直属）分行担保业务总量，一级（直属）分行可根据需要相应地核定辖内授权分支机构的担保业务总量。各分支机构应在上级行核定的担保总量内办理担保业务，未经批准不得突破。

（二）客户申请银行担保时应具备的条件和提交的资料

1. 客户申请银行担保时应具备的条件

（1）向银行申请办理担保业务的客户应当是依法成立的企事业法人及其他经济组织。

（2）除了要具备一般流动资金贷款所要求的条件外，还要求必须具有真实、合法的交易背景，主合同条款完备，责任明确。

2. 客户申请办理担保业务应提供的资料

（1）营业执照副本、法定代表人证明文件；

（2）担保涉及的有关合同、协议、标书及其他能够证明真实、合法交易背景的有关资料；

（3）担保涉及的事项按照规定须事先获得有关部门批准或核准的，须提供有关部门的批准或核准文件；

（4）申请人经会计师事务所审计的上两年度财务报表和当期财务报表（能够提供符合总行规定的全额低风险反担保的除外）；

（5）需提供反担保的，则需提供反担保人的相关资料；

（6）按规定需要被授权客户提交的有关授权文件；

（7）银行要求的其他资料。

（三）关于保证金和反担保的规定

1. 保证金账户管理

保证金实行专户管理，必须逐笔对应存入专户。严禁保证金专户与客户结算户串用。不得在银行履行担保责任前支取保证金。对符合信用贷款条件的客户，经一级（直属）分行批准，办理担保业务可免收保证金。

2. 银行担保的反担保

被担保人应落实担保金额扣除保证金后差额部分的反担保。反担保为保证担保的，保证期间的到期日须在银行担保责任到期日后6个月以上。对符合信用贷款条件的客户，经一级（直属）分行批准，办理担保业务可免收保证金，免于提供反担保。

3. 银行担保业务的保证金比例

办理担保业务，应按照被担保人的信用等级收取一定比例的保证金或按照流动资金贷款要求提供其他反担保措施。对于银行收取保证金的标准，融资类担保和非融资类担保业务有所不同。

（1）融资类担保业务的保证金比例：

1）AA级（含）以上客户可免收保证金；

2）AA一级客户收取10%（含）以上的保证金；

3）A+级、A级客户收取30%（含）以上的保证金；

4）A一级客户收取50%（含）以上的保证金；

5）BBB级（含）以下客户收取100%的保证金。

（2）非融资类担保业务的保证金比例：

1）AA+级（含）以上客户可免收保证金；

2）A+级客户收取10%（含）以上的保证金；

3）A级客户收取20%（含）以上的保证金；

4）A一级客户收取30%（含）以上的保证金；

5）BBB级客户收取50%（含）以上的保证金；

6）BB级（含）以下客户收取100%的保证金。

对能够提供符合总行规定的低风险反担保的，可不受上述保证金比例的限制。

（四）担保金额、期限和费率

1. 担保金额

担保金额根据主合同金额的合理比例确定，不得办理金额敞口的担保业务。

2. 担保期限

担保的有效期应根据主合同的履行期限确定，原则上不超过5年（含），不得办理期限敞口的担保业务。

3. 担保费率

人民币担保业务的年费率应根据担保业务的成本和风险确定，成本越高，风险越大，费率越高（见表8-1）。

表8-1 某银行担保业务收费标准

业务类型	年费率	收取方式
融资类担保业务	担保余额的1%～5%，最低1 000元	担保费原则上应按季收取，担保期限不足一季的按一季计收，超过一季10天的按两季计收
非融资类担保业务	担保余额的0.5%～3%，最低500元	
AA级（含）以上客户和提供全额低风险反担保的客户非融资类担保业务	担保余额的0.2%～3%，最低500元	

（五）银行担保业务办理流程

1. 调查及审查

（1）担保申请人基本情况的调查与审查。收到申请人提交的材料后，经办行或授信业务部客户经理应对申请人的基本情况进行调查，授信审批部门负责审查。

调查与审查内容包括：被担保人的主体资格是否合法；有关交易、项目的真实性及可行性；被担保人资信状况及履行合同义务的能力；按规定需要提供反担保的，反担保是否合法、有效、足值；对内担保文本的金融条款等。

办理对外担保业务时，除由授信审批部门进行上述审查外，还应由国际业务部门就对外担保文本的金融条款、担保是否符合有关外汇管理政策和国际惯例等内容进行审查，并提出审查意见。对能够提供符合总行规定的全额低风险反担保的对外担保业务，可直接由国际业务部门审查。

（2）法律事务部对担保文件的审查。未采用统一格式文本的担保业务，授信管理部门签署意见后，应由法律事务部门对有关文本，包括开立担保协议、反担保合同和担保文本的法律条款等内容进行审查，并签署法律审查意见。担保文本条款的审查要点包括：

1）金融条款审查要点：文本要素应当完备；金额、币种要明确、合理，即担保人所担保的债务不应超过主合同项下被担保人应承担的债务范围，并应写明具体担保金额，担保币种原则上应与主合同保持一致；担保期限必须明确，即担保期限不应超过主合同债务履行期满后的 6 个月，并注明担保到期后自动失效；付款条件必须明确、合理；担保文本原则上不可转让，若须转让，应事先征得担保人的书面同意，并规定受让对象及转让次数等。

2）法律条款审查要点：担保文本的合法性、有效性；担保范围、担保期限和担保责任必须明确、合理；对外担保应明确适用的法律和仲裁条款，应尽量争取适用中国法律或选择中国仲裁机构进行仲裁，经与受益人协商，也可接受适用国际认可度较高的第三国法律或选择第三国仲裁机构仲裁。

2. 审批

经授信审批部门审查同意后，由授信审批部门将申请人提交的材料及审查报告等报有权签批人审批。

对按规定需经信贷审查会议审议的，提交信贷审查会议审议。超过本级行审批权限的，由行长签字后报上级行审批。

3. 签订合同

经审批同意办理担保业务的，经办行或授信业务部门与申请人签订担保协议。

在申请人按约定提供反担保、存足保证金并交纳担保费后，经办行或授信业务部门根据担保业务审批书和会计结算部门已收妥保证金和担保费的书面证明，填具担保文本，送有权签字人签发。

对内担保业务可由经授权的分支机构出具担保文本；对外担保业务应由一级（直属）分行出具担保文本，或由经授权的二级分行以一级（直属）分行的名义出具担保文本。

做一做

2015年5月9日，A公司向B银行申请做提货担保，所担保货物价值3 000万元人民币，A公司用一张金额为3 500万元的定期存单为质押，受益人为C公司。B银行担保A公司收到正本提单后向船公司赎回保函，如A公司不用正本提单赎回保函给C公司，造成的损失由B银行进行赔偿；保函约定在C公司提交A公司不赎回保函并形成损失的证据后的3日内B银行做出赔偿。A公司与B银行约定的保函手续费为千分之三。担保书在提取货物栏记载信用证号码、货值、货名、装运日期、船名等。在保证单位栏记载："上述货物为敝公司进口货物。倘因敝公司未凭正本提单先行提货致使贵公司遭受任何损失，敝公司负责赔偿。敝公司收到上述提单后将立即交还贵公司换回此担保书。"在银行签署栏记载："兹证明上述承诺之履行。"落款为B银行，盖B银行国际部业务专用章。

请根据上述资料信息完成下列提货担保函的填写。

提货担保函

申请人（甲方）：

住所（地址）：

法定代表人（授权代理人）：

开立人（乙方）：

住所（地址）：

法定代表人（负责人）：

甲方因本协议第一条的需要，特向乙方申请出具人民币（外汇）保函（备用信用证）。乙方同意为甲方提供担保。为明确双方的权利、义务，根据《中华人民共和国民法典》及其他有关法律规定，甲、乙双方经平等协商一致，订立本协议。

第一条 担保用途

1.1 本协议项下的担保用途为：____________________________________。

第二条 主要担保条款

2.1 本协议项下的担保种类：____________________。

2.2 本协议项下的担保受益人（名称及详细地址）：____________________。

2.3 本协议项下的担保金额为（币种）________（大写）________元。

2.4 本协议项下的担保期限自________年____月____日起至________年____月____日止。

2.5 付款条件：____________________。

2.6 其他主要条款：____________________。

2.7 保函（备用信用证）样本见附件。

2.8 双方同意，如最终出具的保函（备用信用证）与本条所述之条款不一致，以保函（备用信用证）内容为准。

第三条 担保费

3.1 本协议项下担保费率为担保余额的________%。

3.2 甲方按下述第________种方式支付担保费：

(1) 甲方在乙方出具担保前一次性支付。

(2) 甲方按月（季）支付。第一期担保费甲方应于出具担保之前向乙方支付。担保出具后，甲方应于每月（每季末月）的20日（遇法定节假日顺延）将该期担保费存入乙方指定账户，逾期不付，按日计收万分之________的违约金。

第四条 保证金和反担保

4.1 在乙方向受益人出具上述担保前，甲方应在乙方指定的营业机构开立保证金账户，存入（币种）________（大写）________元的保证金，作为质押担保。

4.2 对担保金额与保证金的差额部分，甲方应提供令乙方满意的其他反担保。反担保合同另行签订。

第五条 甲方承诺

甲方向乙方作出如下承诺：

5.1 承担本协议项下有关费用的支出。

5.2 无条件偿还乙方在担保项下的款项支付，承担乙方因此而产生的全部损失。

5.3 随时向乙方提供与担保有关的商务合同和项目的执行情况及有关的资料文件，并为乙方了解上述情况提供方便。

5.4 对担保审查过程中所提供材料的真实性、准确性、完整性负责。

5.5 凡担保项下进口的设备和货物，在到货后立即向乙方认可的保险机构投保财产险并将有关保险单背书让渡给乙方。如果上述设备或货物发生意外损失，乙方有权向保险机构索赔并将赔款首先应用于备付担保项下的付款责任或用于归还乙方因履行担保责任而向受益人支付的款项、利息和费用。

5.6 乙方有权对其有关生产、经营和财务情况进行调查、了解及监督；甲方积极配合并有义务向乙方提供相关各期的损益表、资产负债表等财务资料。

5.7 未经乙方同意不得擅自动用保证金账户中的资金。如保证金账户资金被有关机关冻结、扣划，应立即予以补足或另行提供其他等值反担保。

5.8 本协议项下之反担保如发生了不利于乙方债权的变化，经乙方通知，应按要求另行提供令乙方满意的反担保。

5.9 乙方为实现本协议项下的全部债权，有权从甲方所有账户中扣收相应款项，并保证不提出异议并放弃任何抗辩。

5.10 如果与担保有关的商务合同发生修改，需事先取得乙方的书面同意，否则乙方不再承担担保责任，由此造成的一切损失由甲方负责。

5.11 及时将与担保有关的商务合同或项目的任何一方违约事件或可能发生的违约事件通知乙方，以便乙方采取必要的措施保证担保责任的正常履行。

5.12 如进行承包租赁、股份制改造、联营、合并、兼并、合资、分立、减资、股权变动、重大资产转让以及其他足以影响乙方权益实现的行动时，应至少提前30日通知乙方，并经乙方书面同意，否则在乙方担保责任解除之前不得进行上述行为。

5.13 变更住所、通信地址、营业范围、法定代表人等工商登记事项的，应在有关事项变更后7日内书面通知乙方。

5.14 如发生对其正常经营构成危险或对其履行本协议项下义务产生重大不利影响的

任何其他事件，包括但不限于涉及重大经济纠纷、破产、财务状况的恶化等，应立即书面通知乙方。

第六条　乙方担保责任的履行

6.1　在担保有效期内，一旦受益人按保函（备用信用证）条款向乙方提出索赔，乙方无须征得甲方同意即可以担保金额为限向受益人履行担保义务。

6.2　在向受益人履行担保责任时，乙方只负责处理证明文件或单据，对所涉及的基础合同纠纷不负任何责任，对相关索赔文件的真伪及其邮寄过程中的遗失、延误也不负任何责任。

6.3　在向受益人履行担保责任时，乙方有权从甲方的保证金账户和其他存款账户中扣划依本协议约定甲方应偿付的担保本金、利息、罚息及所有其他应付费用，同时垫付不足部分的款项。对乙方所垫款项，甲方应按每日万分之________向乙方支付利息。

6.4　若乙方提供的担保为外汇担保，而其扣划款项为人民币或其他币种外汇，或乙方提供人民币担保，而扣划款项为外汇的，则应按照国家外汇管理政策，按乙方所公布的汇率将扣划款项兑换成相应币种后向受益人履行担保责任。

第七条　违约责任

7.1　本协议生效后，甲、乙双方当事人均应履行本协议所约定的义务。任何一方不履行或不完全履行本协议所约定义务而给对方造成损失的，应依法赔偿。

第八条　协议的生效、变更、解除和终止

8.1　本协议自双方签署之日起生效，至乙方在担保项下的担保责任解除且乙方在本协议项下的债权全部清偿之日止。

8.2　除双方另有约定外，甲方如要求担保展期，应提前30日向乙方提出书面申请，经乙方审查同意，并签订担保展期协议后，本协议项下担保才相应展期。担保展期协议应作为本协议附件。

8.3　本协议生效后，除本协议已有之约定外，甲、乙任何一方都不得擅自变更或提前解除本协议，如确需变更或解除本协议，应经甲、乙双方协商一致，并达成书面协议。书面协议达成之前，本协议继续执行。

第九条　争议的解决

9.1　本协议的订立、效力、解释、履行及争议的解决均适用中华人民共和国法律。甲、乙双方在履行本协议过程中所发生的争议，由甲、乙双方协商解决或直接按下列第________种方式解决：

（1）将争议提交仲裁委员会，按提交仲裁申请时该会有效之仲裁规则，在________（仲裁地点）仲裁解决。仲裁裁决是终局性的，对双方均有约束力。

（2）在乙方所在地法院通过诉讼方式解决。

第十条　双方约定的其他事项

10.1　____。

10.2　____。

10.3　____。

第十一条　附　　则

11.1　乙方对甲方提供的有关其债务、财务、生产、经营等方面的资料及情况保密，但本协议另有约定和法律、法规另有规定的除外。

11.2　乙方为甲方出具本协议项下的担保需事先获得有关部门批准或核准的，则乙方只有在获得批准或核准后方能出具。

11.3　乙方委托________分行开立保函（备用信用证），________分行享有与乙方相同的权利，并承担相同的义务。

11.4　本协议附件是本协议不可分割的组成部分，与本协议正文具有同等法律效力。

11.5　本协议一式________份，甲方、乙方各执________份，具有同等法律效力。

甲方（公章）：　　　　　　　　　　　　　　乙方（公章）：

法定代表人：　　　　　　　　　　　　　　　法定代表人：

________年____月____日　　　　　　　　　________年____月____日

（六）银行担保业务的后续管理

（1）办理担保业务后，经办行要按照总行规定的检查间隔期进行检查，及时发现可能影响被担保人履行合同或偿还债务的事项，并采取有效措施防范和化解风险。

（2）经办行业务部门应于每季约定收费日的前3个工作日将该笔业务担保余额和担保费率书面通知会计结算部门。

（3）在担保的有效期内，因交易条件变化、工程项目延期、交易货物或工程所需设备或技术价格变动、金融市场变化等客观因素需要变更担保文本的，被担保人与受益人协商一致后应向担保行提出书面申请。如变更非主要条款，经担保行审查同意后可对原担保文本进行修改；如变更担保文本主要条款，包括受益人、被担保人、担保金额、期限、币种、适用法律等，须按新的条件重新审批。

（4）担保期限届满需要展期的，应视同新业务，履行相关审批手续。如原担保期限加展期期限超过规定的上限，须报总行审批（能够提供100%保证金的除外）。对经审批同意办理展期的，担保行应与被担保人签订担保展期协议，并重新出具担保文本或对原担保文本的期限条款进行相应修改。

（5）出具担保文本后，如因主合同变化或其他合理原因需解除担保时，经各方当事人协商同意，担保行可解除担保，通知受益人退还担保文本正本，并及时办理有关注销手续。

（6）在担保的有效期内被担保人未履行合同义务，担保行受理受益人的书面追索，经审查符合条件的，向受益人履行支付或赔偿责任，并根据相关协议的约定，从被担保人保证金专户和其他存款账户扣款，不足部分由担保行垫付。同时应采取下列措施：1）将担保到期日发生的垫付款项转入相应垫款科目，按中国人民银行有关规定计收利息；2）向被担保人催收担保项下的垫付款项；3）及时向反担保人追偿或处理抵押物、质物；4）担保项下垫款还清之前，不再为被担保人办理新的担保；5）对单笔担保垫款30天以上或年内发生两笔以上垫款的被担保人，不再为其办理担保业务（能够提供符合总行规定的低风险反担保的除外）。

（7）担保到期如未发生索偿，担保行应在担保到期次日向受益人发出担保失效通知，并在确认银行担保责任终止后及时注销该笔担保业务，退还该笔业务项下的保证金，核销表外账。

（8）建立担保业务档案，主要包括担保申请书、有关合同、协议、标书等文件，开立担保协议、反担保合同、担保文本，后续管理检查记录、担保付款通知、付款凭证和注销记录等。

任务二　银行承兑汇票授信业务

【任务分析】知识学习方面，教师通过对案例的分析和讲解，引导学生认知银行承兑业务以及银行承兑汇票贴现业务；技能提升方面，指导学生模拟授信客户经理角色按银行承兑汇票的操作流程和贴现的操作流程处理业务。教师结合教学内容，注意引导学生养成良好的职业道德。

一、银行承兑汇票授信

（一）银行承兑汇票的概念

银行承兑汇票是商业汇票的一种。它是由在承兑银行开立存款账户的存款人出票，向开户银行申请并经银行审查同意承兑的，保证在指定日期无条件支付确定的金额给收款人或持票人的票据。简单地说，银行承兑汇票是一种由银行信用作保证的商业汇票，是由银行承诺到期付款的汇票。

对出票人签发的商业汇票进行承兑是银行基于对出票人资信的认可而给予的信用支持。银行承兑汇票一式三联。一般银行承兑汇票一律采用记名汇票，允许背书转让。

（二）银行承兑汇票的期限、金额和承兑手续费

（1）我国承兑汇票的承兑期限最长不超过 6 个月，承兑申请人在银行承兑汇票到期未付款的，按规定计收逾期罚息。

（2）我国的银行承兑汇票每张票面金额最高为 1 000 万元。

（3）银行承兑手续费按票面金额向承兑申请人收取万分之五的手续费，不足 10 元的按 10 元计。

（三）银行对承兑申请人的要求

承兑汇票的样式

在我国一般承兑申请人即汇票的出票人。银行承兑汇票的出票人必须在银行开设账户，银行要认可出票人的信用，才会对其签发的汇票进行承兑。出票人签发汇票要获得银行承兑必须具备下列条件：

（1）出票人是法人以及其他组织，并且在承兑银行开立存款账户。

（2）与承兑银行具有真实的委托付款关系。

（3）能提供具有法律效力的购销合同及其增值税发票。

（4）有足够的支付能力、良好的结算记录和结算信誉。

（5）与银行信贷关系良好，无贷款逾期记录。

（6）能提供相应的担保，或按要求存入一定比例的保证金。担保方式可以是部分保证金部分担保、全额担保、全额抵押三种的任何一种。抵押承兑的承兑额不超过抵押物变现

值的70%，质押承兑的承兑额不超过质押物变现值的80%。

(四)申请银行承兑应提交的资料

(1)银行承兑业务申请书；

(2)一般流动资金贷款所需材料；

(3)出票时所依据的商品交易合同、增值税发票、货运凭证等原件及复印件。

(五)银行承兑汇票业务的操作流程

商业银行承兑汇票业务的操作流程主要包括承兑申请受理、调查与初审、承兑审批、签订承兑协议、银行承兑管理等(见图8-1)。

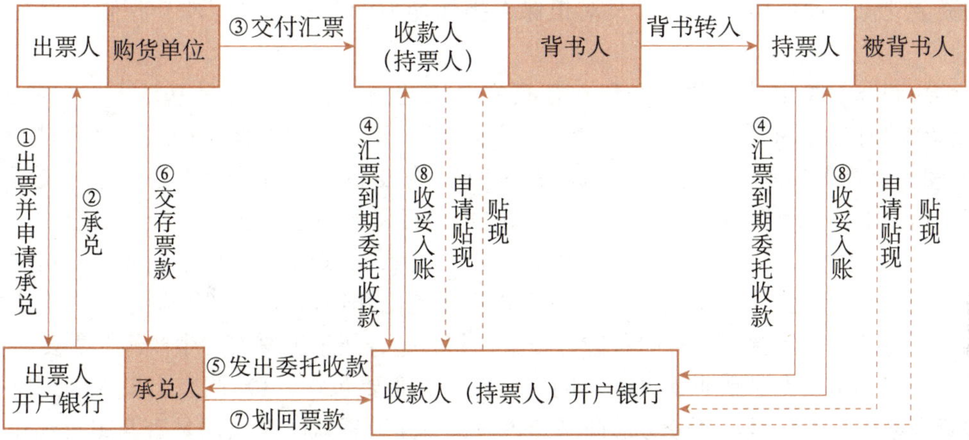

图8-1 银行承兑汇票业务操作流程

1. 承兑申请受理

银行授信业务部门受理客户提交的商业汇票和相应的承兑申请书和其他申请承兑的资料。把承兑申请书的相关内容录入管理系统，如图8-2所示。对收妥的汇票进行登记，如图8-3所示。

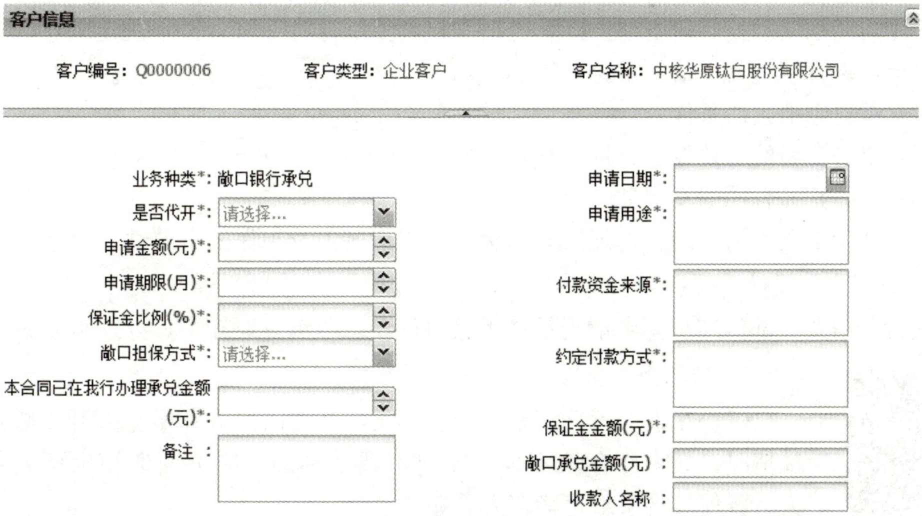
客户信息

客户编号：Q0000006 客户类型：企业客户 客户名称：中核华原钛白股份有限公司

业务种类*：敞口银行承兑
是否代开*：请选择...
申请金额(元)*：
申请期限(月)*：
保证金比例(%)*：
敞口担保方式*：请选择...
本合同已在我行办理承兑金额(元)*：
备注：
申请日期*：
申请用途*：
付款资金来源*：
约定付款方式*：
保证金金额(元)*：
敞口承兑金额(元)：
收款人名称：

图8-2 承兑申请书

图 8-3　汇票信息登记

2. 调查与初审

授信业务部门调查承兑申请客户信息，掌握其经营变化情况，重点调查承兑申请人或出票人经营行业风险、产品的市场风险、管理状况、财务状况、资金回笼情况，是否有足够的资金支付到期汇票金额，以及对担保人担保能力的变化和抵（质）押物状况的价值变化。

（1）调查承兑申请事项是否建立在真实合法的商品、劳务交易基础上。主要包括：1）出票人和担保人的身份与资格是否真实有效；2）出票人和担保人提供的资料是否真实合法；3）出票人申请承兑是否属于货款支付或劳务支付，是否符合规定用途，是否存在以银行承兑汇票套取资金；4）购销合同标的物是否属于国家禁止生产经营的范围，或是国家禁止流通物，或未经许可的限制流通物，或是国家法律、政策所不允许的行为；5）购销合同内容是否超出出票人营业执照的经营范围和经营方式；6）通过对出票人的实地调查，对其生产经营、材料储备进行查验，判断是否属于出票人的生产经营需要。

（2）审查出票人对到期承兑汇票的偿债能力。主要包括：1）调查出票人到期支付汇票的资金来源是否可靠，充分考虑商品是否适销对路及货款回笼周期是否与银行承兑汇票期限对称；2）对工业企业要调查其近期生产经营是否正常，销售货款是否顺畅；3）对物资贸易和批发企业要调查所购货物是否落实销售下游，先货后款方式清算的货物在运输中是否出现毁损；4）对施工企业要调查所承包工程的投资是否落实，工程材料是否按时到位等。

3. 承兑审批

授信审查审批部门对申请材料合规性、完备性和有效性进行审查。经资格审查合格的，签注同意承兑意见，向出票人开具申请材料收妥单；对不符合授信规定的，应对客户进行解释，婉言拒绝其申请。审查内容如下：

（1）承兑申请人的条件；

（2）申请资料的完整性、合规性和合法性；

（3）商品交易合同的真实性、合法性；

（4）评价承兑申请人的支付能力和担保人的担保能力及担保的有效性。

4. 签订承兑协议

银行授信业务部门与承兑申请人签订承兑协议，打印承兑通知书，办理承兑手续。

银行承兑协议

5. 银行承兑管理

（1）在银行承兑汇票到期前 7 天，查询出票人在承兑人开立账户的存款情况，如账户存款不足以支付汇票金额的，应书面通知出票人和担保人，督促其将票款足额存入其账户。

（2）保证金必须实行逐户逐笔、专户管理，不得提前支取保证金。

（3）逐笔建立档案登记，落实专人管理。

二、银行承兑汇票贴现授信

（一）银行承兑汇票贴现的概念

银行承兑汇票贴现是指持票人将未到期的银行承兑汇票背书转让给银行，银行再按贴现率扣除贴现利息后将余额票款付给持票人的一种授信业务。

（二）贴现申请人应具备的资格条件

（1）是依法登记注册的企业法人或其他经济组织，并依法从事经营活动；

（2）与出票人或前手之间具有真实合法的商品交易关系并提供相关证明材料；

（3）在银行开立结算账户；

（4）非银行承兑汇票的出票人；

（5）满足贴现行要求的其他条件。

（三）贴现申请人需要提供的资料

（1）营业执照、法定代表人资格证明及本人身份证、护照原件及复印件，申请人公司章程、验资报告；

（2）申请人与其前手之间的商品交易合同、增值税发票等资料的原件及复印件；

（3）开户行要求的其他资料。

（四）银行贴现业务办理过程

（1）持票人持未到期的银行承兑汇票到银行申请贴现时，应根据汇票填制一式五联的贴现凭证。第一联代申请书，银行作贴现借方凭证；第二联银行作贴现申请人账户贷方凭证；第三联银行作贴现利息贷方凭证；第四联是银行给贴现人的收账通知；第五联为到期卡，由银行会计部门按到期日排列保管，到期日收回贴现款时作贴现贷方凭证。

（2）贴现申请人在贴现凭证第一联上加盖预留银行印鉴，连同汇票一并送交开户银行。

（3）银行授信审批部门按照有关规定对贴现申请人所提交申请材料进行审查，符合条件的，在贴现凭证上签注“同意”字样，并在加盖有关人员印章后送交会计部门。

（4）会计部门接到授信审批部门签批的贴现凭证和汇票后，除审查汇票真实性外，还应审查贴现凭证的填写和汇票是否相符，无误后，按照规定计算出贴现利息和实付金额。

（五）贴现利息的计算

贴现利息计算公式如下：

贴现利息＝贴现金额×贴现天数×日贴现率

日贴现率＝月贴现率÷30

实际付款金额＝票面金额－贴现利息

凡是承兑人在异地的，贴现、转贴现和再贴现的期限以及贴现利息的计算应另加 3 天的划款时间。

目前我国办理的票据贴现业务主要是银行承兑汇票的贴现。一般来说，国有银行开出的银行承兑汇票信用很高，转让或贴现都很方便，一般不会出现信用问题。大型的股份制银行信用也比较好。风险比较高的是地方的农信社、农村商业银行、城市商业银行承兑的汇票，时而发生假票或到期无法承兑的事情，因此在贴现时相对比较难。

银行承兑汇票
真伪的鉴别

（六）“月票”和“被查票”

“月票”是指银行承兑汇票的到期日余下日期在一个月以内的汇票。一般对到期日仅剩一个月或一个月以内的银行承兑汇票不予再办贴现。

“被查票”是一种已被银行列入黑名单查询或被司法机关催示公告或票面有一定瑕疵的承兑汇票。一般这种被银行列入黑名单或被司法机关催示公告的汇票，银行是不受理贴现的。有瑕疵的汇票要补办相关手续后才能使用，但银行一般也不愿受理贴现。

任务三　银行贷款承诺、票据发行便利、透支额度、信用证授信业务

【任务分析】知识学习方面，教师通过对案例分析讲解，引导学生了解掌握银行贷款承诺、票据发行便利、信用证业务的基本概念和业务构成要素；技能提升方面，教师指导学生模拟授信业务客户经理按操作规程处理相关业务。

一、贷款承诺授信业务

（一）贷款承诺的概念

贷款承诺是银行与借款人达成的一种具有法律约束力的正式契约，银行在承诺期限之内履行对客户按约定条件发放贷款的诺言。作为银行提供承诺的报酬，可获得全部限额0.25%～0.75%的承诺费。在双方签订贷款承诺协议以后直至全部贷款还清、协议履行完成之前，客户必须按规定定期向银行呈送有关经营状况、财务状况的各类报表，以便银行随时掌握客户资信状况变化，确保贷款的安全。

贷款承诺是银行向潜在借款客户作出的在未来一定时期内按约定条件向该客户提供贷款的承诺。贷款承诺为借款人的融资安排提供了灵活性。在银根较紧的情况下，借款人为了避免将来需要资金而不可得，往往要求银行作出在未来放贷的承诺。获得贷款承诺保证后，借款人可以根据自身的实际经营情况确定使用贷款的金额和期限，以便高效合理地使用资金。贷款承诺具有法律约束力，银行在有效承诺期内随时准备应客户的要求向其提供信贷服务。由于贷款承诺对银行实际头寸的控制存在不确定性，银行需要具备较高的流动性管理水平，并不可避免地保持较高的备付准备，因而银行对承诺的贷款而未支用的部分要向客户收取一定的承诺费，对于承诺已转换为贷款的部分，银行收取贷款利息。

（二）贷款承诺的类型

贷款承诺的类型见表8-2。

表8-2　贷款承诺的类型

类型	描述
定期贷款承诺	借款人可以全部或部分地提用承诺金额，但仅能提用一次。如果借款人不能一次提用所承诺的全部资金，那么承诺实际就降至已提用的金额为止，贷款的期限通常是从借款人提用承诺贷款开始至承诺期满为止的时间段。

续表

类型		描述
备用承诺	一般备用承诺	借款人可多次提用，一次提用部分贷款并不失去对剩余承诺在剩余有效期内的使用权利。然而，一旦借款人开始偿还贷款，尽管偿还发生在承诺到期之前，已偿还的部分就不能被再次提用。
	递减备用承诺	在一般备用承诺的基础上，附加承诺额度将定期递减的规定，当剩余未使用的承诺不足以扣减时，银行可要求借款人提前偿还本金，以补足扣减的承诺额。
	可转换备用承诺	在一般备用承诺的基础上，附加一个承诺转换日期的规定。在此日期之前，借款人可按直接的备用承诺多次提用；如果一直未用，那么在此日期之后，备用承诺将变成定期贷款承诺。
循环承诺	一般循环承诺	借款人在承诺有效期内可多次提用，并且可反复使用已偿还的贷款，只要借款人在某一时刻使用的贷款不超过全部承诺额就可以，即对贷款额度实行存量管理。
	递减循环承诺	在一般循环承诺的基础上，提前确定一个递减额度，每隔一定时期扣减承诺额。
	可转换循环承诺	在一般循环承诺的基础上，在转换日期之前循环承诺，在转换日期之后是定期贷款承诺，承诺额就降至已提用而又未偿还的金额，未提用的承诺失效。

（三）贷款承诺业务的流程

银行办理贷款承诺业务流程见图 8－4。

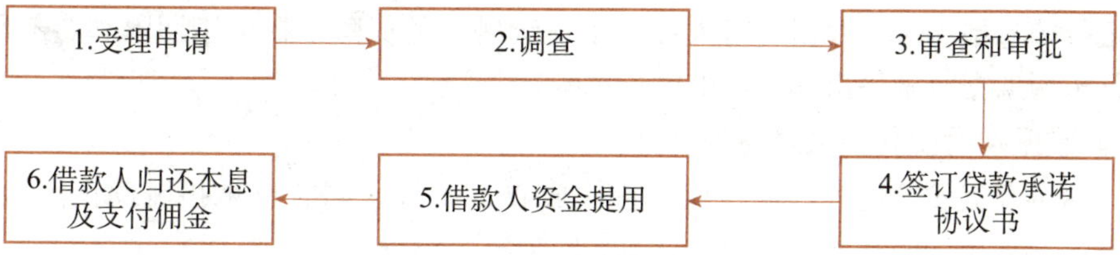

图 8－4　贷款承诺业务流程

1. 银行授信业务部门受理借款人提出的贷款承诺申请

借款人向银行授信业务部门提出贷款承诺申请时，必须提交正式的书面申请书，同时还要提交借款人详细的财务资料和生产经营状况资料，作为银行是否进行贷款承诺的依据。具体提交的资料按资金用途和时间长短来定，可以参照流动资金贷款和固定资产贷款申请所提交的资料。

2. 银行授信业务部门对贷款承诺申请客户进行调查

调查贷款承诺申请人所提交材料的真实性，并根据贷款用途和时间长短确定调查的内容，调查方法和调查内容可参照流动资金贷款和固定资产贷款贷前调查确定。

3. 银行授信审批部门进行审查和审批

银行在合法性、合规性审查的基础上，如果认为有进行承诺的可行性，就和借款人进行贷款承诺条件的协商，主要包括承诺的类型、承诺的金额、承诺的期限、佣金率、偿还安排和保障条款等。根据授信审批程序由贷审会审批，有权人进行贷款承诺决策。

4. 银行授信业务部门和借款人签订贷款承诺协议书

银行和借款人对上述的承诺条件协商一致后，签订正式的贷款承诺协议书和担保合同，办理抵押、质押手续，以明确规定双方的义务、保障双方的权利。

5. 借款人贷款资金的提用

借款人在承诺额度之内提用资金之前，必须在合同规定的时间内通知银行，以便银行能够及时地组织资金。银行必须在合同规定的时间内将资金划入借款人的存款账户，供借款人使用。

6. 借款人归还借款本息和支付佣金

借款人必须按期缴纳佣金和支付贷款本息，并按贷款承诺合同约定按时偿还贷款本金。

二、票据发行便利授信业务

（一）票据发行便利的概念

票据发行便利是银行向工商企业和金融机构提供的一种中期周转性票据发行融资的承诺。具体而言就是客户事先与银行签订协议，规定客户可以在一定时期内循环发行短期票据，银行承诺购买其未能按期售出的全部票据或提供备用信贷。

（二）票据发行便利的作用

票据发行便利的作用主要是发行人能够以较低的短期利率获得中长期融资。

票据发行人可以是其他银行或非银行机构，前者通常发行短期存款凭证；后者则发行本票，多为3个月或6个月到期。银行提供的票据发行便利通常为期3～7年，在此期间内，通过滚动发行、借新还旧的期限转换效应，发行人能够以较低的短期利率获得中长期融资。银行的包销承诺为票据发行人提供了连续融资的保障，在承诺期限和金额限度内，每次发行短期票据时未售出部分均由银行承购。

（三）票据发行便利的风险与防控

银行提供票据发行便利，收取承诺费构成收入来源，同时也承担流动性风险和信用风险。

在控制风险方面，银行做票据发行便利业务除按规定的授信程序和操作规程处理外，必须从如下两方面入手：（1）银行须对票据发行人的资信状况作详细调查，在票据发行便利协议中设置承诺有效期内借款人资信度下降时的特别处理条款；还须跟踪监测其信用品质变化情况，以及时应变。（2）借款人融资规模很大时，多家银行通常在主办银行组织下组成承购银行团，按比例承购未推销出去的剩余票据，或提供同等金额的短期贷款。

（四）票据发行便利的形式

票据发行便利有循环包销便利、可转让的循环包销便利和多元票据发行便利等形式。

1. 循环包销便利

循环包销便利是最早出现的票据发行便利。银行负责包销客户当期发行的短期票据，当某期票据无法全部销出时，银行需对客户提供所需资金，金额等于未能如期售出部分。

2. 可转让的循环包销便利

可转让的循环包销便利指包销银行在协议有效期内，随时可以将其包销承诺的所有权利和义务转让给另一家机构。

3. 多元票据发行便利

这种票据发行便利形式允许借款人以更灵活的方式提取资金，它集短期预支条款、摆动信贷、银行承兑票据等提款方式于一身，使借款人在提取资金的期限和币种等方面都获得更大的选择余地。

自1984年以后，出现了无包销的票据发行便利，即不承诺“包销不能售出的票据”的票据发行便利。拥有较高资信等级的银行客户往往采取这种形式，它们自信凭借其市场信誉即可完成票据发行计划，故而无须寻求银行的承诺包销支持，以节约发行成本。同时，由于银行监管者在测定银行资本充足度时将包销承诺转为表内业务，为降低资本要求，银行也尽量对客户提供无包销的票据发行便利。

三、透支额度授信业务

（一）透支额度的概念

透支额度是指银行预先对客户确定一个透支额度，客户就可以按照自己的需要随时支取贷款和随时归还透支款。银行授予透支额度的客户是信誉良好的企业或自然人。透支利息一般较高，其中包含了银行的承诺费。

（二）透支额度的形式

银行透支额度主要是信用卡和支票存款的透支额度，它们最具代表性。

（1）信用卡持卡人先消费后还款，也可以随借随还，满足一时资金紧张之需。不必提供担保品，银行只对超过免息期还款的客户收取利息。

（2）支票存款账户的持有者经开户银行批准也可以在额度内透支款项。银行在协议中约定，对客户的支票账户核定一个最高透支限额，允许客户在限额内超过存款余额签发支票，银行按实际透支数额每日计收利息。如果借款人在规定时间内存入足够金额的款项即为自动归还透支贷款。

四、信用证授信业务

信用证是指由银行（开证行）依据申请人（进出口贸易中的买方）的要求和指示开立信用证，做出在符合信用证条款的条件下，向交单人或其指定方进行承兑或付款的书面文件。信用证是一种银行开立的有条件的承诺付款的书面文件。付款条件即指“相符交单”也指“单单一致、单证一致”。交单人可以是信用证中的受益人（进出口贸易中的卖方）或出口方的银行或议付行。信用证业务流程如图8-5所示。

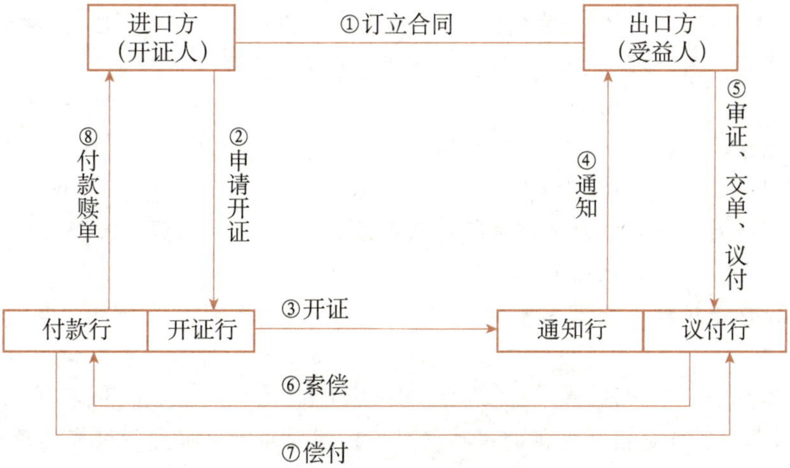

图8-5　信用证业务流程

模块小结

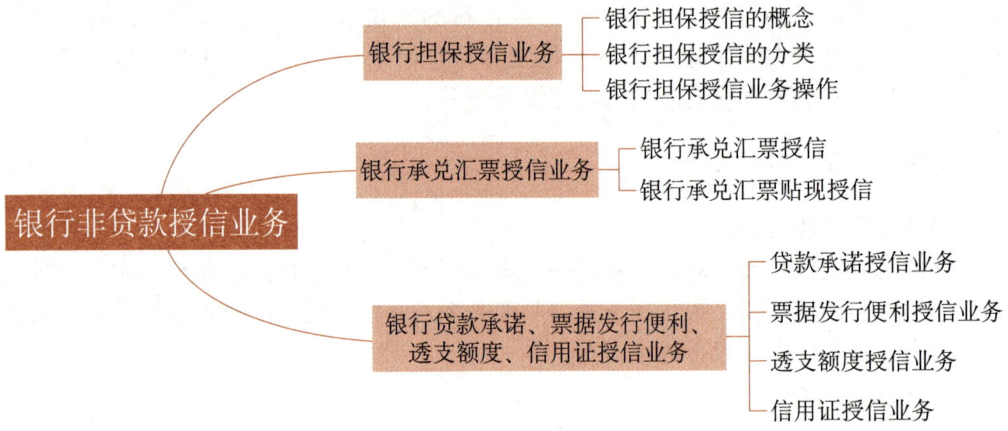

模块测评

一、单项选择题

1. 融资类担保是指（　　）为被担保人在融资性交易项下的责任或义务提供的担保。

A. 政府　　B. 医院　　C. 银行　　D. 红十字会

2. 对内担保是指（　　）为中国境内机构的担保。

A. 债务人　　B. 债权人　　C. 法人　　D. 受益人

3. 银行承兑汇票是由在（　　）开立存款账户的存款人出票，向开户银行申请并经银行承兑的商业票据。

A. 政府机构　　B. 证券公司　　C. 保险公司　　D. 承兑银行

4. 银行承兑汇票的承兑期限最长不超过（　　）个月。

A. 1　　B. 6　　C. 3　　D. 9

5. 银行承兑汇票贴现是指持票人持有（　　）的银行承兑汇票背书转让给银行。

A. 已发行　　B. 未发行　　C. 已到期　　D. 未到期

6. 商业银行一般对（　　）个月以内的银行承兑汇票不予办理贴现。

A. 1　　B. 3　　C. 6　　D. 9

7. 贷款承诺是银行与（　　）达成的一种具有法律约束力的正式契约。

A. 自然人　　B. 法人　　C. 贷款人　　D. 借款人

8. 商业银行对客户的贷款承诺可获得承诺贷款限额（　　）%～0.75%的承诺费。

A. 0.1　　B. 0.15　　C. 0.2　　D. 0.25

9. 循环承诺是借款人在承诺有效期内可（　　）次提用，并且可反复使用已偿还的贷款额度。

A. 1　　B. 多　　C. 6　　D. 9

10. 票据发行便利是银行提供的一种（　　）期周转性票据发行融资的承诺。

A. 短　　B. 中　　C. 长　　D. 无限

二、多项选择题

1. 融资类担保主要包括（　　）。

A. 借款担保　　B. 投资担保　　C. 租赁担保　　D. 投标担保

2. 银行承兑汇票业务一般规定，抵押承兑的承兑额不超过抵押物变现值的（　　）%，质押承兑的承兑额不超过质押物变现值的（　　）%。

A. 50　　B. 70　　C. 80　　D. 90

3. 融资类担保业务的保证金比例规定：AA－级客户收取10%（含）以上的保证金；A+级、A级客户收取（　　）%（含）以上的保证金；A－级客户收取（　　）%（含）以上的保证金。

A. 10　　B. 30　　C. 50　　D. 80

4. 由于贷款承诺对银行实际头寸的控制存在（　　），银行需要具备较高的（　　）管理水平。

A. 确定性　　B. 不确定性　　C. 流动性　　D. 安全性

5. 贷款承诺的类型包括（　　）。

A. 定期贷款承诺　　B. 可转换期限承诺

C. 备用承诺　　D. 无限期承诺

三、判断题

1. 融资类担保是指银行为被担保人在融资性交易项下的责任或义务提供的担保。（　　）

2. 对外担保是指担保人为中国境外机构的担保。（　　）

3. 一般银行县级支行（含）以上机构可作为人民币担保业务经办行。（　　）

4. 对全额提供低风险反担保，保证期间在3年（含）以内的对外保函，可由一级（直属）分行直接审批，不受单笔审批权限的限制。（　　）

5. 总行对担保业务实行比率控制，分别核定各一级（直属）分行担保业务总量。（　　）

6. 非融资类担保业务中AA－级（含）以上客户可免收保证金。（　　）

7. 保证金实行专户管理，保证金专户与客户结算户可以串用。（　　）

8. 反担保为保证担保的，保证期间的到期日须在银行担保责任到期日后3个月以上。（　　）

9. 非融资类担保业务按担保余额的0.5%～3%收取，最低500元。（　　）

10. 担保费原则上应按季收取，担保期限不足一季的按一季计收。（　　）

11. 商业汇票分为商业承兑汇票和银行承兑汇票。（　　）

12. 我国的银行承兑汇票每张票面金额最高为500万元。（　　）

13. 贷款承诺是银行与借款人达成的一种具有法律约束力的正式契约。（　　）

14. 银行提供票据发行便利，收取承诺费构成收入来源，同时也承担流动性风险和信用风险。（　　）

四、实战演练

分组调查、讨论所在地区银行非贷款授信业务开展的情况，写一篇调查报告。

模块 九

银行授信业务基础管理

学习目标

● 知识目标

1. 掌握银行授信业务基础管理的主要内容；
2. 掌握授信业务管理信息系统的操作要求；
3. 掌握授信档案管理部门的职责与分工；
4. 了解授信业务台账管理的基本要求和方式；
5. 掌握授信业务统计报表与报告的基本内容和相关要求。

● 技能目标

1. 能够操作使用银行授信业务管理信息系统；
2. 能够对授信档案进行规范管理；
3. 能够按要求登记授信业务台账；
4. 能够制作授信业务统计报表与报告，并具有一定的分析能力。

案例导入

××有限公司成立于2013年9月，注册资金2亿元，主要从事金属精品涂镀层板材生产。2014年建设1期项目，总投资5亿元，中国银行给予项目融资1.5亿元，2015年顺利投产。2016年建设2期项目，总投资约6亿元，中国银行给予项目融资2.8亿元，2018年底建成后，2019年前8个月企业产值26.9亿元。2014年中国银行给予项目融资支持以后，其他商业银行开始纷纷以短期信用方式介入该公司及其关联企业，且授信额度巨大，公司也由此大肆扩张，短时间内公司规模急剧膨胀。据调查，该公司关联企业达50多家（含紧密型关联、松散型关联、疑似关联三类企业），横跨冶金、房地产、商贸、担保等行业，其中仅中国银行介入的三家子公司就有10家银行同时对其融资，最高峰时融资总额高达26亿元，明显超过其实际经营所需。2019年下半年，国家实施稳健的信贷政策，信贷规模开始收紧，个别股份制银行对该公司关联企业率先收贷，在短短半年内各行累计压缩贷款近10亿元，该公司由于资金短缺于2019年年底停产。该公司从繁荣到停产，多家银行参与其中。

思考：以案例中的公司为例，分析银行授信业务基础管理的内容包括哪些方面。

任务一 银行授信业务基础管理概述

【任务分析】知识学习方面，教师借助案例讲解银行授信业务基础管理的主要内容，引导学生掌握授信业务基础管理的方法和内容；技能提升方面，教师指导学生掌握银行授信业务基础管理的操作流程。

一、银行授信业务基础管理的概念

银行授信业务基础管理是银行为了防范授信风险、促进授信业务规范化和制度化而采用的，对授信业务管理信息系统、授信业务档案、授信业务台账、授信业务统计报表与报告的一系列管理方式。它是银行授信业务的重要组成部分，是保障银行各项授信业务正常运行的基础和重要手段。

银行授信业务基础管理涉及内容比较广泛，有广义和狭义之分。广义的银行授信业务基础管理既包括各项授信业务资料的管理、授信业务信息的处理、授信业务报表与报告管理，又包括对银行授信人员的管理等内容。而狭义的银行授信业务基础管理主要是指对授信业务资料的管理、授信业务信息的处理和授信业务报表与报告的管理等主要内容。本书所讲的银行授信业务基础管理是狭义概念。

二、银行授信业务基础管理的类型

（一）银行授信业务管理信息系统管理

银行授信业务管理信息系统是我国商业银行授信管理的重要组成部分，是授信业务信息处理的重要载体。它主要以授信管理信息为基础，以计算机网络技术为手段，通过对银行授信操作业务、授信客户和担保人的信息进行登记和处理，全面反映银行授信业务的运行态势及授信客户和担保人的资信情况，对可能存在的授信风险进行科学预测和防范，对银行和授信客户的授信行为进行实时监控。授信业务管理信息系统的管理工作是授信业务基础管理工作的重要组成部分，是其他授信业务基础管理的重要支撑。

（二）银行授信业务档案管理

银行授信业务档案管理是指银行在授信业务管理过程中，对形成的具有法律意义、拥有史料价值、具备查询价值的授信管理专业技术资料进行收集、整理、归档和保管的整个过程。

（三）银行授信业务台账管理

银行授信业务台账管理是指银行按照规定的格式和分类方法，对授信业务部门发生的授信业务进行登记和汇总，形成授信业务账簿，并进行管理的过程。有效的授信业务台账管理能够使银行管理者、决策者及时、准确、动态地掌握银行授信业务情况。银行授信业务台账由银行授信业务部门指定专人进行登记、整理和保管。银行授信业务台账管理可以按照授信业务管理信息系统的设置要求进行相关操作。

（四）银行授信业务统计报表与报告管理

授信统计报表格式及报告的内容要求，一般由各银行总行规定，并根据业务需求进行适时调整。各级银行按要求编报统计报表和撰写统计报告。银行管理部门通过分析授信业务统计报表与报告，能够及时、准确、全面地掌握银行授信业务开展情况、分析授信资产状况，是防范和化解银行经营风险的重要依据。

任务二　银行授信业务基础管理的内容

【任务分析】将学生分为5～6人一组，选择1～2家商业银行进行实地调研，了解现阶段银行授信业务管理信息系统的各岗位职责和权限设置，并模拟银行授信业务，进行登记、查询操作，与教材中的理论知识相结合，加深对银行授信业务基础管理内容的理解与记忆。

一、银行授信业务管理信息系统管理

银行总行是实施授信业务管理信息系统制度的主要管理机构，系统管理由总行专门的授信管理部门和机构负责，系统技术则由银行科技部门负责。

（一）银行授信业务管理信息系统的职责与权限

银行授信业务管理信息系统的权限具体设置为：业务操作层、审查决策层、系统管理员。

1. 业务操作层的职责和权限

业务操作层主要负责银行授信业务的办理，依据授信业务处理情况的需要，可对授信系统数据进行相应的增加、修改、查询等操作。

（1）总行业务操作层分为审查员和授信管理员（高级管理员）两个岗位。审查员的具体职责和权限主要表现为：对银行全部客户的基本资料、财务资料、信用等级、财务分析、贷款调查、承兑汇票、票据贴现、贷款合同、贷款台账、贷款业务监控、贷款质量管理、授权授信管理、贷款预警管理、客户经理管理、统计查询、报表管理、系统维护等数据进行查询、统计分析，对贷款进行“五级分类”处理，按时生成全行的授信统计报表。授信管理员（高级管理员）主要负责授信业务管理信息系统的业务管理以及重大问题的决定、操作和授权等，可对全行用户和授信数据进行查询、统计分析，并发布系统重大公共信息。

（2）分行业务操作层分为审查员和综合管理员两个岗位。他们的具体职责和权限主要表现为：对分行所有客户的基本资料、财务资料、信用等级、财务分析、贷款调查、承兑汇票、票据贴现、贷款合同、贷款台账、贷款质量管理、授权授信管理、贷款预警管理、客户经理管理、统计查询综合分析、报表管理、系统维护等数据进行查询、统计分析，对分行贷款进行“五级分类”的认定，按时生成或登录分行的授信统计报表，对分行客户授信情况进行查询等，并确保授信统计报表数据的真实、完整、准确。

（3）支行业务操作层分为授信员和综合员两个岗位。授信员的具体职责和权限主要表现为：对本行客户的基本资料、授信限额、财务资料、信用等级、财务分析、贷款调查、承兑汇票、票据贴现、贷款合同、贷款台账、贷款质量管理、贷款业务监控、贷款预警管理、客户综合查询、口令修改等进行录入、修改和查询操作。综合员除具备上述授信员的权限外，还可完成授权授信管理、客户经理管理、统计查询、报表管理、维护贷款台账，贷款“五级分类”的初分，按时生成或登录授信统计报表，保证报表数据的完整、准确、及时。

2. 审查决策层的职责和权限

授信审批人员在职权范围内，对授信调查人员提供的资料进行核实、评定，结合系统自动生成的授信审批意见，形成最终审批意见。审查决策层主要负责授信业务的审查和决策，确保授信业务资料的完整性、合理性、合规性，对业务人员的尽职情况进行审查，评价授信业务风险程度等。银行支行、分行及总行审查决策层可查看客户各类信息和各项授信数据，检查授信业务执行情况，获取统计和分析资料，对审查结论负责，但无权对相关数据进行修改。

3. 系统管理员的职责和权限

银行根据业务发展需要，在各个地区的分支行及总行分别设置了系统管理员职位，其具体职责和权限为：

（1）负责授信业务管理信息系统的日常管理与维护，包括用户管理（如增删用户、密码管理及用户权限管理等）、访问控制管理（如 IP 限定等）、数据库备份及系统状态监视等。

（2）负责设置与规划授信业务管理信息系统的有关参数，配合相关授信部门及授信操作人员做好系统的应用工作。

（3）负责客户授信信息的安全，定期检查服务器状态，确保系统运行正常。

（4）负责授信操作人员的系统权限设置与管理、授信系统的更新与升级、授信系统数据报错维护等，保证服务器和操作端的正常运转。

（5）系统管理员必须根据授信管理部门的权限对相关授信操作人员进行权限设定，进入系统管理员用户登录的密码必须由双人设定：系统管理员和授信管理监督权限设定人员。其中，授信管理员设定前半部分，授信管理监督权限设定人员设定后半部分，只有当双方同时到场分别输入各自控制的密码后才能进行用户登记和权限设定操作，并要求至少一名授信管理部门的处级以上领导现场监督权限设定工作。

（二）银行授信业务管理信息系统的管理流程

通常银行总分行设科技部门作为业务支持层，负责授信业务管理信息系统的安全运行；业务操作层即授信业务部和授信管理部门，负责操作使用授信业务管理信息系统（见图 9－1）。

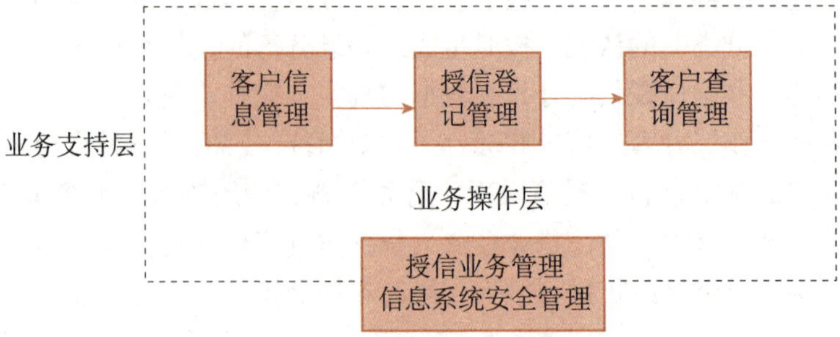

图 9-1 授信业务管理信息系统的管理流程

（三）银行授信业务登记管理

1. 授信业务登记

经办行授信业务人员应在授信业务发生日或更改当日，将该授信业务的相关内容和信息录入银行授信业务管理信息系统，并逐笔复核，确保客户授信信息和数据的完整、准确。分行一级的授信业务人员应将当月发生的授信业务的相关统计报表，于次月第 3 日之前在授信业务管理信息系统中生成登录，并与分行计划部门或财务会计部门的相关授信信息进行核对，保证分支行客户授信信息的准确性。总行授信人员应按月检查各分支行向授信业务管理信息系统报送的客户授信信息是否完整、准确、真实，并确保相关信息的及时性。

2. 授信业务的更新

经办行的授信人员在授信的性质、贷款授信用途、贷款授信或其他授信风险及其分类发生变化时，要及时在授信业务管理信息系统中对该授信信息进行相应调整和更改，以确保授信客户信息及时更新。当核销呆账贷款时，有关人员应及时在授信业务管理信息系统中做相应的呆账冲销录入，以保证呆账核销记录的准确性。

（四）银行授信业务查询管理

（1）对授信客户的状态（无业务销户、结清销户等）、资信状况进行查询时，授信业务人员一般可用授信客户的名称等关键信息进行查找。

（2）银行各分支行除了能够查询总行发布的公开信息以外，只能查询本行已授信或正在申请授信的客户的相关信息。如果需要查询本行系统但不属于本分支行的授信客户的授信情况，可向对授信客户具备管辖权的其他行的授信管理部门申请查询授权，获批后可进行查询。

（3）银行各分支行通过银行授信业务管理信息系统查询并获取的授信客户的相关信息，禁止向本银行以外的机构或个人泄露，一旦出现授信客户信息泄露造成损失，将追究相关泄密人员责任。

（4）银行总行可以对管辖范围内的各分支行上报给总行数据库中心的数据信息进行查询、汇总和分析。

（5）本银行系统的上级行因工作需要，可以要求下级行授信部门上报有关授信管理信息数据。

（五）银行授信业务管理信息系统安全管理

银行授信系统需具有良好的安全设置，为了有效避免电脑病毒和人为的恶意破坏，保证授信系统的机密性、安全性、完整性和可用性，需要满足以下要求：

（1）授信业务管理信息系统的安全管理应符合银行计算机信息系统安全保护工作的相关规定，定期进行检查和升级操作。

（2）授信业务管理信息系统的操作端必须专机专用，不得挪作其他用途。授信业务管理信息系统操作端不得与互联网有任何物理连接（包括拨号上网和专线连接），严禁与其他计算机互相串用软盘，有需要软盘从其他计算机向操作端拷贝文件的，软盘必须经过严格的计算机病毒检查。严禁使用外插U盘、硬盘传输文件或拷贝资料等。

（3）应采用完善的互相监督的用户权限管理方式。系统管理员和授信业务人员不得互相兼职，不得由一人担任。系统管理员和授信业务人员调离该工作岗位之前需要在有关部门的监督下办理交接手续，并在脱离岗位一个月后方可离职。银行分支行的授信业务人员和系统管理员须分别报总行授信管理部备案。

（4）授信业务管理信息系统的基本操作必须严格按照总行的有关规定执行，进入该系统各层次的密码只允许被授权人员自己掌握，并定期更换。系统管理员或授信人员调离岗位时，对其权限登记必须立即更换到接任人员的名下，并且密码必须由接任人员重新设定。

（5）授信业务管理信息系统设备的安装、使用，必须符合总行有关电脑设备的相关规定和要求。各分支行应定期对授信业务管理信息系统和电脑设备运行情况进行检查和维护。

（6）按总行信息管理部有关数据备份的相关规定，做好授信业务管理信息系统的数据备份工作。

二、银行授信业务档案管理

（一）银行授信业务档案管理部门的职责

授信业务档案管理涉及银行众多部门，例如授信业务部门、授信管理部门、会计出纳部门等。对于授信业务档案管理，不同部门具有不同的职责。

1. 授信业务部门职责

授信业务部门主要承担分支行有关授信档案资料的收集、整理、组卷、归档、保管等具体工作。银行授信业务部门一般要配备专（兼）职授信档案管理人员，负责统一管理分支行授信档案资料。银行授信档案管理人员要遵守总分行授信档案管理制度，严格依据授信操作规程，做好银行授信档案资料的管理工作。

（1）授信经办人员职责。

1）依据授信业务操作规程，及时收集和整理经办授信业务的所有档案资料，按照不同标准（如按客户不同）逐笔进行整理归档，并确保授信业务资料要素齐全、内容完整、数据真实可靠。

2）按照总分行关于授信档案资料保管的有关规定，认真填写登记授信档案资料的有关表格、台账，做到字迹清晰，简单易懂，使相关人员查阅容易。

3）依据总分行授信档案资料管理要求，及时将授信档案资料移交给授信档案管理人员。为方便日常授信查询工作，授信经办人可对有关的授信档案资料复印留存，但禁止保留资料原件。

（2）授信档案管理人员职责。

授信档案资料应由专人负责管理。管理档案资料的相关工作人员必须具备档案管理的理论知识和实践技能，并熟知银行授信业务基本知识和操作流程。银行授信客户经理不得兼任授信档案管理人员。

1）定期指导和检查银行授信业务人员对授信档案资料的收集、整理和归档工作，确保授信档案资料完整、收集及时。

2）负责分支行授信档案资料的日常交接、装订和保管，以及授信档案资料的查阅和借阅等工作。

3）依据总行授信档案管理相关规定，履行授信档案的查阅和借阅手续，以及对授信档案补充资料进行补录和入库等工作。

4）负责建立和保管“授信档案借阅登记簿”“授信档案交接登记簿”，并督促授信业务人员认真进行登记填写，确保授信档案资料的准确性、完整性及连续性。

5）做好授信档案资料的防火、防潮、防尘、防蛀、防盗等工作，妥善保管授信档案资料，确保授信档案资料安全存放。一旦发生授信档案资料的丢失、毁损、违章使用等异常情况，除应及时采取必要措施予以补救外，应根据情况的严重程度及时上报给授信档案管理相关负责人。

6）对涉及银行授信秘密、客户商业信息、客户禁止公开信息的授信档案资料，做好严格的保密工作，防止客户秘密信息泄露。

2. 授信管理部门职责

授信管理部门主要负责对授信业务部门的有关授信档案管理工作进行必要的组织、协调和监督检查，并负责银行授信审批档案资料的管理工作。

（1）制定授信档案资料管理制度和具体操作规程，并组织授信业务部门的授信业务人员贯彻执行，确保授信档案管理工作落实到位。

（2）对授信档案资料管理工作进行监督，定期和不定期检查相关部门授信档案管理情况。

（3）设立专职授信档案管理人员，负责银行授信审批档案管理工作，确保授信审批档案管理工作责任落实到个人，一旦出现工作失误，追究档案管理人员的相关责任。

3. 会计出纳部门职责

会计出纳部门作为银行的职能部门，也是银行授信档案管理的协作部门。会计出纳部门负责授信档案资料中抵（质）押物权证的相关核算和保管工作，其余授信辅助部门主要负责银行授信业务档案资料的综合管理、监督检查、接收保管等辅助性工作。

（二）银行授信业务档案资料分类

银行授信业务档案资料按照重要程度进行划分，一般分为一级档案资料和二级档案资料。

1. 一级档案资料

一级档案资料一般包括：抵（质）押的房产证、财产保险单、货币存单、有价证券、贴现票据等可以作为抵（质）押物的证明文件。

一级档案资料一律由经办行按照上级行的有关规定进行登记后，移交银行会计出纳部门进行授信资料的核算、入库和保管等工作。

2. 二级档案资料

二级档案资料包括一级档案资料的复印件以及除一级档案资料以外的其他授信资料。

依据分类标准不同，二级档案资料有如下种类：

（1）客户情况档案资料和单笔授信档案资料。

为了便于授信档案资料的装订和查找工作，将二级档案资料划分为客户情况档案资料和单笔授信档案资料。

1）客户情况档案资料，是指经办行相关授信业务办理完结后，在授信业务日常管理过程中所形成的客户资料，主要包括授信业务客户基本资料、授信后管理资料和特殊情况处理资料。

2）单笔授信档案资料，是指经办行在每笔授信业务发生受理、授信批准和贷款授信发放、授信到期和贷款授信回收过程中所形成的档案资料。

（2）授信业务档案资料和授信审批档案资料。

按照授信档案资料保管部门的不同，将二级档案资料分为授信业务档案资料和授信审批档案资料。

1）授信业务档案资料，是由经办行授信业务人员负责收集和整理，经办行授信档案管理人员负责保管的档案资料。主要有授信前调查、授信审查审批、贷款授信发放以及授信后管理中形成的相关资料，具体包括客户基本情况档案、全部单笔授信档案资料等。

2）授信审批档案资料，是由授信审查部门负责收集和保管的档案资料，具体内容为授信调查、授信审查过程形成的资料，主要由客户情况审查档案、部分单笔授信档案资料组成。

（三）银行授信业务档案管理操作流程

完善的银行授信业务档案管理操作流程是银行授信业务基础管理的重要环节，授信业务档案应按照相关规定进行操作，具体的操作流程如图 9－2 所示。

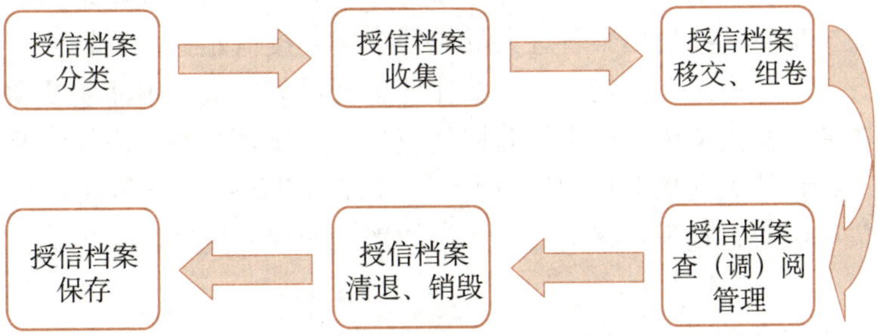

图 9－2　银行授信业务档案管理的操作流程

1. 授信档案的分类

授信档案管理主要是指二级档案资料的管理。它分别由授信业务部门和授信管理部门根据各自职责和权限的不同，具体负责档案的收集分类。授信业务部门主要负责授信业务档案资料的收集和保管，授信管理部门主要负责授信审批档案资料的收集和保管。为方便查找和装订，一般将二级档案资料按客户情况档案和单笔授信档案资料分类。

2. 授信档案收集

授信业务档案资料由经办行的授信业务人员依据授信申请客户的授信品种收集、整理，授信档案资料为复印件的，必须加盖提供原件部门的公章，并由主管授信业务人员认真核对后加盖“与原件核对无误”的印章，并按客户情况档案和单笔授信档案归集。授信审批档案则由授信审查部门根据下级行报送的授信材料和审批过程中形成的材料归集。

3. 授信档案移交和组卷

（1）授信档案的移交。

1）一级档案资料移交。经办行授信业务人员应在收到一级授信档案资料的当日，验证确认授信资料内容的真实性和有效性，复印备份后，交由授信档案管理人员查验。授信档案管理人员应在确保一级授信档案资料查验无误后，在相应的“授信档案交接登记簿”上签收，并逐笔登记“抵押物及权证登记簿”或“质物及权证登记簿”，然后向会计出纳部门签发“银行抵（质）押物入库通知书”。会计出纳部门根据上述通知书填制“抵（质）押品代保管收据”，一式四联，并加盖会计出纳部门业务章及个人名章。“抵（质）押品代保管收据”第一联与抵（质）押物权证原件一并装入相应授信业务档案袋中，并在档案袋封口处加盖授信业务部门骑缝章后，交出纳人员登记入库保管；收据第二联交会计人员进行核算；第三联交由授信业务部门入档保管；第四联交由抵（质）押人收执。抵（质）押权证收妥后，银行会计出纳部门专管人员应在“授信档案交接登记簿”上签字，确保手续交接完毕。

2）二级档案资料移交。银行经办授信业务人员在授信审批后或贷款授信发放后，统一收集授信档案资料，整理齐全，并按单笔授信档案和客户情况档案进行分类归集，于授信业务发生 2 日内移交本部门的授信档案管理人员，在此之后收集的授信档案材料，均应在授信档案资料完结后 2 日内确认移交，且不得有任何遗漏。银行经办授信业务人员在二级档案资料移交时，应首先填写拟移交档案资料的“授信档案移交清单”，一式两份，经办授信业务人员和授信档案管理人员必须双方在场，并依照清单逐份确认核实，确保每份授信档案材料要素完整，确认是否是规定必须留存的原件、原稿或指定的复印件等。授信档案资料如有缺少项目，授信档案管理人员应要求经办授信业务人员补齐相关资料，因特殊原因无法补齐的，应由经办授信业务人员在档案资料清单备注中注明缺项原因。授信档案交接程序完毕后，交接清单一份由经办授信业务人员保管，另一份作为授信档案资料首页，双方登记“授信档案交接登记簿”。而授信审查档案则由总分行授信审查部门经办人在贷款审批后集中收集、整理，移交给本部门的档案管理人员进行管理，并办理相应的档案交接手续。

（2）授信档案的立卷。

授信档案管理人员应根据目录和编号在本年度授信档案立卷盒中，按以下标准进行立卷：1）对每位客户基本情况档案资料设立专项卷宗，确保每年按时装订一次。授信保证人的相关资料应视同授信客户资料合并管理。每单笔授信档案设一专项卷宗，并按照授信业务发生的时间顺序进行排序，确保授信业务结清完结后装订入卷。2）确保每份卷宗填制两份“授信档案资料目录”。一份作为卷首，便于分类整理；另一份用作检索，便于档案资料的查询。3）确保每份卷宗内的档案资料以件为单位进行装订，即以每份有效档案资料为单位，在每份档案资料首页的左上角编写文件号，并在每份档案资料的有效页正面的右上角和背面的左上角编写页码。将文件号和页数登记在卷宗的“授信档案资料目录”中，并在备注中注明密级。4）立卷档案使用统一规格的纸张打印存档。其中，借款借据、还款回执、抵（质）押代保管凭证、信贷留存联等重要原始单证粘贴在相应的纸张上一并装订保存。

（3）授信档案的归档。

对于已还清的贷款、超过一年未发生授信业务的客户资料、已失效或已处置完毕的单笔授信业务资料、综合类授信资料等应从本年度信贷立卷盒中抽出，并按结清日期进行排序，按顺序编写页码，填写卷宗目录和封面。按照一定标准分类装订后存放在相应的档案盒中，并编制档案资料移交清单，移交给授信档案管理员进行管理。

（4）授信档案的存放。

银行授信档案管理人员负责对客户的每份卷宗进行统一编号整理，按照不同客户建立不同的档案盒，并对档案盒进行统一编号。具体内容主要体现为以下几点：1）授信客户基本情况档案资料按年度不同进行分卷保存，每位客户归入不同的档案盒，所有的客户档案盒集中保管存放。2）单笔授信档案首先按照客户不同进行相应区分，每位客户再按照授信业务品种不同进行分类归集，同种授信业务按照时间顺序进行排列整理。同一位客户的同一授信业务品种归入同一档案盒进行保管。授信档案管理人员建立授信档案目录索引记录本，且确保每年至少整理并更新索引一次。

4. 授信档案查（调）阅管理

银行建立授信档案查（调）阅管理制度，包括：查（调）阅有关的授信档案资料必须办理相应的登记手续，其中包括登记查（调）阅人姓名、日期、查（调）阅内容等；要求查（调）阅人在规定期限内归还所查（调）阅的档案资料；禁止查（调）阅人将授信档案资料涂改、抽换、遗失或毁损。

（1）二级档案资料的查（调）阅管理。

1）银行工作人员调阅、复印授信档案资料时，须填写“授信档案借阅登记簿”，经相关授信资料管理人员批准后方可进行调阅或复印。

2）银行工作人员查阅授信档案资料，须在“授信档案查阅登记簿”上签字，授信档案资料只能在档案保管地进行查阅，不得将授信档案资料带离保管地点。

3）除下列情况外，非授信部门人员不得查（调）阅授信业务档案资料：银行或上级行授信部门、纪检部门以及稽核部门因工作需要，可办理有关查（调）阅手续，直接查（调）阅、复印所需的授信业务档案资料；其他业务部门如因业务需要须查阅授信档案资料，经银行主管行长同意后，由授信档案管理人员代为查阅；公安机关、司法机关办案人员因案件需要，持有关部门签发的查（调）阅函或相关证件，经银行主管行长同意并签字后，可查询、调用和复印相关授信档案资料；银行法律部门和资产保全部门如因诉讼需要，可经银行主管行长批准后，查（调）阅和复印相关授信档案资料。

（2）一级档案资料的查（调）阅管理。

1）一级档案资料的查阅。相关人员如需查阅一级授信档案资料，须由授信档案管理人员填写“商业银行抵（质）押物出库通知书”，并经银行主管行长签字批准后，登记相应的“授信档案借阅登记簿”。查阅人须将该通知书交于出纳部门，申请档案资料出库，并按照出纳部门的相关规定办理出库手续后，可对授信档案进行查阅。查阅人现场查阅完毕后，须将档案资料连同查阅单一并交还给授信档案管理人员，授信档案管理人员须对档案资料进行查验，确保查验无误后重新封口盖章，并交于出纳部门专管人员按照出纳部门规定办理相关交接手续。相关人员查阅一级档案资料时，须由出纳人员及授信档案管理人员共同在场进行监督。

2）一级档案资料的调阅。当贷款还清或其他原因须取走授信档案资料时，授信档案管理人员须填写“商业银行抵（质）押物出库通知书”，并经银行主管行长签字批准后，交由出纳部门申请出库，按照出纳部门的规定办理相应出库手续，并销记“抵押物及权证登记簿”或“质物及权证登记簿”。将调阅的档案资料交经办授信业务人员，在“授信档案交接登记簿”上进行相应登记。

5. 授信档案清退及销毁

（1）授信档案的清退。对已经结清债权债务关系的授信档案资料，其中包括应退还给客户的有关资料，经银行主管行长签字批准后，可办理退还手续。

（2）授信档案的销毁。对已失去债权债务关系、失去法律效力、失去参考意义的无保存价值的各类授信档案资料，报经银行授信审查委员会及银行档案管理部门批准后，在档案管理部门的监督下，由授信业务不相关联的两人负责销毁。授信档案销毁前，授信管理部门必须对要销毁的档案资料逐一登记造册，授信档案资料登记册须永久保存备查。未经有关部门批准任何人不得擅自销毁授信档案资料。

6. 授信档案保存

（1）授信档案保管地点和档案使用设备必须符合银行关于档案资料保管的基本要求，授信档案资料的摆放顺序和排列方式必须符合银行关于档案管理的有关要求。

（2）授信档案管理人员应对授信档案进行妥善保管，严格遵守银行授信保密制度，定期检查授信档案的保存状况，并对保存情况做书面记录。

（3）每个会计年度终了后的2个月内，授信档案管理人员应对已终了年度的全部结清贷款的有关档案进行整理，并向档案室进行移交，由授信档案管理人员和接收的档案室管理人员在“授信档案交接登记簿”上签字确认。

（4）对已经批准核销的贷款，支行授信档案管理人员应在收到核销通知的1个月内将该客户的授信档案资料移交给分行档案室进行统一保管。国家重点建设项目贷款档案和具有史料价值建设项目贷款档案应永久保存，中长期贷款项目档案资料的保存期限一般为15～20年，小型项目及短期贷款档案资料的保存期限一般为5年。

三、银行授信业务台账管理

授信台账是反映每笔授信业务的详细情况，包括应计（或非应计）情况、“五级分类”情况、信用额度使用情况、欠息情况、授信余额等信息。其记录涉及企业、机构、个人及其贷款和其他授信的各类业务信息。台账根据授信种类不同有授信额度台账、贷款台账、贴现台账、银行承兑台账、保证金台账等。银行授信台账管理是银行授信业务基础管理的数据基础，与核心系统实行日结账制度，从而保证数据资料的一致性。

（一）银行授信台账设置要求

银行授信台账按照财务记载内容的不同，可以分为授信总账、授信分户账两种类型。银行一般根据账页格式要求运用Excel制作电子版台账。

1. 授信总账

授信总账一般分为授信业务流水总账和授信业务科目总账。授信业务流水总账一般是指记载授信部门按授信业务发生的时间顺序记录的全部日常业务，如贷款流水台账、银行承兑汇票流水台账等。授信业务科目总账一般是指授信部门按照授信业务科目设置的分类科目台账。

2. 授信分户账

授信分户账一般分为授信业务分户账和不良贷款分户账。授信业务分户账是指逐笔记载每位授信客户每笔授信业务的发生和完成情况，并对账户余额进行实时跟踪。不良贷款分户账要求对每笔授信业务分设不同账户进行专门记载。

（二）银行授信台账登记要求

（1）各经办行授信人员负责银行授信客户每笔授信业务台账的具体登记工作。

（2）各类授信业务台账必须于具体授信业务发生的当日完成登记，并做到授信台账记载准确、及时、完整。

（3）授信人员不仅需要登记各类手工台账，还应及时在授信业务管理信息系统中登记录入。各经办行授信人员应对每位客户的具体授信业务登记分户账，并于每月末将所登记台账数据信息与各类授信账务数据信息核对一致，如出现差错应及时更正。

（4）授信人员对授信业务台账的填写必须做到日清月结，即每笔授信业务发生当天必须登记台账，每月与会计部门的授信数据信息进行核对。如果银行授信业务使用电子台账，可安排专人负责对授信业务进行自动分类汇总和备份工作。

（5）各类授信业务台账每年末装订成册，并移交银行档案管理部门进行专门保管。

四、银行授信业务统计报表与报告管理

（一）银行授信业务统计报表的基本要求

（1）授信业务统计报表的相关数据应记载准确，各报表横向比较和报表前后期竖向比较之间的相关统计数据应保持一致性和可比性。

（2）授信业务统计报表填制的各项指标应全面和完整，应注意各项统计指标之间的层次关系和钩稽关系，授信统计报表各横行和竖列子项合计数应与母项相吻合。

（3）授信业务统计报表应包含数据分析和实例分析，并对银行下一会计年度的授信业务经营状况进行预测。

（二）银行授信业务报告的基本要求

银行授信业务报告一般包含多方面的内容，具体表现为以下几方面。

1. 授信业务基本评价

授信业务报告可根据报告期授信运行基本数据及总体情况，对银行授信业务运行状况进行总体评价。

2. 授信业务结构分析

授信业务报告应以授信品种、授信期限、授信行业以及授信额度等为划分标准，对授信业务结构进行相应分析，以判断授信资产的流动状况，评价授信业务余额结构以及新增授信业务结构的合理程度。

3. 授信业务风险状况分析

授信业务报告应分别按照“一逾两呆”和“五级分类”口径，对授信资产的风险状况进一步分析，对不良资产增加的原因进行详细说明和分析，对不良资产的清收进度和遇到的主要问题进行说明，并预测下一会计年度不良资产的增减趋势。

4. 授信业务典型分析

授信业务报告应列出每笔贷款超过规定额度的贷款明细，如 1 000 万元以上、授信余额前十名的客户等，并按照一定的标准对典型客户进行繁简适当的分析，以作为授信业务开展的案例指导。

5. 重点说明

授信业务报告应对不良资产额度较大的客户、近期清收有进展或有望取得进展的客户进行重点说明。具体说明下一报告期（一般为下月）到期授信业务总量情况、预计能收回不良贷款数量、预计收回有问题的贷款总额度、不良贷款客户情况以及不良资产难以回收的具体原因。

6. 提出授信业务存在的主要问题

授信业务报告应重点提出授信业务在操作过程和管理过程中存在的主要问题。

7. 提出工作重心和改进建议

通过对授信业务存在问题进行分析，授信业务报告应重点表达下一期银行授信业务工作的重点，以及对授信业务存在问题进行改进的具体建议。

（三）银行授信业务统计报表与报告的格式及时限要求

（1）下级行一般应按照上级行规定的授信业务统计报表与报告的格式要求以及纸型规格进行报送，通常用电子格式（Excel、Word 等）。

（2）所有授信业务统计报表与报告必须由报表和报告制表人、审核人和负责人签字（签章）并加盖报表和报告制报单位公章。授信业务统计报表与报告正本应一式两份，一份报上级行，一份存档。

（3）授信业务统计报表与报告应严格遵守上级行有关文件规定的报送范围进行相应的统计分析和报送管理。

（4）授信业务统计报表与报告须在上级行规定的时间内报送，如遇特殊情况无法报送的应提前请示。

（5）各分支行应在办理相关授信业务时，按照相关要求在授信业务管理信息系统中进行报表的录入、生成和发送工作，为统计报表与报告分析人员使用系统报送各类报表创造有利条件。

（四）银行授信业务统计报表与报告的管理要求

（1）授信业务部门应指定专职人员负责授信业务统计报表与报告的统计和分析工作，并做到仔细、认真、谨慎。

（2）授信业务统计报表与报告的查（调）阅手续，应比照二级档案资料的相关查（调）阅手续进行办理。

（3）授信业务统计报表与报告作为记录银行授信业务发展变化的档案资料，应长期妥善保管。

（4）授信业务统计报表与报告应每年集中移交档案管理部门统一进行保管，移交时应办理相关交接手续，银行档案管理部门经办人员与授信业务部门档案管理人员均应在“授信档案交接登记簿”上签字盖章。

模块小结

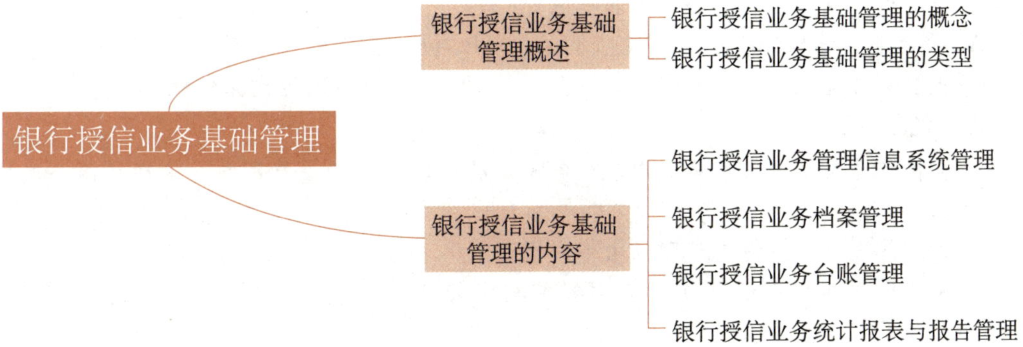

模块测评

一、单项选择题

1. 授信业务管理信息系统是以（　　）为基础进行管理的。

A. 计算机网络技术　　B. 授信管理信息

C. 授信登录系统　　D. 授信人员

2.（　　）具体承担该授信部门的授信档案资料的收集、整理、立卷、归档等工作。

A. 授信人员　　B. 授信系统人员

C. 银行行长　　D. 授信审查人员

3. 授信档案资料在查（调）阅的过程中，应填写（　　）。

A. 授信档案交接登记簿　　B. 授信档案资料目录

C. 授信档案资料稽查登记簿　　D. 授信档案借阅登记簿

4.（　　）记载本部门按授信业务种类发生的顺序记录全部业务。

A. 授信业务科目总账　　B. 授信业务流水台账

C. 授信业务分户账　　D. 不良贷款分户账

5. 所有授信统计报表与报告必须由制表人、（　　）和负责人签字盖章，并加盖制报单位公章。

A. 授信人　　B. 授信管理人　　C. 审核人　　D. 支行行长

二、多项选择题

1. 授信业务基础管理的主要内容包括（　　）。

A. 授信业务管理信息系统管理　　B. 授信业务统计报表与报告管理

C. 授信业务档案管理　　D. 授信业务台账管理

2. 授信业务管理信息系统的管理权限设置分为（　　）。

A. 业务操作层　　B. 数据支持层　　C. 系统管理员　　D. 审查决策层

3. 授信档案资料按照重要程度不同，可以划分为（　　）。

A. 一级档案资料　　B. 客户情况档案资料

C. 二级档案资料　　D. 单笔授信档案资料

4. 按照记载内容的不同，授信业务台账可分为（　　）。

A. 明细账　　B. 总账　　C. 分户账　　D. 分类账

5. 银行授信业务报告的基本内容有（　　）。

A. 授信业务结构分析　　B. 授信业务典型分析

C. 授信基本格式　　D. 授信业务风险状况分析

三、判断题

1. 在授信业务管理信息系统中，业务操作层一般分为审查员和综合管理员两个岗位。（　　）

2. 系统管理员和授信人员可以由一人担任。（　　）

3. 授信档案在移交过程中，应由授信档案管理人员填写“授信档案交接登记簿”。（　　）

4. 授信业务统计报表与报告在下一年度结束后应进行集中销毁。（　　）

5. 下级行按照上级行规定的授信业务统计报表与报告的格式进行报送，纸质或电子版均可。（　　）

四、实战演练

1. 两人一组，模拟授信业务档案管理人员和档案调阅人员角色，演练授信业务档案管理各环节工作。

2. 根据表 9-1 的要求进行训练。

表 9-1　银行授信业务基础管理实训

课题	银行授信业务基础管理
场地、设备、工具、器具需求	多媒体教室、计算机教室等
技能内容（要求）	1. 掌握银行授信业务基础管理的概念 2. 掌握银行授信业务基础管理的主要内容 3. 掌握授信业务管理信息系统管理 4. 熟悉授信业务档案管理 5. 掌握授信业务台账管理 6. 熟悉授信业务统计报表与报告管理
工作任务	学生根据银行授信业务基础管理的概念和主要内容，选择某一家银行，了解其授信业务基础管理状况
认识银行授信业务基础管理	谈谈你对银行授信业务基础管理的认识
银行授信业务基础管理的主要内容	1. 银行授信业务管理信息系统管理 2. 银行授信业务档案管理 3. 银行授信业务台账管理 4. 银行授信业务统计报表与报告管理

续表

成果与检测	1. 每人写一篇银行授信业务基础管理的相关文章 2. 组织一次课堂交流与讨论，学生就所写文章内容发表演讲 3. 以小组为单位，分别由组长和每位组员对各组员在演讲中的表现进行评估打分 4. 由教师对各组员的演讲与讨论中的表现进行评估打分 5. 将上述各项评估得分综合为本次实训成绩
总评	

参考文献

1. 孙建林．优秀信贷客户经理业务指引．2 版．北京：中国金融出版社，2020.

2. 甘当善．商业银行经营管理．3 版．上海：上海财经大学出版社，2016.

3. 银行业专业人员职业资格考试命题研究组．公司信贷．成都：西南财经大学出版社，2019.

4. 银行业专业人员职业资格考试命题研究组．个人贷款．成都：西南财经大学出版社，2019.

5. 唐士奇．现代商业银行经营管理原理与实务．北京：中国人民大学出版社，2015.

6. 唐友清，黄敏，成康康，等．商业银行信贷管理与实务．北京：清华大学出版社，2016.

7. 张晓华．汽车信贷与保险．北京：机械工业出版社，2016.

8. 张树基．商业银行信贷业务．杭州：浙江大学出版社，2016.